n und Instrumentenmachers Cresques aus Palma (14. Jhdt.)

ALTE ABENTEUERLICHE REISEBERICHTE

Der Reisende – Abu Said – nimmt Abschied
(Schule von Bagdad, zweite Hälfte des 13. Jahrhunderts)

Ibn Battuta

Reisen ans Ende der Welt

1325 – 1353

Neu herausgegeben
von
Hans D. Leicht

Mit 29 Abbildungen und 2 Karten

EDITION ERDMANN

INHALT

EINFÜHRUNG

ARABER ERSCHLIESSEN FREMDE LÄNDER

Ibn Battuta – Kaufmann, Gelehrter, Abenteurer

»... trieb mich ein festentschlossener Sinn, und ein leidenschaftliches Verlangen, diese hehren Heiligtümer zu sehen, wohnte in meiner Brust. So beschloß ich denn, mich von meinen Lieben zu trennen – Männern wie Frauen –, und verließ meine Heimat, wie der Vogel sein Nest verläßt.«

Ibn Battuta, im Alter von 21 Jahren, zu seiner ersten Reise von Tanger nach Mekka und Medina im Jahre 1325 n. Chr.

In einem historisch nahezu einzigartigen Schwung hatten die Heere des Islam, vornehmlich Araber, in der zweiten Hälfte des siebten und in den ersten drei Jahrzehnten des achten Jahrhunderts den Großteil der damals bekannten Welt erobert. Als im Herbst 732 der Franke Karl Martell mit einer starken Streitmacht vor den Toren von Paris, bei Tours und Portiers, dem arabischen Feldherrn Abd ar-Rahman und dessen Truppen, die zur festen Inbesitznahme des Landes sogar Frauen und Kinder mitgebracht hatten, gegenübertrat und den Ansturm der Orientalen stoppte, hatte das von Mohammed staatlich und religiös geeinte Arabertum den Kulminationspunkt seiner Machtpolitik bereits überschritten. Von den Pyrenäen bis zum Jaxartes und über den Indus hinausreichend, hatte sich die Herrschaft der ersten Kalifen zu weit von ihrer Ausgangsbasis, der Arabischen Halbinsel, entfernt, um diesem gewaltigen Reich nach der Eroberung auch die innere Stabilität zu sichern.

Das Arabertum wurde von da an auf seine erste Bestimmung, Träger des Islam und der geistigen, aber nicht der politischen Führung zu sein, zurückgedrängt. Während sich in Mitteleuropa die aus der Völkerwanderung hervorgegangenen Staaten und im weiteren Verlauf Kirche und Kaiser in oft blutigen Auseinandersetzungen konsolidierten und dabei zunächst keine Zeit aufbrachten, das Erbe der Antike auf breiter Ebene anzutreten, steigerten sich Hunderte von islamischen Gelehrten in einen Rausch an wissenschaftlicher Aktivität. Dutzende von Hochschulen zwischen Cordoba und Persien lehrten nicht nur den Koran, sondern ein Universalwissen, mit dem die zahlreichen in den eroberten Ländern vorgefundenen kulturellen Güter weiterentwickelt wurden.

Einmalig in der bis dahin viertausend Jahre alten schriftlich faßbaren Geschichte der Menschheit war es, daß der Vater des berühmtesten Abbasidenkalifen Harun ar-Raschid, al-Mansur, nach einem siegreichen Feldzug gegen die Oströmer im Friedensvertrag als Reparationen kein Gold, keine Sklaven und keine Territorien forderte, sondern den Byzantinern zur Auflage machte, ihm 40 000 Bände ihrer Literatur auszuhändigen, die er übersetzen und auswerten ließ. Eine solche Tatsache unterstreicht nicht nur das Bemühen der Muslime, sich die geistigen Schätze der Völker des Mittelmeerraumes anzueignen, sondern macht auch verständlich, daß sie aus diesem Hunger nach Erkenntnissen heraus eine einsame Spitze der Wissenschaften erreichten und über Spanien, über die Kontakte in den Kreuzzügen und über das Sizilien Kaiser Friedrichs II. dem Abendland bis in die Neuzeit hinein entscheidende Impulse gaben. Noch im 14. Jahrhundert durfte in Paris die Lehre des Aristoteles nur nach dem arabischen Averroes-Kommentar interpretiert werden.

Araber, Perser, Ägypter, Chorasmier, Armenier, Juden und konvertierte Christen wurden von dem politischen und geistigen Sturmlauf des Islam erfaßt und verhalfen der neuen Religion zu einer weitgespannten Bildungswelt. Das Arabische wurde nicht nur die Sprache des Glaubens, sondern auch der Literatur und der Wissenschaft, und blieb es auch dann, als das persische Element die politische Vorherrschaft im islamischen Reich erlangt hatte, wie es unter den Abbasidenkalifen der Fall war. Selbst die späteren Eroberer aus Innerasien, mongolische und Turkstämme, konnten sich der arabisch-islamischen Geisteswelt und der Farbenpracht ihrer literarischen Werke nicht verschließen.

Während sich auf mitteleuropäischem Boden das Merowingerreich erst aus den germanischen Stammestraditionen löste, hatten Technik, Kultur und Wissenschaften in den islamischen Ländern bereits eine Höhe erreicht, die erst Jahrhunderte später vom Abendland eingeholt werden konnte. So zieht sich durch die Geschichtsschreibung der karolingischen Zeit das fast ungläubige Staunen über die faszinierenden Geschenke, die Harun ar-Raschid dem Frankenkönig Karl gesandt hatte. Schon im achten Jahrhundert standen Uhren auf den öffentlichen Plätzen von Damaskus, der Hauptstadt des Omaijadenreiches, und nur hundert Jahre danach reisten arabische Wissenschaftler nach Paderborn und Magdeburg, um sich einen unmittelbaren Eindruck von den »Saqaliba«, den Sachsen, zu machen.

Zwischen dem neunten und dem zwölften Jahrhundert entstanden die berühmten, in Mitteleuropa so gut wie unbekannt gebliebenen Reiseberichte der vielen arabisch-islamischen Geographen. Sie vermittelten ihrer damaligen

Welt ein Bild der ihnen bekannten, der Masse ihrer Zeitgenossen aber kaum zugänglichen Länder, wie es bis nach Marco Polo nicht besser gezeichnet werden konnte. Ibn Kordadbeh, Masudi und Idrisi waren unter den ersten Reisenden und sollten auch gleich zu den bedeutendsten zählen. Ibn Fadhlan, al-Biruni, Ibn Dschobair, Ibn Battuta und Abu Said lieferten, ausgeschmückt mit persönlichen Erlebnissen, nicht nur landes- und völkerkundliche Betrachtungen, sondern ganze geographische Wörterbücher und Verzeichnisse von Reiserouten, sogenannte Itinerarien. Dazu kamen jüdische Kaufleute in arabischen Diensten, wie Suleyman, der über China und Indien berichtete, Ibrahim Ibn Yaqub, der vornehmlich die entferntesten Gebiete Europas aufgesucht hatte, und Rabbi Benjamin von Tudela, der besonders die Verhältnisse des Vorderen Orients schilderte.

Wenn die Namen dieser Männer aus dem islamischen Reich oft nur Historikern und Völkerkundlern geläufig sind, so mag dies vor allem darin begründet sein, daß es über sie noch immer kein zusammenfassendes Werk, sondern nur eine Vielzahl von Einzeldarstellungen gibt.

Araber erschließen die Welt

Die Längsachse durch die islamische Welt verlief vom Orient über die afrikanische Nordküste nach Spanien. Samarkand, Maschhad, Isfahan, Schiras, Bagdad, Damaskus, Kairo, Marrakesch und Cordoba sind nur die bekanntesten Städte des Mittelalters, in denen Künste und Wissenschaften immer wieder großartige Leistungen aufwiesen. Nach der Erkundung der orientalischen Heimat bot sich gerade Afrika zum ersten Erforschen an. Die Araber beschränkten sich jedoch nicht nur auf die Küstenregion und ihr unmittelbares Hinterland, sondern drangen bereits in den Kontinent ein. Schon 738, also knapp ein Jahrhundert nach Mohammeds Tod, schrieb Wahb ibn Munabbeh ein Werk über die Bewohner des Westsudans und der Gegend rund um den Tschadsee. Ihm folgte der aus Bagdad stammende Abul-Hasan Ali Masudi, wohl einer der bedeutendsten unter jenen Geographen, deren Arbeiten nur auf persönlichen Erfahrungen und Anschauungen fußten. Schon ein halbes Jahrtausend, bevor das erste europäische Schiff Afrika umsegelte, hatte er einen klaren Begriff von Größe und Gestalt des Schwarzen Kontinents. Während man in Europa noch im 18. Jahrhundert einen Erdteil im südlichen Indischen Ozean vermutete, hatte bereits Masudi die Existenz eines solchen bestritten.

Wissensdrang, Erkenntnisse und Genialität arabischer Geographen gipfelten jedoch in dem aus Ceuta stammenden arabischen Fürstensohn al-Idrisi, der im Auftrag des Normannenkönigs Roger II. von Sizilien in fünfzehnjähriger Arbeit eine Erdkarte auf eine Silberplatte zeichnete, in die er alle Forschungen der Gelehrten seiner Zeit einmünden ließ. Da er jedoch sein universales Wissen auf dieser Platte nicht erschöpfen konnte, schuf er ein Atlaswerk von 73 Blättern, das er »Die Gärten der Bildung und der Trost der Seele« nannte, von der Wissenschaft sehr prosaisch als der »Kleine Idrisi« bezeichnet, nachdem es, arabischen Quellen zufolge, noch ein umfassenderes Werk gegeben hat, das verlorengegangen ist.

Wie zuverlässig arabische Geographen die damals außerhalb des islamischen Machtbereiches völlig unbekannten Räume schilderten, mag der Bericht al-Bekris über die alte Königsstadt von Ghana zeigen. Kurz vor dem letzten Weltkrieg dieses Jahrhunderts begann man aufgrund seiner Darstellungen, in Kumbi Saleh, rund 300

Den Holzschiffen der Pharaonen sind die arabischen Dhaus nachgebildet. Wie im Mittelalter fahren sie auch heute noch – nur mit dem Monsun und ohne Navigationsmittel.

Kilometer nördlich des Nigerhafens Bamako, archäologische Nachforschungen anzustellen. Als R. Thomassey im Jahre 1950 seine ersten Ausgrabungsberichte vorlegte, bestand kein Zweifel, daß jene von al-Bekri beschriebene Hauptstadt des alten Ghana von ihm gefunden worden war. Auch die mit 15 000 angegebene Zahl der Einwohner mußte anhand der Größenordnung der freigelegten Ruinen und deren Umfang stimmen. Zahlreiche moderne Staaten Westafrikas beziehen ihre ersten historischen Quellen aus den arabischen Berichten des Mittelalters.

Es wäre jedoch einseitig, wollte man den Angehörigen der im Islam vereinigten Völker, die in den Jahrhunderten nach der Ausbreitung dieser Religion auf Reisen gingen, nur wissenschaftliche Motive unterstellen. Auf den Dhaus, jenen arabischen Seglern, die man heute noch in den Küstengewässern rund um die Halbinsel antreffen

Kleidung und Lebensweise der Mannschaft einer arabischen Dhau haben sich seit dem Mittelalter kaum verändert.

kann, und mit den Karawanen zogen vornehmlich Kaufleute und Pilger von Land zu Land, diese auf dem Weg nach Mekka und Medina oder wieder heimwärts, jene als Händler, die begehrte Waren und Sklaven transportierten. Zu ihnen gesellten sich, wie zu allen Zeiten, zahlreiche Abenteurer, die aus Neugierde, Gewinnsucht, aber auch auf der Flucht vor einer Strafe fernen Regionen zustrebten. Es ist bekannt, daß auch bei den großen Entdeckungen des 15. und 16. Jahrhunderts unter den Beteiligten gerade diese letzte Kategorie sehr stark vertreten war.

Mancher Gelehrte, mancher Pilger, Kaufmann oder Reisende brachte es dabei auch zu großen Ehren, indem ihm ein Sultan oder Fürst wichtige, echt diplomatische

Aufgaben übertrug. So waren Botschaften an andere Herrscher zu überbringen oder eine hochgestellte Persönlichkeit zu begleiten.

Der Mann aus dem arabisch-islamischen Bereich, der seiner Nachwelt den wohl eindrucksvollsten Versuch einer Gesamtschau der Welt des Mittelalters überlieferte, war Ibn Battuta. Im Gegensatz zu jenem ersten literarischen Denkmal arabischer Reiselust, den etwa um 830 n. Chr. entstandenen, im 19. Jahrhundert überall berühmt gewordenen Erzählungen Sindbads des Seefahrers, bleibt Ibn Battuta auf dem Boden der von ihm erlebten Realität.

Er war Pilger, Abenteurer, Diplomat, Richter, Gelehrter und Beobachter, je nach der Situation, die sich ihm stellte.

Der »Marco Polo der Araber«

Mit Ibn Battuta erlebte die arabische Reiselust ihr Ende, aber auch ihren Höhepunkt. Kein Mensch vor ihm war so lange und so weit unterwegs gewesen. In modernen Maßen ausgedrückt, legte er rund 120 000 Kilometer zurück, wofür er allerdings über 27 Jahre seines Lebens aufwendete.

Abu Abdallah Mohammed Ibn Battuta wurde am 17. Tag des Monats Rajab im Jahre 703 der Hidschra, also am 24. Februar 1304, in der afrikanischen Hafenstadt

Besonders bedeutungsvoll ist für Ibn Battuta immer die Ausstattung einer Stadt mit Basaren. Seit Jahrhunderten hat sich das äußere Bild solcher Händlerstraßen in orientalischen Städten kaum geändert.

Tanger geboren. Sein vermögender Vater ließ den Herangewachsenen die Rechte studieren. Als strenger Muslim erzogen, wollte dieser sich durch eine Pilgerfahrt zu den heiligen Stätten seines Glaubens, wie man es vielleicht modern ausdrücken würde, den Segen des Himmels für seinen Beruf erbitten. Mit 21 Jahren begab er sich am 14.6.1325 auf diese Reise.

Aber schon unterwegs sollte es sich zeigen, daß in ihm der Wunsch, die Welt kennenzulernen, den Vorrang haben mußte. Auf dem Landweg erreichte er nach der Durchquerung Nordafrikas die Stadt Alexandria, widmete Kairo einen ausgiebigen Besuch, ging nilaufwärts und von dort ans Rote Meer, um nach Arabien überzusetzen. Die jedoch auch damals nicht heile Welt machte seine Absicht zunichte. Kriegerische Verwicklungen, die auf diesem Meer für einen Pilger lebensgefährlich sein konnten, zwangen ihn zur Änderung seines Planes. Er mußte nach Unterägypten zurück und über die Halbinsel Sinai nach Palästina und Syrien. Er nahm die Gelegenheit wahr, die Städte des Landes, darunter das auch dem Islam heilige Jerusalem, zu besuchen.

Auf dem Landweg kam er endlich nach Mekka und Medina, die beiden Orte des Propheten und des Islam. Zwar war damit sein erstes »leidenschaftliches Verlangen, diese hehren Heiligtümer zu sehen«, gestillt, doch scheint ihn nun erstmals so richtig die Lust des Reisens erfaßt zu haben. Das Zweistromland, seit Jahrtausenden Inbegriff der Kultur und unter den Abbasidenkalifen wieder zum geistigen Mittelpunkt des Islam erhoben, war sein nächstes Ziel. Von Bagdad, Basra, Mosul, Wasit und den verschie-

Auch in den großen Städten des Orients gibt es heute noch Holzhäuser, die teilweise schon mehrere Jahrhunderte alt sind.

denen Siedlungen in den Sümpfen zwischen Euphrat und Tigris mit ihm unbekannten muslimischen Sekten begab er sich nach Persien, um den Südteil dieses Landes kennenzulernen.

An eine Rückkehr in seine Heimat nicht mehr denkend, pilgerte Ibn Battuta erneut nach Mekka und Medina, wo er sich von 1328 an zwei Jahre lang aufhielt, um sich geistig und materiell für die großen Reisen zu rüsten, die zu seinem Lebenswerk und -inhalt werden sollten. Von nun an durfte er sich Scheich nennen, was ihm dann auf den vielen Stationen zwischen Arabien und den bis Hinterindien reichenden muslimischen Ländern sehr zustatten kam. Daneben genoß er immer wieder hohe Anerkennung als Richter, Kadi und als dreimaliger Mekkapilger.

Zunächst durchquerte er die Arabische Halbinsel, hielt sich im Jemen auf und reiste die ostafrikanische Küste entlang, um das gefürchtete Kap Guardafui herum, um Kilwa, die blühende arabische Handelsstadt im Südosten des Schwarzen Kontinents, zu besuchen, in der es damals dreihundert Moscheen gegeben haben soll, das moderne Quiloa, das jedoch durch das 200 Kilometer nördlich gelegene Daressalam in der Neuzeit als Hafen an Bedeutung verloren hat.

Wieder nach Arabien zurückgekehrt, pilgerte er erneut zu den heiligen Stätten Mekka und Medina, um sich dann nach Norden zu wenden. Durch Syrien und Anatolien gelangte er an das Schwarze Meer und ging nach einer stürmischen Überfahrt in der Krimstadt Kaffa, dem heutigen Feodosia, an Land. Hier, in dieser griechischen

Im dürftigen Schatten der wenigen Bäume eines Dorfes in Chorasan bereitet die Frau das Essen zu.

Siedlung, die seit 1262 den Genuesen gehörte, hatte Ibn Battuta eine seiner wenigen Begegnungen mit dem Christentum. In der kurz zuvor zum Bischofssitz erhobenen Stadt störte ihn das dauernde Geläute der vielen Kirchenglocken, so daß er, spürbar erleichtert, die Christenstadt verlassen zu können, unter Glaubensbrüdern auf einem tatarischen Wägelchen die Siedlung Sarai im Kipcak ansteuerte. Diese Niederlassung der Tataren an der Wolga erlebte zu jener Zeit als Handelsplatz zwischen Innerasien und dem Westen eine große Blüte. Der dortige Tatarenkhan Mohammed Uzbek empfing ihn mit hohen Ehren und erlaubte ihm sogar einen Blick in den Serail, was eine besondere Auszeichnung bedeutete. Der Khan war hocherfreut, als sich Ibn Battuta erbot, seine Weiterreise nach Bolgar im Tatarenland aufzuschieben und sich als Begleiter einer der Gattinnen des Khans, der byzantinischen Kaisertochter Bailun, zur Verfügung stellte, die mit einem großen Aufwand an Reitern, Sklavinnen und Pagen ihrem Vater in der Metropole am Bosporus einen Besuch abstatten wollte.

Nach einer Audienz beim Kaiser und einem sechsunddreißigtägigen Aufenthalt in Byzanz, wobei er auf einem Ritt durch die Straßen der Stadt dem Volk vorgestellt wurde, verabschiedete ihn der Herrscher mit einem Ehrenkleid und einem Sonnenschirm als Geschenk.

Zwar in Wolfspelze eingehüllt, aber doch jämmerlich frierend, kam der in der heißen Sonne Nordafrikas aufgewachsene Ibn Battuta mitten im Winter wieder in der Residenz des Tatarenkhans Mohammed Uzbek an der Wolga an. Nach einem – im Gegensatz zu anderen Besuchen – ungewöhnlich kurzen, nur drei Tage dauernden Aufenthalt in Bolgar, wo er wahrscheinlich mit seinen Geschäften – Ibn Battuta trieb wie viele seiner Vorgänger auf den Reisen auch Handel – nicht zufrieden war, nahm er seinen Weg ostwärts der Kaspischen See durch die Wüsten Innerasiens in das Reich von Chiwa, das auch das Chorasmische genannt wird, und nach Transoxanien. In Buchara, einer der kulturgeschichtlich interessantesten Städte der islamischen Welt, machte er dem Dschingiskhaniden Ala ed-Din Termaschirin seine Aufwartung.

Viele Wege führten ihn kreuz und quer durch Chorasan und Afghanistan, bis er endlich am 1. Moharrem 734 n. H., am 12. September 1333, die Grenze Indiens überschritt. Seit Jahrtausenden, und dann besonders vom Feldzug Alexanders des Großen an, war der Subkontinent Indien ein begehrtes Land für viele Völker und Herrscher, ebenso für Kaufleute, die sich besonders für die begehrten Gewürze, aber auch für Edelmetalle interessierten. Mit den Kriegszügen Mahmuds von Gazna hatte der Islam in Indien Fuß gefaßt, ohne sich jedoch in dem Umfang ausbreiten zu können, wie es ihm anderswo möglich war. Der damals schon vorhandene Gegensatz zwischen den Muslimen und den altgläubigen Indern, den auch Ibn Battuta am eigenen Leib zu spüren bekam, setzte sich unvermindert bis ins 20. Jahrhundert fort.

Es hatte den Anschein, als wollte sich Ibn Battuta in Indien auf die Dauer niederlassen; denn über acht Jahre lang hielt er sich in Delhi auf. Hier brachte er es zu großem Ansehen, so daß ihn schließlich der dortige Sultan bat, als dessen Gesandter nach China zu reisen. Schon an die vierzig Jahre alt, startete Ibn Battuta in sein größtes Abenteuer, das ihm unter den abendländischen Kennern seiner Schilderungen den Namen »Marco Polo der Araber« eingebracht hat. Diese an vielen unglücklichen Zwischenfällen, aber auch angenehmen Ereignissen reiche Reise wird Hauptinhalt seiner nachfolgenden Schilderungen sein.

Im April 1347, also 14 Jahre nachdem er Indien betreten hatte, kam er zurück. Von Zafar an der Nordküste Arabiens durchquerte er Persien, Mesopotamien, Syrien und Palästina, wo er die furchtbare Pest erlebte, und ging von Ägypten aus zum viertenmal als Pilger nach Mekka. Nach einem Abstecher in Sardinien gelangte er über Nordafrika Anfang 1349 nach Fez in Marokko, nachdem er über 24 Jahre unterwegs gewesen war. Hier diktierte er dem Dichter Mohammed Ibn Djuzayy seine Erlebnisse unter dem Titel »Reisen in Asien und Afrika«.

Der durch zweieinhalb Jahrzehnte strapazierte Geist Ibn Battutas kam jedoch noch nicht zur Ruhe. Als strengen Muslim trieb es ihn nach Spanien, wo er am Kampf gegen die »Ungläubigen«, nämlich die Christen der Reconquista, teilnehmen wollte. Er hatte aber nur einen Strauß mit christlichen Wegelagerern, die man modern vielleicht mit Partisanen vergleichen könnte, zu bestehen. Im übrigen hielt er sich hauptsächlich im islamischen Königreich Granada, der letzten arabischen Bastion auf der Iberischen Halbinsel, auf.

Den Schlußstrich unter sein Wanderleben zog Ibn Battuta, als er am 18. Januar 1352 seine letzte bedeutende Fahrt antrat. Sie führte ihn auf den Karawanenwegen, deren Mühsalen dem Fünfzigjährigen sehr zu schaffen machten, durch die Sahara an den oberen Niger und in die geheimnisvolle Stadt Timbuktu, die ihn jedoch sehr beeindruckte. Agades, Gao und das Königreich Mali der Mandingoneger waren weitere Stationen dieser Reise, die es an Eindrücken jedoch nicht mit seinen asiatischen

Genügsam wie die Kamele, die er zu betreuen hat, lebt dieser Beduinenjunge in der Steppe, immer aber die Hand nach einem Bakschisch ausstreckend.

Erlebnissen aufnehmen konnte. Hinzu kam, daß man es hier an Ehrerbietung ihm gegenüber fehlen ließ. Ungeziefer und Hitze machten ihn beinahe mürbe, und an den Mahlzeiten fehlten jene feinschmeckerischen Raffinessen, die nun einmal zum Lebensstil eines Orientalen gehörten. In Agades erreichte ihn das Schreiben des Sultans von Marokko, was für die hervorragende Nachrichtenverbindung jener Zeit spricht, und das ihn zur Rückkehr bewog. Glücklicherweise zog er im Monat Ramadan durch das Hoggargebiet, wo er in dieser einzigen ruhigen Zeit des Jahres von muslimischen Wüstenräubern verschont blieb, die dieses Fest ebenfalls respektierten. Zwei Jahre nach dem Aufbruch zu dieser letzten Reise traf er schließlich Ende Dezember 1353 wieder in Marokko ein.

Noch 22 Jahre lebte er in seiner alten Heimat und genoß dort große Ehren. Im Jahre 1377 rief Allah seinen strenggläubigen, aber doch lebensgewandten Diener für ewig in das von seinem Propheten Mohammed gepriesene Paradies.

Ein Mann von Intellekt und Wißbegierde

Ibn Battutas Reiseberichte sind nicht allein für die Wissenschaft von Bedeutung, gab er doch genaue Beschreibungen von Land und Leuten seiner Zeit, sondern auch für den an frühen Entdeckungen und Abenteuern Interessierten, der hier in ein Jahrhundert zurückversetzt

Zwischen Marokko und Indonesien leben rund 400 Millionen Menschen, die sich zum Islam bekennen. Die Moschee ist, von Mohammed eingeführt, Mittelpunkt des religiösen Lebens. Zu den berühmtesten zählt die Omar-Moschee in Jerusalem.

wird, das reich an politischen Ereignissen und kulturellen Schöpfungen in Asien war, aber auch bereits den Aufbruch der Kulturvölker, die Welt näher zu erforschen, einleitete.

Ibn Battuta verfällt nicht dem Reiz, seine Berichte mit Übertreibungen oder Märchen auszuschmücken, sondern bleibt stets auf dem Boden der Tatsachen oder zumindest des ihm Mitgeteilten. Abweichungen davon sollten daher nicht überbewertet werden. Wenn er nämlich beim Besuch Ceylons den Adam's Peak, der damals Serendib genannt wurde, besteigt und von ihm glaubt, er sei der höchste Berg der Welt, so mag ihn der Eindruck überwältigt haben, den er bereits auf der Anfahrt vom Meer aus hatte, und der bei einer Erhebung von 2243 Meter über dem Meer, aus dem dieser Berg scheinbar unmittelbar emporstrebt, auch einen modernen Menschen zu falschen Schätzungen verleitet. Wenn Ibn Battuta dennoch einmal der durch Jahrhunderte der Seefahrt spukenden und aus den Erzählungen von 1001 Nacht bekannten Sage vom Vogel Rock verfällt, so muß man die ganze Mentalität der Leute des Mittelalters verstehen, die auf kleinen, leichten Schiffen im riesigen, von seinem Umfang nur wenig bekannten Meer stets in Furcht vor dem Unbekannten und dem Gigantischen lebten. Inmitten einer Schar zitternder und sich verloren glaubender Seeleute mag schließlich auch Ibn Battuta von der allgemeinen Psychose angesteckt worden sein und in einer atmosphärischen Erscheinung jenes legendäre Riesentier erblickt haben.

Neben solchen meist persönlichen Impressionen darf man jedoch Ibn Battutas Berichten den Glauben schenken, der bei fast allen arabischen Reisenden jener Jahrhunderte angebracht ist, zumal sich auch Vergleiche anbieten, die viele seiner Behauptungen bestätigen. Seine Fahrten übertreffen an Entfernung und Zeitdauer die weltberühmt gewordene Reise Marco Polos und sind in ihrem literarischen Ertrag zumindest ebenbürtig, trotzdem aber auch heute noch nur einem recht kleinen Kreis geläufig. Dies mag auch darin begründet sein, daß sich im Werk Ibn Battutas, das sich ja aus mehreren Einzelarbeiten zusammensetzt, viele Schilderungen jener Gegenden des Vorderen Orients befinden, die weitgehend bekannt sind und es damals schon waren, zum anderen Ibn Battuta nicht immer die zeitliche Folge einhält und in spätere Abschnitte Reflexionen früherer Erlebnisse einbaut. So hatten bisher alle Herausgeber bei der Einordnung des tatsächlichen Ablaufs der Ereignisse einige Schwierigkeiten. Die mangelnde Kenntnis Ibn Battutas und seines Lebenswerks dürfte auch darin begründet sein, daß man in Europa und damit im nichtmuslimischen Bereich keinen allgemeinen Kontakt zu arabischen Schriftstellern besaß, weshalb ein Ibn Battuta im Schatten Marco Polos verschwand, der in dem geistig aufblühenden Italien seiner Zeit eine gute Ausgangsbasis für die Aufnahme seiner Erlebnisse vorfand.

Die Schwierigkeit bei der Einordnung der Berichte Ibn Battutas erklärt auch, weshalb sich die bisherigen Veröffentlichungen meist über mehrere Jahre erstreckten. Vier Bände gaben C. Defrémery und B. R. Sanguinetti zwischen 1853 und 1858 in Paris heraus, und auch die Gesamtausgabe von Sir Hamilton Gibb, »The Travels of Ibn Battuta«, nahm die Jahre 1958 bis 1971 in Anspruch.

Wenn nun nachfolgend der größte Weltreisende des Mittelalters zu Wort kommt, so muß dies im Rahmen einer Auswahl und nicht eines umfassenden Werkes geschehen. Von der Bedeutung her gesehen, wird seine wichtigste und zeitlich längste Reise, der Besuch und Aufenthalt in Indien wie auch die Fahrt nach China und die Rückkehr über die indonesische Inselwelt, den größten Raum beanspruchen. Mit dieser Reise und ihrer Beschreibung hat nämlich Ibn Battuta die bis dahin traditionellen Gebiete arabischer Geographen überschritten und seiner islamischen Welt erstmals ein umfassendes Bild jener Länder vermittelt, die zwar den Händlern nicht mehr unbekannt waren, aber für die Mehrzahl seiner Zeitgenossen jenseits des eigenen Vorstellungsbereichs lagen. Wo andere, auch noch für den modernen Leser interessante Momente und vielleicht kuriose Erlebnisse Ibn Battutas gegeben sind, sollen sie in geraffter Form und in Auszügen ein Bild von der Vielgestaltigkeit jener spätmittelalterlichen Zeit, in der sich bereits ein Umbruch andeutet, vermitteln.

Zum Verständnis zahlreicher Kommentare Ibn Battutas soll noch darauf verwiesen werden, daß der Araber ein strenggläubiger Muslim war. Wenn er sich unterwegs einen eigenen Harem zulegt, wenn er sich junge, hübsche Sklavinnen kauft und behauptet, daß es für ihn eine Selbstverständlichkeit sei, täglich mit all seinen Frauen und Konkubinen zu schlafen, so ist dies für ihn und seine Religion durchaus nicht unsittlich. Auch seine geradezu bestürzende Teilnahmslosigkeit, als ihm eine solche Frau eine Tochter schenkt, läßt sich nur aus der Gesamthaltung des Muslims zu weiblicher Nachkommenschaft erklären. Hingegen spricht er mit Leidenschaft gegen die Unzucht, die ihm besonders in den unbekleidet umhergehenden Frauen Afrikas entgegentritt; hier ist es nicht das Geschlechtliche, sondern die Nacktheit, die den an verschleierte, ja fast vermummte Frauen gewöhnten Muslim abstößt, während Sklavinnen und Dirnen ihre ganzen Reize in der Öffentlichkeit demonstrieren dürfen.

Schließlich soll nicht übersehen werden, daß Ibn Battuta auf seinen Reisen Handel trieb, daß er also von

Geschäften und Gewinn abhängig war. Auch diese Tatsache findet immer wieder ihren Niederschlag in Äußerungen und Bewertungen. Als Rechtsgelehrter und mehrfacher Mekkapilger genoß er außerdem an Fürstenhöfen im islamischen Bereich besondere Achtung. Es ist daher verständlich, wenn er einen Khan oder Sultan vornehmlich danach beurteilt, wie sich dieser ihm gegenüber verhält. Je reichhaltiger die Geschenke und je eindrucksvoller die Freizügigkeit, die ihm widerfuhr, desto günstiger lauteten die Prädikate, die Ibn Battuta einem Gastgeber zu verleihen bereit war. Knausrige Potentaten hingegen konnten nicht mit der literarischen Gunst des schon zu seinen Lebzeiten geschätzten Arabers rechnen. Geschenke, Bestechungen und überschwengliche Lobhudeleien haben noch in der Gegenwart im Orient einen anderen Stellenwert als im Abendland.

Trotz allem steht fest, daß die geistige Welt mit Ibn Battuta einen Autor besitzt, der an Mut, Wißbegierde und am konsequenten Festhalten seines Zieles, auch bei schweren persönlichen Rückschlägen, den großen Entdeckern und Weltreisenden ebenbürtig ist, die meisten von ihnen aber an Intellekt und an der Fähigkeit, seine Eindrücke schriftlich festzuhalten, in den Schatten stellt.

Der Kenner arabisch-islamischer Dichtung, die sich durch blumenreiche Sprache und vielgestaltige Bilder auszeichnet, wird solches bei Ibn Battuta vermissen. Dieser Araber hatte nie im Sinn, seinen Zeitgenossen und der Nachwelt ein literarisches Denkmal zu schenken. Ihm ging es allein darum, seine Erlebnisse und Eindrücke aus fremden Ländern festzuhalten, dazu zwar den Wortschatz seiner damals hochentwickelten Muttersprache auszuschöpfen, jedoch keine dichterische Großtat zu liefern. Ibn Battuta bleibt stets sachlich, manchmal vielleicht sogar zu nüchtern. Aber gerade diese Tatsache macht seine Niederschrift auch noch für das 20. Jahrhundert interessant.

Der Maßstab, den man an Ibn Battutas Arbeit legen will, wird sich daher immer innerhalb der Grenzen dieser Tatsachen zu bewegen haben.

Es erschien notwendig, verschiedene Namen und Begriffe zu erläutern. Um historische Fakten und die geographische Lage sichtbar zu machen, mußten die Bezeichnungen zahlreicher Städte, Flüsse und Gegenden durch den modernen Ausdruck ergänzt werden. Um aber den Fluß der Darstellung nicht durch einen Anmerkungsapparat zu stören, wurden diese Erklärungen in Klammern gesetzt und sehr kurz gehalten. Weitere Erläuterungen geographischer und anderer Begriffe sind ab S. 304 zu finden. Dem Interessenten, der sich näher mit Ibn Battuta, seiner Zeit und den arabischen Reisenden des Mittelalters beschäftigen möchte, soll das Literaturverzeichnis weitere Hinweise geben.

Zum Schluß dieser Einleitung sei noch ein Wort erlaubt. Indem Ibn Battuta seine Erlebnisse dem Dichter Ibn Djuzayy diktierte, vermuten manche, die literarische Arbeit sei nur jenem – modern ausgedrückt – »Ghostwriter« zuzuschreiben. Aber gerade dies dürfte nicht zutreffen; denn arabische Poeten sind für ihre äußerst blumenreiche Sprache bekannt, und bei einem solchen Thema wäre sicher jeder Dichter der Versuchung verfallen, das ganze Reservoir der arabischen Sprache auszuschöpfen. Da dies aber nicht der Fall ist, darf man mit Recht annehmen, daß in diesem Werk Ibn Battuta selbst spricht.

Hans D. Leicht

IBN BATTUTA
REISEN ANS ENDE DER WELT

CHORASAN UND TRANSOXANIEN

Durch Steppe und Wüste

Im Namen Gottes des gnädigen Erbarmers, des Allmächtigen! Gott segne unseren Herrn Mohammed, seine Familie und seine Genossen und gebe ihnen Heil!

Zehn Tage nach unserem Aufbruch von al-Sara, der Residenz des Sultans Uzbek (Sarai, auf der Ostseite der Wolga, in Höhe des heutigen Wolgograd), trafen wir in Sarachuq ein, das am Ufer des großen und wasserreichen Flusses Ulusu (Ural) liegt, den wie in Bagdad eine Schiffsbrücke überquert. Hier war unseren Pferden als Zugtieren eine Grenze gesetzt. So entlohnten wir die Pferdeführer und mieteten Kamele.

Nach einem kurzen Aufenthalt in dem von einem alten und frommen Türken geleiteten Hospiz brachen wir wieder auf. Dreißig Tage lang waren wir dann unterwegs, angestrengt marschierend, mit nur zweistündiger Rast am Tag. Lediglich zum Zubereiten der Mahlzeiten machten wir eine längere Pause. Jeder von uns aß und schlief in seinem Wagen, auch wenn dieser durch die Steppe holperte. Bei mir im Wagen hatte ich drei Sklavinnen. Denn in dieser Wildnis reist man möglichst schnell, weil keine Herbergen zur Verfügung stehen und man auf die einzelnen Wasserstellen angewiesen ist, die eine Strecke von zwei oder drei Tagen auseinander liegen.

Auf diese Weise kamen wir schließlich nach Chwarizm (Urgentsch), der größten, schönsten und bedeutendsten Stadt der Türken. Hier gibt es prächtige Basare, breite Straßen, viele Gebäude und Einrichtungen, die der Behaglichkeit dienen. Wie ein aufgewühltes Meer wogt die Masse der Bevölkerung durch diese Stadt. Als ich eines Tages mit dem Pferd ausritt und in den Basar kam, mußte ich mein Vorhaben nach halbem Weg aufgeben, so sehr war ich von der Menge eingekeilt. Auch der Weg zurück war mir versperrt. Es blieb mir nichts anderes übrig, als mit größter Geduld zu warten, bis sich eine Möglichkeit bot, nach langer Zeit und mit erheblichen Schwierigkeiten den Rückzug anzutreten. Ich folgte einer Empfehlung und besuchte an einem Freitag den Basar, wo er weniger bevölkert war. Da konnte ich dann bis zur großen Moschee und ihrer Koranschule vordringen.

Die Stadt gehört zum Herrschaftsbereich von Sultan Uzbek, der hier durch seinen Emir Qutludumur repräsentiert wird. Er war der Erbauer der Koranschule, während seine fromme Frau Turabak die Moschee errichten ließ. Der Emir, ein Verwandter des Sultans, ist Gouverneur von Chorasan.

Kadi Abu Hafis Omar, der mich in sein prächtiges Haus eingeladen hatte, berichtete mir, daß der Emir bereits von meiner Ankunft unterrichtet worden sei, mich aber hier nicht besuchen könne, da er sich von einer Krankheit noch nicht erholt habe. So begab sich der Kadi mit mir in die Residenz. In einer kleinen, reichgeschmückten Halle empfing uns der Emir. Er saß auf einem Seidenteppich und hatte eine Decke über seine Beine gebreitet, da er an Gicht litt, einem unter den Türken sehr verbreiteten Leiden. Ich mußte ihm vom Sultan, von meinen bisherigen Reisen und der Stadt Byzanz erzählen. Anschließend wurde auf goldenen und silbernen Schüsseln ein reichhaltiges und hervorragend schmeckendes Mahl aufgetragen.

In die Herberge, die sich in der Schule befand, zurückgekehrt, erhielten wir vom Gouverneur reiche Geschenke, darunter auch Lebensmittel und Brennmaterial. Nach einem Freitagsgebet in der Moschee erklärte mir Kadi Abu Hafis, daß der Emir Anweisung gegeben habe, mir 500 Dirhams zu schenken und für mich ein Bankett, ebenfalls im Wert von 500 Dirhams, vorzubereiten, an dem die Scheichs, Gelehrten und Persönlichkeiten der Stadt teilnehmen sollten. Ich begab mich zu ihm und sagte ihm: »O Emir, du läßt ein Bankett für mich bereiten, bei dem doch alle Teilnehmer nur ein wenig essen können. Wenn du jedem seinen Anteil an Geld geben würdest, so hätte er mehr davon.«

Dies tat er dann auch. Ich erhielt aber auch tausend Dirhams und kaufte mir ein vorzügliches Pferd, das mich für die nächsten drei Jahre begleiten sollte. Die Frau des Kadi schickte mir hundert Silberdinare, und ihre Schwester Turabak, die Frau des Gouverneurs, gab mir zu Ehren ein Bankett, an dem dann die schon erwähnten Persönlichkeiten des öffentlichen Lebens teilnahmen. Sie sandte mir auch ein Pelzgewand und ein vortreffliches Pferd, die tugendhafteste, frömmste und großzügigste aller Frauen – Gott möge ihr alles Gute angedeihen lassen!

Die in Chorasan wachsenden Melonen sind unübertrefflich, vielleicht noch mit jenen von Buchara oder Isfahan zu vergleichen. Ihre Schale ist grün und das extrem süße Fleisch von roter Farbe. Sie werden in Streifen geschnitten, an der Sonne getrocknet und in Körbchen nach Indien und China exportiert. Während meines Aufenthalts in Delhi wurden mir immer wieder solche Melonenstreifen zu den Mahlzeiten vorgesetzt.

Zu meiner Weiterreise mietete ich Kamele und kaufte eine Doppelsänfte. Die Diener ritten einige der Pferde, während der Kälte wegen die anderen Tiere in Pferdedecken gehüllt wurden. So brachen wir in die Wildnis

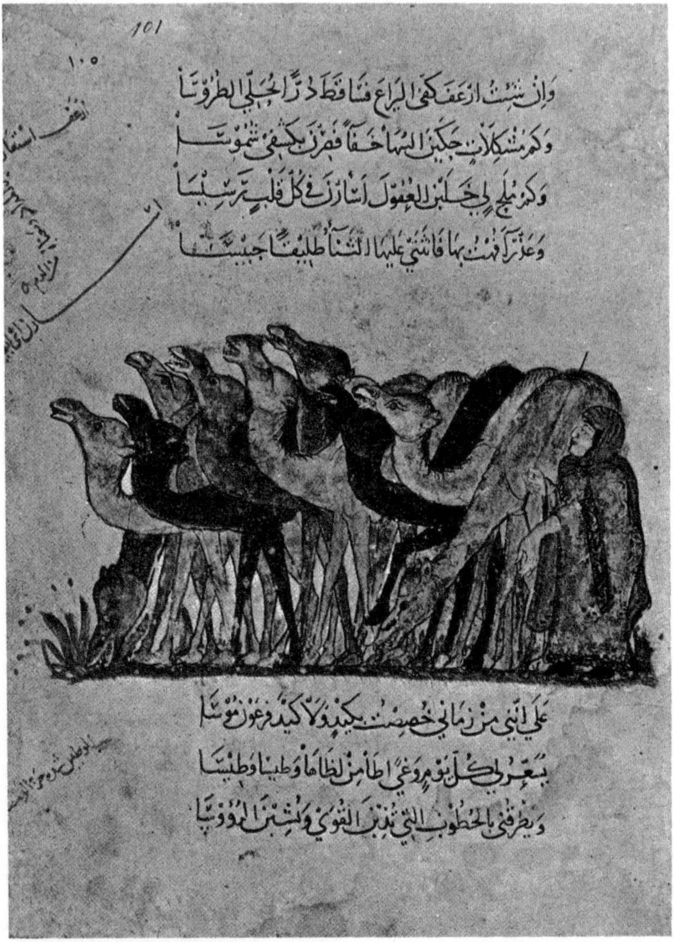

Araber beim Hüten der Kamele
(Schule von Bagdad, 13. Jahrhundert)

Chorasmiens auf, einen 18-Tage-Marsch durch unbewohnte Sandgebiete vor uns.

Nach vier Tagen erreichten wir die Stadt al-Kat, den einzigen Ort an dieser Strecke (die alte Hauptstadt von Chorasmien, auf dem rechten Ufer des Amu Darja, etwa 50 km nordöstlich von Chiwa). Wir kampierten außerhalb der Stadt an einem See, der zugefroren war. Die Buben spielten und rutschten darauf herum. Der Richter von Kat hatte von meiner Ankunft erfahren und suchte mich auf, wobei ihn die Theologiestudenten und die Scheichs der Stadt begleiteten. Auch der Emir erschien bei mir mit seinen Offizieren und Dienern. Obwohl wir rasch weiterreisen wollten, drängte er mich, ihm zu Ehren an einem Bankett teilzunehmen, bei dem die in der Stadt lebenden Dichter ihre Verse rezitierten.

Sechs Tage lang ging es dann durch die Wüste, in der es keinen Schluck Wasser gab. Eine Tagesreise vor Buchara kamen wir in die hübsche Stadt Wabkana, die zahlreiche Wasserläufe und Obstanlagen besitzt. Ihre Bewohner pflanzen vor allem die Pflaume an, die sie als Trockenfrucht nach Indien und China ausführen. Im grünen Zustand ist diese Pflaume süß, getrocknet besitzt sie jedoch eine scharfe Säure, die, mit Wasser vermischt, getrunken wird. Mir ist aus Spanien oder Marokko nichts dergleichen bekannt.

Durch eine dichtbesiedelte und kultivierte Gegend mit Wäldern und Flüssen waren wir einen Tag lang unterwegs, um nach Buchara zu gelangen. Dies war einst die Hauptstadt der Länder jenseits des Oxus (Amu Darja), bevor sie vom verfluchten Dschingis Khan, dem Tataren, zerstört wurde. Mit wenigen Ausnahmen liegen daher heute ihre Moscheen, Schulen und Basare in Schutt und Asche. Auf ihre Bewohner blickt man jetzt verächtlich herab, und ihr Wort hat keine Geltung mehr. Sie legen falsches Zeugnis ab und halten es mit der Wahrheit nicht genau. Nicht ein Mensch hat eine religiöse Erziehung mehr oder bemüht sich auch nur um eine solche.

Das Erbe Dschingis Khans

Dschingis Khan war ursprünglich ein Hufschmied im Land Cathay (Nord- und Nordwestprovinzen von China). Als untadeliger, die Strenge liebender Mann sammelte er mit der Zeit eine Reihe von Leuten um sich, die ihn schließlich zu ihrem Anführer wählten. Bald hatte er in seinem eigenen Land die Herrschaft errungen. Er wurde durch seine Härte und Angriffslust bekannt. Es gelang ihm, die Könige von Cathay und China zu besiegen. Mit seiner an Zahl immer mehr wachsenden Armee unterwarf er die ganzen Länder des Ostens, verhielt sich jedoch gegenüber Jalal ed-Din Sanjar, dem König von Chorasan und Transoxanien, sehr zurückhaltend und vermied jeglichen Konflikt, da er dessen Macht und militärische Stärke fürchtete.

Da geschah es, daß Dschingis Khan eine Gruppe von Händlern mit Waren aus China und Cathay, besonders Seide, in die Stadt Utrar, die letzte Siedlung im Gebiet von Jalal ed-Din, sandte. Der dortige Gouverneur benachrichtigte den Sultan und bat um eine Anweisung, was er mit diesen Kaufleuten tun sollte. Jalal ed-Din befahl, den Händlern die Waren abzunehmen, sie selbst zu verstümmeln und ohne Glieder in ihr Land zurückzuschicken. Diese grausame Behandlung seiner Leute veranlaßte Dschingis Khan, sich selbst an die Spitze seiner Truppen zu stellen und in die Länder des Islam einzufallen. Der Gouverneur von Utrar hatte Spione ausgeschickt, von

Die große Versammlung, in der Dschingis Khan proklamiert wird (Raschid ed-Din, 14. Jahrhundert)

denen sich einer als Bettler Einlaß in das tatarische Lager verschaffte. Als dieser Spion beobachtete, wie sich die Soldaten verhielten und wie sie sich von tierischen Eingeweiden mit Pferdeblut ernährten, berichtete er nach der Rückkehr seinem Gouverneur, daß niemand auf der Welt die Macht besäße, mit Erfolg gegen ein solches Heer zu kämpfen.

Die von Jalal ed-Din aufgestellte Armee mit 60 000 Mann wurde von Dschingis Khan vernichtet. Die Tataren eroberten die Stadt Utrar, wo sie alle Männer umbrachten und die Kinder in die Sklaverei schickten. Nach mehreren Schlachten, die in die Geschichte des Islam eingegangen sind, besetzte Dschingis Khan schließlich Transoxanien, verwüstete Buchara, Samarkand, Balkh und andere Städte, um letztlich in den Irak einzufallen und Bagdad, die Hauptstadt des Islam, zu erobern, womit der Untergang des Kalifats besiegelt war. Dem Blutbad der Tataren fielen im Irak allein 24 000 Koranschüler zum Opfer.

Nach Ankunft in Buchara nahmen wir in dem Stadtteil Fath Abad Quartier, wo sich das Grabmal des gelehrten Scheichs und frommen Asketen Saif ed-Din al-Bakharzi, eines großen Heiligen, befindet.

Auf unserer Weiterreise kamen wir nach Nakhshab, einer kleinen, von Gärten und Wasserläufen umgebenen Stadt, an deren Rand wir in einem dem Gouverneur gehörenden Haus Unterkunft erhielten. Ich hatte eine Sklavin bei mir, die ihrer Niederkunft entgegensah. So bemühte ich mich, sie nach Samarkand bringen zu lassen, wo sie entbinden sollte. In einer Sänfte, die von einem Kamel getragen wurde, brachte sie einer meiner Begleiter noch in der Nacht fort, wobei ich dem kleinen Trupp ausreichend Proviant und andere Dinge des notwendigen Bedarfs mitgab.

Ich selbst blieb zurück, um am Tag weiterzureisen.

Hofhaltung des Sultans (Miniatur, 14. Jahrhundert)

Mit meinen Begleitern benutzte ich jedoch eine andere Route, so daß wir erst spät am Abend und fast ausgehungert das Lager des Sultans erreichten, das jedoch immer noch weit von der nächsten Einkaufsmöglichkeit entfernt lag. Ein Mitreisender verfügte noch über einige Lebensmittel, mit denen wir unseren größten Hunger stillen konnten. Nachdem wir in einem geliehenen Zelt übernachtet hatten, setzten wir unseren Marsch fort und holten am Abend die andere Gruppe mit meiner Sklavin ein.

Da sich Sultan Ala ed-Din Tarmashirin gerade auf der Jagd befand, wies mir Emir Taqbugha eine Unterkunft neben seinem Gebetszelt an. Ich brachte die Sklavin in ein Zelt, wo sie noch in der Nacht einem Kind das Leben schenkte. Man berichtete mir, daß sie einen Jungen zur Welt gebracht hätte. Doch war dem nicht so; denn nach der Zeremonie der Namensgebung (sieben Tage nach der Geburt, wobei das Gewicht des geschorenen Kinderhaares in Gold oder Silber als Almosen gegeben werden mußte) erfuhr ich, daß es sich um ein Mädchen handelte. Daher befahl ich die Sklavin zu mir, und sie bestätigte mir die Geburt eines Mädchens. Das Kind war unter einem glücklichen Stern zur Welt gekommen, und ich hatte Freude und Genugtuung über den Zeitpunkt der Geburt. Aber zwei Monate nach meiner Ankunft in Indien starb das Mädchen.

Sultan Ala ed-Din Tarmashirin ist ein bedeutender Herrscher, der über viele Fußtruppen und Kavallerieregimenter verfügt. Trotz seiner großen Macht ist er als gerechter Regent bekannt. Seine Ländereien liegen zwischen den vier gewaltigen Königreichen dieser Erde, nämlich des Königs von China, Indien, des Irak und des Königs Uzbek. Alle schicken ihm Geschenke und erweisen ihm Ehre und Respekt.

Als ich mich einige Tage in seinem Lager aufgehalten hatte, begab ich mich, wie gewohnt, zum Abendgebet in das Moscheezelt. Dort befand sich auch der Sultan. Als er sich vom Gebetsteppich erhob, grüßte ich ihn. Er erkundigte sich in türkischer Sprache nach meinem Befinden und meinte schließlich: »Deine Ankunft hier sei gesegnet!« Später wurde ich von ihm in seinem prächtig ausgestatteten Zelt empfangen. In Gegenwart seiner Emire mußte ich ihm von Mekka und Medina, Jerusalem, Hebron, Damaskus, Kairo, den irakischen Staaten und den nichtarabischen Ländern erzählen.

Treibjagd
(Persische Miniatur, Anfang 15. Jahrhundert)

Als ich mich nach 54 Tagen entschloß, das Lager des Sultans zu verlassen, machte er mir 700 Silberdinare und einen Zobelpelzmantel im Wert von hundert Dinaren zum Geschenk. Ich hatte ihn in Anbetracht der Kälte darum gebeten. Auch gab er mir zwei Pferde und zwei Kamele. Als ich aufbrach, ritt er gerade zur Jagd aus. Es war ein bitterkalter Tag. Ich brachte kaum ein Wort heraus, doch er verstand mein Unbehagen bei solcher Kälte, lächelte und reichte mir zum Abschied die Hand.

Samarkand, wohin wir dann gelangten, ist eine der größten und schönsten Städte. An den Ufern des Flusses gebaut, ist ihre Pracht geradezu unübertroffen. In den Obstgärten, wo die Bewohner nach dem Gebet spazierengehen, stehen Bänke und Sitzplätze zum Ausruhen bereit. Die wunderbaren Paläste früherer Zeiten und andere bedeutende Bauten stehen nicht mehr; ebenso wie ein Großteil der Stadt sind ihre Ausmaße nur noch aus den Ruinen heraus zu erkennen. Anstelle einer Stadtmauer befinden sich Gärten. Die Bevölkerung von Samarkand ist gegenüber dem Fremden äußerst zuvorkommend.

Die Stadt Tirmidh, unser nächstes Ziel, ist ein sehr großer Ort mit schönen Gebäuden und Basaren, von Kanälen durchzogen und mit vielen Gärten ausgestattet. Hier wachsen besonders Früchte, vornehmlich herrlich duftende Quitten. Die Bewohner von Tirmidh waschen in den Badehäusern ihre Köpfe mit Milch. Zu diesem Zweck hat der Eigentümer eines Badehauses stets große gefüllte Milchbehälter bereitstehen. Jeder, der ein solches Haus betritt, schöpft sich Milch mit einem kleinen Gefäß und wäscht sich den Kopf. Das Haar wird dadurch frisch und glänzend. Die Inder verwenden statt dessen Sesamöl, was das Wachstum ihrer Haare fördert, so daß sie mächtige Bärte tragen. Das alte Tirmidh hatte am Ufer des Jaihun (Amu Darja) gelegen. Nachdem es durch Dschingis Khan

Flußfahrt eines arabischen Segelbootes
(al-Hariri, 13. Jahrhundert)

zerstört worden war, wurde die neue Stadt etwa zwei Meilen vom Fluß entfernt angelegt.

Auf der anderen Seite des Flusses betraten wir das Land Chorasan und durchquerten eineinhalb Tage lang eine unbewohnte Wüste, bis wir zur Stadt Balkh kamen. Sie ist völlig zerstört und menschenleer. Dabei erweckt sie gerade durch die Solidität ihrer Anlage einen bewohnten Eindruck, zumal das äußere Bild ihrer Moscheen und Schulen mit Inschriften auf den Gebäuden und Malereien aus Lapislazuli erhalten geblieben ist.

Ein die Geschichte sehr gut kennender Gelehrter erzählte mir, daß die Moschee von Balkh von einer Frau gebaut worden war, deren Gatte, Daud Ibn Ali, für die Abbasidenkalifen als Gouverneur diese Stadt und ihren Bezirk verwaltete. Eines Tages erfaßte den Kalifen großer Zorn über einige Widerstände unter der Bevölkerung, so daß er einen Bevollmächtigten entsandte, der das Volk strafen und von ihm erhöhte Abgaben eintreiben sollte. Nach seiner Ankunft in Balkh begaben sich die Frauen mit ihren Kindern zur Erbauerin der Moschee und flehten sie an, ihnen in ihrer Lage zu helfen.

Da ließ sie dem Emir, der die Steuern eintreiben sollte, ihr eigenes Gewand, das mit Gold und Edelsteinen bestickt war und einen höheren Wert als die Steuer hatte, schicken. Der Bote überbrachte dazu die Nachricht: »Bringe dieses Kleid dem Kalifen. Ich gebe es anstatt der Steuer für das Volk von Balkh, das so arm ist.« Der Emir reiste daraufhin zum Kalifen, legte ihm das Kleidungsstück vor und erzählte die Geschichte. Da erfaßte den Herrscher der Gläubigen große Scham und er rief aus: »Soll denn eine Frau großherziger sein als wir?« Er befahl, jegliche Strafe für die Bewohner des Gebietes sofort einzustellen und keine Abgaben zu verlangen.

Der Emir kehrte nach Balkh zurück, begab sich zur Frau des Gouverneurs und berichtete ihr, indem er das Gewand zurückgab, was der Kalif gesagt und angeordnet hatte. Da antwortete sie ihm: »Lagen die Augen des Kalifen auf diesem Kleid?« – »Ja«, erwiderte er. – »Gut«, meinte sie, »so werde ich dieses Gewand nicht mehr tragen, da auf ihm das Auge eines Mannes ruhte, der nicht mit mir verwandt ist.« Sie befahl, das Kleid zu verkaufen, und baute mit dem Erlös die Moschee, das Hospiz und eine Unterkunft für Gläubige, die heute noch bewohnt wird. Als diese Gebäude errichtet waren, stellte man fest, daß noch ein Drittel des Geldes übrig war. Sie ordnete an, diese Summe unter einer der Säulen in der Moschee zu vergraben und erst dann ans Tageslicht zu holen, wenn das Gold dringend gebraucht würde. Von dieser Geschichte hörte dann Dschingis Khan, der daraufhin alle Säulen niederreißen ließ, um an den Schatz zu gelangen. Als ein Drittel zerstört war und man nichts gefunden hatte, ließ er den Rest stehen.

Außerhalb von Balkh liegt ein Grabmal, in dem Okkascha Ibn Mihsan aus dem Stamm der Asad begraben ist. Er war ein Gefährte des Propheten – Gott segne ihn und schenke ihm Frieden – und kam ins Paradies, ohne auf den Tag des Gerichts warten zu müssen. Darüber befindet sich ein ausgezeichnetes Hospiz, in dem wir untergebracht waren. Am Rand eines Teiches steht ein weit ausladender Walnußbaum, in dessen Schatten man sich im Sommer erholen kann.

Der Scheich dieser Unterkunft ist al-Hajj Khurd, ein ehrenwerter Mann, der mit uns umherritt und uns die sehenswerten Plätze der Stadt zeigte. Dazu gehörte auch das Grabmal des Propheten Hizkil (Ezechiel) – Friede sei mit ihm –, über dem sich eine schöne Kuppel wölbt. Wir besuchten außerdem noch eine Reihe von Gräbern heiliger Männer, an die ich mich nicht mehr erinnern kann. Auch am Haus des Ibrahim Ibn Adham – Gott segne ihn – hielten wir uns auf, einem großen und sehr auffällig angelegten Gebäude aus weißen Steinen. Es wurde als Lagerhaus für das Getreide benutzt, das auf den dem Hospiz gehörenden Feldern geerntet worden war. Zu seinem Schutz war der Bau fest verriegelt, so daß wir ihn nicht betreten konnten. Er liegt in unmittelbarer Nachbarschaft der Hauptmoschee.

Über Berge und durch Schnee

Der elende Dschingis Khan verwüstete die Stadt und zertrümmerte ein Drittel ihrer Moscheen, weil man ihm erzählt hatte, daß unter einer Säule ein Schatz verborgen sei.

Sieben Tage lang durchquerten wir die Berge von Quhistan, mit ihren zahlreichen Dörfern, Gebirgsflüssen, Laubbäumen, vornehmlich Feigen, und Herbergen, die von frommen Männern bewohnt werden, deren Dienste Gott, dem Allerhöchsten, gewidmet sind.

Mit Harat (Herat) lernten wir die größte bewohnte Stadt Chorasans kennen. Sie gehört zu den vier größten des Landes, Balkh und Merw, den beiden zerstörten, und Harat und Maisabur, den bewohnten.

Ein Ort mittlerer Größe war al-Jam (heute Turbat-i Shah). Da hier viele Maulbeerbäume wachsen, produziert man besonders Seidenwaren. Nächste Station war Tus, eine der berühmtesten Städte von Chorasan, die Heimat des gefeierten Imam Abu Hamid al-Ghazali – Gott sei ihm gnädig! Hier befindet sich auch sein Grabmal. Dann gelangten wir nach Meshed, einer großen und bedeutenden Stadt mit Obstplantagen, Bewässerungsanlagen und Mühlen. Sie weist ein bemerkenswertes Heiligtum auf, das in einem Hospiz von einer mächtigen Kuppel überragt wird. Dazu gehören noch eine Schule und eine Moschee. Diese Gebäude sind von eleganter Konstruktion.

Über dem Grabmal befindet sich eine hölzerne, mit Silberplatten ausgelegte Balustrade, über der ein silberner Kandelaber hängt. Die Türeinfassung ist ebenfalls aus reinem Silber, und darüber sieht man einen golddurchwirkten Seidenvorhang. Es handelt sich um die letzte Ruhestätte Harun ar-Raschids, des Herrschers der Gläubigen – Gott möge ihn segnen! Wenn ein Besucher vor

Im Vorhof eines Gartens
(Aus der Schule von Herat, 14. Jahrhundert)

diesem Grabmal steht, so versetzt er ihm mit dem Fuß einen Tritt und spricht ein Segensgebet für Harun ar-Raschid.

Über Sarakhs erreichten wir Zawa, die Stadt des frommen Scheichs Qutb ed-Din Haidar, der den Haidari-Orden armer Brüder gründete. Dies sind Fakire, die in ihren Händen, Ohren und am Hals eiserne Ringe tragen. Ja, sie gehen sogar so weit, solche Ringe um ihr Geschlechtsteil schmieden zu lassen, damit sie nicht in Versuchung geraten, einen Beischlaf auszuführen.

Unsere Reise fortsetzend, kamen wir nach Naisabur (Nishapur), eine der vier Hauptstädte Chorasans. Ihrer Schönheit, Obstanlagen, Wasserläufe, und Mühlen wegen wird sie auch »Klein-Damaskus« genannt. Viele Kanäle durchqueren sie; ihre Basare sind vorzüglich ausgestattet und beeindrucken durch ihre Weiträumigkeit. Inmitten des Basars erhebt sich die wunderbare Moschee mit ihren vier Schulen. Hier erwirbt sich eine große Zahl von Studenten die Kenntnisse in der Koranlehre und in der Rechtsprechung, so daß die Schule im ganzen Land einen vorzüglichen Ruf genießt. Von Naisabur wird sehr viel Seide nach Indien ausgeführt.

In Naisabur hatte ich mir einen jungen türkischen Sklaven gekauft. Als ihn der gelehrte und fromme Scheich Qutb ed-Din an-Naisaburi sah, warnte er mich: »Dieser Bursche ist für dich nicht passend; verkaufe ihn wieder!« – »Gut. Wenn du es meinst«, antwortete ich und verkaufte den Sklaven im Laufe der nächsten Tage an einen Händler. Als ich mich später in der Stadt Bistam aufhielt, bekam ich einen Brief von einem Freund aus Naisabur, in dem er mir mitteilte, daß dieser Sklave einen Jungen ermordet habe und nun zum Tod verurteilt und hingerichtet worden sei. Für diesen wunderbaren Hinweis bin ich dem Scheich dankbar – Gott möge es ihm lohnen!

Über Bistam gelangte ich in die Gegend von Qundus und Baghlan mit Obstgärten und Flußläufen. Wir nahmen bei einem Scheich der armen Brüder mit Namen Shir Siyah Quartier und hielten uns vierzig Tage auf, um die Kamele und Pferde ausruhen und weiden zu lassen. Die Bevölkerung hält hier ihre Tiere ohne Hirten im Freien, da jedes Stück mit einem Brandzeichen versehen ist. Auch wir taten dies mit unseren Kamelen und Pferden. Als ich eines Nachts die Tiere überprüfen ging, vermißte ich drei Pferde. Nach zwei Wochen wurden sie wieder von Tataren in unser Lager gebracht, da sich die Diebe vor der Strafe, die dort sehr hoch ist, fürchteten. Auch zwei weitere Pferde, die man uns entwendet hatte, gelangten später wieder in unseren Besitz.

Ein anderer Grund für unseren langen Aufenthalt war die Furcht vor großen Schneefällen. An unserem weiteren Weg liegt nämlich das Hindukusch-Gebirge. Der Name heißt soviel wie »Mörder der Inder« und wurde deshalb geprägt, weil viele Mädchen und Jungen, die man in Indien als Sklaven aufgekauft hatte, in diesen Bergen an der ihnen ungewohnt großen Kälte und in den Schneemassen umgekommen sind. Die Überquerung des Passes nimmt einen ganzen Tag in Anspruch. Wir warteten daher das Einsetzen der warmen Witterung ab und brachen dann auf. Gegen Ende der Nacht gelangten wir auf die Höhe, auf der wir einen Tag lang bis Sonnenuntergang weiterzogen. Vor den Kamelen breiteten wir Decken aus, damit sie nicht im tiefen Schnee versanken.

In dieser Höhe trafen wir auf eine Siedlung mit Namen Andar (Andarab). In früheren Zeiten gab es hier nämlich eine Stadt, deren Spuren fast ganz verschwunden sind. Wir fanden in einer Herberge Unterkunft, die dem ehrenwerten Muhammad al-Mahrawi gehörte. Unser gegenseitiges Verhältnis war sehr gut. Wenn wir nach dem Essen unsere Hände wuschen, trank er in Hochachtung vor uns das Wasser, in dem wir uns gewaschen hatten. Schließlich begleitete er uns noch bis zum Hindukusch. Als wir dort in einer heißen Quelle unsere Gesichter gewaschen hatten, riß die Haut auf und bereitete uns große Schmerzen.

Nachdem wir das Gebirge überschritten hatten, verweilten wir an einem Platz, genannt Banj Hir (Panjhir), was »Fünf Berge« bedeutet. Die früher schöne und volkreiche Stadt, die an einem Fluß und einem See lag, in denen man Rubine fand, wurde von Dschingis Khan, dem Tataren, zerstört und hat seitdem nicht mehr die geringste Bedeutung erlangt.

In den Bergen von Pashay wohnten wir in der Herberge des ehrwürdigen Scheichs Ata Awliya, des »Vaters der Heiligen«, der im Persischen auch Sisad Salah, also »Dreihundert Jahre« heißt. Man erzählt sich, daß er 350 Jahre alt sei. Er wird von vielen Menschen, auch Prinzen und manchem Sultan, besucht. Als ich ihm begegnete, umarmte er mich. Seine Haut ist frisch und zart, wie ich es selten zu sehen bekam. Man würde ihn normalerweise auf fünfzig Jahre schätzen. Er berichtete mir, daß er alle hundert Jahre frische Haut und neue Haare bekäme. Ich erkundigte mich, ob er irgendwelche Überlieferungen des Propheten wüßte – ein mögliches Zeichen für die Richtigkeit seiner Altersangaben. Bei seinen vielen Erzählungen kamen mir doch zahlreiche Zweifel, und nur Gott wird wissen, inwieweit es bei ihm mit der Wahrheit bestellt ist.

Der Emir von Parwan, der mich beim Empfang beschenkte, schrieb sofort an seine Untergebenen in der Stadt Ghazna, die mich ehrenvoll aufzunehmen hätten. Es war bereits Sommer, als wir nach al-Charkh kamen, wo wir eine Gruppe der armen Brüder und Theologiestudenten trafen, mit denen wir das Freitagsgebet sprachen.

Den größten Teil der Stadt Ghazna, die wir als nächsten Ort besuchten, fanden wir in Ruinen liegend vor. Ihr Sultan Mahmud war einer der bedeutendsten Herrscher, der besonders nach Indien vorstieß und dort Städte und Festungen eroberte. Im Winter, wo es extrem kalt ist, ziehen die Bewohner nach Kandahar. Ich selbst habe diese Stadt auf meiner Reise nicht berührt.

Unsere nächste Station war Kabul, in früheren Zeiten eine große Stadt, die jetzt von einem persischen Stamm bewohnt wird, der sich al-Afghan nennt. Die Afghanen verfügen über starke Streitkräfte, und die meisten von ihnen sind Räuber. Ihr Hauptberg ist der Kuh Sulaiman (Takht-i Sulaiman). Von ihm erzählt man sich, daß ihn König Salomon, nach dem er auch benannt ist, bestiegen und auf das Land Indien herabgesehen habe, das damals noch mit Finsternis bedeckt war. Heute wohnt der König der Afghanen an diesem Berg.

Bei der Festung Karmash, die zwischen zwei Bergen liegt, pflegen die Afghanen den Reisenden aufzulauern und sie zu überfallen. Während wir durch den Engpaß zogen, geschah es uns ebenso. Die afghanische Räuberbande hatte sich über uns in den Felsen versteckt, doch wir beschossen sie sofort mit Pfeilen, worauf sie die Flucht ergriffen und uns des Weges ziehen ließen. In Shashnagar (Hashtnagar), dem letzten Ort im türkischen Bereich, verbrachten wir die nächste Nacht. Vor uns lag ein Marsch von fünfzehn Tagen durch die große Wüste, die nur nach der Regenzeit, Anfang Juli, durchquert werden kann. Hier weht der tödliche Samum, der die Körper wie bei einer Verwesung zusammenschrumpfen läßt, so daß der sterbende Mensch seine Gliedmaßen verliert. Dieser Wind fegt auch über die Wüste bei Schiras hinweg. Eine große, vor uns reisende Karawane, bei der sich der Kadi von Tirmidh befand, verlor durch diesen Wind viele Kamele und Pferde. Uns jedoch geschah nichts, so daß wir sicher und wohlbehalten Banj Ab (Panjab), die »Fünf Flüsse« von Sind, erreichten – Gott, der Allmächtige, sei dafür gepriesen!

Damit endet das, was wir über unsere erste Reise zu berichten haben.

INDIEN

Merkwürdige Art der Geschenke

Im Namen Gottes, des gnädigen Erbarmers! Gott segne unseren Herrn Mohammed, seine Familie und seine Genossen und gebe ihnen Heil!

So spricht der Scheich Abu Abdallah Mohammed, Sohn des Abdallah, Sohn des Mohammed, Sohn des Ibrahim vom Stamme Lewata aus Tanger, bekannt unter dem Namen Ibn Battuta:

Als der Kalender den ersten Tag des göttlichen Monats Moharrem des Jahres 734 (12. September 1333) zeigte, gelangten wir an den Industrom, auch Panjab genannt, was »die fünf Gewässer« heißt. Dieser Strom ist einer der größten der Welt und mündet in der heißen Zone; die Bewohner dieses Landes bestellen die Aussaat, wie es die Bauern Ägyptens bei der Nilüberschwemmung tun. Dieser Strom bildet die Grenze des Reiches, das der erhabene Sultan Mohammed Schah, der König von Indien, regiert.

Als wir das Ufer des Flusses erreicht hatten, kamen die zuständigen Beamten des Meldungsamtes zu uns, um dann Kutb el-Mulk, dem Gouverneur der Stadt Multan, von unserer Ankunft zu berichten. Damals war Sertiz, ein Leibeigener des Sultans, Gouverneur von Sind, der gleichzeitig das Amt des Inspekteurs der Provinzen innehatte, und vor dem die Truppen des Sultans paradieren mußten. Sein Name Sertiz bedeutet soviel wie »Schlaukopf«. Zur Zeit unserer Ankunft hielt er sich in der Stadt Siwestan auf, die in Sind liegt und von Multan zehn Tagesreisen entfernt ist. Zwischen der Provinz Sind und der Stadt Delhi, der Residenz des Sultans, ist man fünfzig Tage unterwegs. Gibt aber das Meldeamt der Provinz Sind eine Nachricht an den Sultan auf den Weg, so erreicht ihn die Meldung innerhalb von fünf Tagen mit der Staatspost.

Die Staatspost in Indien gründet sich auf zwei verschiedene Beförderungsarten. Für die Pferdepost, die sogenannte »Ulak«, stehen alle vier Meilen dem Sultan gehörende Pferde bereit. Die Läuferpost hingegen ist so eingerichtet, daß jede einzelne Meile in drei Abschnitte unterteilt wird. Am Ende eines jeden Abschnitts befindet sich eine gutbesetzte Ansiedlung, in der die zum sofortigen Aufbruch bereiten Läufer sitzen. Gegürtet und mit einer zwei Ellen langen Geißel neben sich, die an ihrem Ende Kupferschellen trägt, warten sie auf die zu befördernde Nachricht. Verläßt der Kurier die Stadt, nimmt er den Brief in die eine Hand, erfaßt die schellenbehangene Geißel mit der anderen und stürmt mit aller Kraft davon. Den ihm vorauseilenden Klang der Schellen hören die Läufer der nächsten Station und machen sich bereit, die Post zu übernehmen. Erscheint nun der Kurier, so ergreift ein Läufer das Schreiben und jagt fort, so schnell er laufen kann. Auch er schwingt die Geißel, bis er zur nächsten Abschnittsstation gelangt, wo sich der Vorgang wiederholt, bis der Brief endlich seinen Bestimmungsort erreicht hat.

Auf diese Weise befördert man auch sehr oft Früchte, die aus Chorasan stammen und in Indien recht begehrt sind. Man legt sie in Schüsseln und versendet sie in höchster Eile, damit sie der Sultan möglichst schnell genießen kann. Ebenso transportiert man auch Schwerverbrecher, indem man den Delinquenten in einen Tragsessel packt, den die Kuriere auf ihren Kopf nehmen und im Laufschritt davontragen.

Wenn die Beamten der Meldebehörden dem Sultan schreiben, um ihn über die Ankunft eines Fremden zu unterrichten, der einen seiner Staaten betreten hat, so studiert der Herrscher den Brief in allen Einzelheiten, aus dem er auch entnehmen kann, wie sein Äußeres beschaffen ist und wie er sich kleidet. Dazu läßt man den Sultan wissen, von wie vielen Reisegefährten er begleitet ist, wie groß die Zahl seiner Diener und Sklaven, ja auch seiner Tragtiere ist. Hinzu kommt, daß man, soweit erkennbar, alle Gewohnheiten schildert, etwa wie der Fremde geht und steht. Schließlich enthält der Brief auch Angaben über das von dem Besucher mitgeführte Geld.

Kommt nun der Reisende nach Multan, in die Hauptstadt der Provinz Sind, so muß er sich dort so lange aufhalten, bis eine genaue Verfügung des Herrschers vorliegt, die seine Vorsprache und Behandlung bei Hof regelt. Dies gibt einen Eindruck vom Verhalten, Charakter und von den Ausgaben des Fremden wieder.

Der König von Indien, Sultan Abu'l Mujahid Mohammed Schah, erweist den Fremden hohe Ehren und besonderes Wohlwollen. Da er ihnen Verwaltungsämter und Würden verleiht, ist die Mehrzahl seiner Hofleute, Kammerherren, Wesire und Richter, aber auch seiner Schwäger, ausländischer Herkunft. Auf seinen Befehl hin müssen die Fremden in seinen Staaten mit dem Titel »A'izza«, was »Erlauchte Herren« heißt, angesprochen werden. Mit der Zeit ist dieser Titel dann zu einem Eigennamen geworden.

Jeder Besucher, der zur Audienz geladen wird, muß dem Sultan ein Geschenk anbieten und es ihm, gewissermaßen als Einführung, überreichen. Der Herrscher aber gibt es ihm doppelt und bisweilen mehrfach zurück. Als man sich nun an dieses Verhalten des Königs gewöhnt hatte, sahen die Kaufleute in Sind und Indien darin eine

Chance für ihr Geschäft. Sie räumten jedem, der am Hofe des Sultans vorsprechen wollte, Kredite von Tausenden von Dinaren ein und statteten ihn mit dem aus, was er als Geschenk zu überreichen gedachte oder für sich selbst in Gestalt von Reittieren, Kamelen und Ausrüstung benötigte. Sie dienten ihm nicht nur mit ihrem Geld, sondern auch mit ihrer Person, indem sie sich ihm als Gefolge zur Verfügung stellten. Kam der Fremde nun zur Audienz vor den Sultan und erhielt das entsprechende Geschenk, so zahlte er den Kredit und die ganzen Vorschüsse zurück. Auf diese Weise warf das Geschäft den Kaufleuten einen großen Profit ab, so daß es letztlich zu einer guten und beständigen Einnahmequelle wurde.

Als ich in der Provinz Sind angelangt war, verfuhr ich in gleicher Weise und deckte mich mit Pferden, Kamelen und Sklaven ein. So hatte ich in der Stadt Ghazna bei dem irakischen Kaufmann Mohammed ed-Duri rund dreißig Pferde und ein Kamel, das eine Last Perserpfeile trug, gekauft, da der Sultan ein solches Geschenk besonders schätzte. Dieser Kaufmann erzielte durch mich einen beträchtlichen Gewinn und kehrte als schwerreicher Mann heim. Nach vielen Jahren begegnete ich ihm noch einmal in der Stadt Aleppo.

Als wir den Indus, der hier Panjab heißt, hinter uns gelassen hatten, durchquerten wir auf unserem Weg einen schilfbewachsenen Sumpf. Da griff uns ein Karkadann, ein Nashorn, an. Es ist dies ein Tier von dunkler, fast schwarzer Farbe, mit einem ungeheuren Leib und einem mächtigen, ungewöhnlich dicken Kopf. So pflegt man zu sagen: »Das Karkadann ist ein Kopf ohne Rumpf.« Das Tier ist kleiner als der Elefant, während sein Kopf weit größer als ein Elefantenkopf ist. Zwischen seinen beiden Augen hat es ein einziges Horn, dessen Länge ungefähr drei Ellen und dessen Dicke etwa eine Spanne beträgt. Als es uns angriff, stellte sich ihm einer unserer Reiter entgegen. Das Nashorn wandte sich sofort gegen das Pferd, durchbohrte mit seinem Horn dessen Schenkel, warf es zu Boden und kehrte ins Schilfdickicht zurück, so daß wir keine Gelegenheit hatten, es zu erlegen. Nach dem Nachmittagsgebet sah ich wieder ein Nashorn, das in einer Niederung weidete. Bei unserem Näherkommen ergriff es jedoch die Flucht. Zusammen mit dem König von Indien sah ich schließlich zum drittenmal ein Nashorn. Der Sultan und wir, sein unmittelbares Gefolge, saßen auf Elefanten, während die Jäger zu Fuß und mit Pferden in den Schilfwald eindrangen, das Tier aufscheuchten, es töteten und seinen Kopf ins Lager brachten.

Nachdem wir am Indus zwei Tage lang unterwegs gewesen waren, kamen wir in die Stadt Jenani, einen großen und schönen Ort am Ufer des Flusses mit prächtigen Marktplätzen. Die Bewohner gehören einem Volksstamm mit Namen Samira an. Schon ihre Ahnen hatten sich zur Zeit ihrer Eroberung in den Tagen des Hajjaj Ibn Yusuf hier niedergelassen. Darüber und über die Gewohnheiten dieser Leute berichtete mir der Scheich und Gebetsvorsteher, der gelehrte, fleißige, keusche und fromme Rukn ed-Din, einer der drei Männer, die ich nach Ankündigung des heiligen und rechtschaffenen Scheichs Burhan ed-Din al-Araj aus Alexandria auf meiner Reise antreffen würde und die ich auch tatsächlich traf, Preis sei Gott! Die Angehörigen dieses Stammes Samira essen niemals mit jemandem zusammen, noch darf ihnen irgendwer beim Essen zuschauen, auch verschwägern sie sich ausschließlich mit ihresgleichen.

In der Stadt Jenani lebten der Emir Unar es-Samiri und der Emir Kaisar ar-Rumi, beide im Dienst des Sultans. Sie hatten dort rund 1800 Reiter zur Verfügung. In der Stadt wohnte auch ein ungläubiger Hindu mit Namen Ratan. Als ein sehr geschickter Rechner und Sekretär nahm er an einer Delegation eines Emirs an den Herrscher von Indien teil. Da der König Gefallen an ihm fand, gab er ihm den Titel »Herr von Sind«, ernannte ihn zum Gouverneur dieses Gebietes, belehnte ihn mit Siwestan und Umgebung und übergab ihm die Insignien seines Amtes, nämlich Trommeln und Fahnen, wie sie hohe Würdenträger erhalten. Als er in das Land Sind zurückkehrte, waren Unar, Kaisar und die anderen erbost, daß ihnen allen der Ungläubige als Herr vorgesetzt worden war, und sie faßten den Beschluß, ihn zu beseitigen. Als nun einige Tage nach seiner Rückkehr vergangen waren, machten sie ihm den Vorschlag, die Umgebung der Stadt zu besuchen und sich über deren Zustand genau zu unterrichten. Er ging auf ihren Rat ein und verließ mit ihnen die Stadt. Als sich die Nacht über die Erde senkte, veranstalteten sie einen Tumult im Lager und gaben vor, ein Löwe sei eingedrungen. Sie stürmten in das Zelt und töteten den Ungläubigen. Dann kehrten sie in die Stadt zurück und ergriffen alles, was sich dort an Schätzen des Sultans befand. Dies waren zwölf Lak. Ein Lak hat den Wert von zehntausend indischen Golddinaren oder 25 000 maghrebinischen (marokkanischen) Golddinaren. Die Aufrührer wählten Unar zu ihrem Anführer und nannten ihn Malik Firuz. Er teilte das Geld unter die Soldaten auf. Dann aber fürchtete er um sein Leben; denn er hielt sich weit entfernt von seinem Stamm auf. So verließ er die Stadt, und mit ihm suchten seine nächsten Verwandten ebenfalls ihr Heil in der Flucht, die sie schließlich in ihre Heimat brachte. Der Rest der Truppen wählte Kaisar ar-Rumi zu ihrem Anführer.

Die Nachricht von diesem Geschehen erreichte Imad ul-Mulk Sertiz, den Leibeigenen des Sultans, der damals Generalgouverneur von Sind war und in Multan residierte. Er zog Truppen zusammen und setzte sie zu Lande und auf dem Indus in Marsch. Zwischen Multan und Siwestan sind zehn Tagesreisen. Kaisar trat ihm entgegen, wurde aber mit seinen Soldaten schmählich besiegt, so daß er sich hinter den Stadtmauern verschanzen mußte. Sertiz schloß die Stadt ein und brachte Wurfmaschinen in Stellung. Nach vierzig Tagen baten die Belagerten um Gnade, die ihnen Sertiz auch gewährte. Als sie sich jedoch ergeben hatten, brach er sein Wort und befahl, die Aufrührer hinzurichten. Jeden Tag ließ er einige enthaupten, andere mitten entzweischneiden und wieder andere schinden, deren Haut mit Stroh gefüllt und an der Stadtmauer aufgehängt wurde, so daß über weite Strecken dieser Mauer entlang diese ans Kreuz geschlagenen Häute zum Entsetzen aller Betrachter hingen. Sertiz ließ auch die abgeschlagenen Köpfe in der Mitte der Stadt zu einem Hügel aufschichten.

Schon bald nach diesem Ereignis stieg ich in der Akademie dieser Stadt ab, auf deren Flachdach ich zu schlafen pflegte. Wenn ich in der Nacht erwachte, sah ich die gekreuzigten Häute, so daß mich Schaudern ergriff und ich kein Vergnügen an meinem Aufenthalt in der Akademie empfand. So entschloß ich mich, diese Stadt möglichst bald wieder zu verlassen.

Besitzer von Dörfern

Der ehemalige Kadi von Herat, der treffliche und gerechte Ala ul-Mulk aus Chorasan, nach einer Audienz beim Herrscher von Indien zum Gouverneur der Stadt Lahari in der Provinz Sind ernannt und mit der Verwaltung ihrer Einkünfte betraut, hatte an der Expedition unter Imad ul-Mulk Sertiz mit seinen Soldaten teilgenommen. Ich beschloß, mit ihm nach der Stadt Lahari zu reisen. Er besaß fünfzehn Schiffe, mit denen er über den Indus abwärts fuhr; sie beförderten sein Gepäck, und auch ich reiste mit ihm.

Unter den Schiffen Ala ul-Mulks befand sich auch ein Fahrzeug, Ahaura genannt, eine Art Jacht, wie sie bei uns vorkommt, nur daß sie etwas breiter und kürzer war. In der Mitte des Schiffes befand sich ein hölzerner Aufbau, zu dem man auf einer Treppe hinaufstieg und auf dem ein Pavillon errichtet war, der für den Emir bestimmt war, wenn er dort Platz nehmen wollte. Dabei saß ihm sein Gefolge gegenüber, und seine Sklaven standen rechts und links von ihm. Die Mannschaft jedoch, die rund vierzig Leute umfaßte, mußte rudern. Die Ahaura wurde von vier Schiffen zur Rechten und Linken umgeben. Zwei von ihnen trugen die Insignien des Emirs, nämlich die Fahnen, Pauken, Hörner, Trompeten und Oboen, die man in Marokko »gaita« nennt. Auf den beiden anderen Schiffen hielten sich die Musiker auf. Es war eine recht unterhaltsame Fahrt von Tagesanbruch bis zur Zeit des ersten Mahles; da wurden die Pauken gerührt und die Hörner geblasen, bald ließen sich die Sänger hören, und so ging es ohne Unterlaß weiter. Zur ersten Mahlzeit des Tages schlossen sich die Schiffe zusammen und legten aneinander an. Sie wurden durch Stege verbunden, und die Sänger betraten die Ahaura des Emirs. Dort mußten sie singen, bis er die Tafel aufhob. Dann aßen sie selbst und kehrten auf ihr Schiff zurück. Nach dieser Unterbrechung wurde die Fahrt in der vorgeschriebenen Ordnung bis in die Nacht fortgesetzt. Bei Anbruch der Dunkelheit wurde am Flußufer das Nachtlager aufgeschlagen, wo der

Emir in seinen Zelten abstieg. An der gedeckten Tafel nahm der größte Teil der Truppen teil. War das letzte Abendgebet verrichtet, so zogen die Nachtwachen, die regelmäßig abgelöst wurden, auf. Sooft eine Wachmannschaft ihren Dienst beendet hatte, rief ein Ausrufer aus ihren Reihen mit lauter Stimme: »Herr und König, soundsoviel Stunden der Nacht sind verflossen!« Dann übernahm die nächste Abteilung die Nachtwache, und wenn sie abgelöst war, verkündete auch ihrerseits der Ausrufer, wie viele Stunden inzwischen vorübergegangen waren. Kam der Morgen, wurden die Hörner geblasen, die Pauken geschlagen, das Morgengebet gebetet und das Frühstück aufgetragen. War dies beendet, so nahm man die Reise wieder auf.

Entschließt sich der Emir jedoch zu einer Landreise, so geschieht dies unter Hörnerklang und Paukenschall. Voraus ziehen die Kämmerer des Emirs, dann folgen die Infanteristen, die dem Emir vorangehen. Unmittelbar vor ihnen befinden sich sechs Reiter, von denen drei Pauken umgehängt haben, während die anderen drei Oboen führen. Nähert man sich einem Dorf oder einer anderen Siedlung, so schlagen diese Reiter die Trommeln und lassen die Oboen ertönen, worauf die Pauken und Hörner der militärischen Eskorte einfallen. Beiderseits der Kämmerer befinden sich die Sänger, die abwechselnd singen. Zur Zeit der ersten Mahlzeit wird haltgemacht.

Fünf Tage lang reiste ich mit Ala ul-Mulk. Wir gelangten an den Sitz seiner Statthalterschaft, nämlich die Stadt Lahari, einen sehr schönen Ort am Strand des Ozeans. Bei ihr ergießt sich der Indus ins Meer, so daß dort zwei große Wasser zusammenkommen. Lahari hat einen bedeutenden Hafen, den die Seefahrer aus Südarabien und Persien besuchen. Deshalb sind auch die Steuereinnahmen der Stadt groß und das Vermögen der Bewohner beträchtlich. Emir Ala ul-Mulk berichtete mir, daß der Steuerertrag dieser Stadt jährlich sechzig Lak beträgt. Davon erhält er fünf Prozent. Unter diesen Bedingungen übergibt der Sultan seinen Beamten die Provinzen: Sie dürfen nämlich die Hälfte des Zehntels vom Steuerertrag für sich einziehen.

Eines Tages ritt ich mit Ala ul-Mulk in die Umgebung der Stadt aus. Wir kamen dabei in eine Ebene, die rund sieben Meilen von der Stadt entfernt ist und Tarna genannt wird. Dort erblickte ich eine unübersehbare Menge von Steinen, die aussahen, als wären es Menschen- oder Tierbilder. Sie waren jedoch größtenteils verwittert, so daß ich die Gesichtszüge der Gestalten nicht erkennen konnte. Von ihnen war nichts weiter übriggeblieben als die Figur eines Kopfes oder eines Fußes. Unter diesen Steinen befanden sich auch welche, die Getreidearten darstellten, wie Weizen, Kichererbsen, Bohnen und Linsen. Auch ganze Trümmer einer Stadtmauer und Häuserreste waren zu sehen. In den Ruinen eines Hauskomplexes, der aus behauenen Steinen bestand, erhob sich ein Postament, das wie aus einem einzigen Stück gearbeitet aussah. Darauf stand die Statue eines Mannes, der einen übermäßig langen Kopf hatte und den Mund seitwärts am Gesicht, die Hände jedoch hinten am Rücken wie ein Gefesselter trug. An dieser Stelle gab es auch Wasserpfützen von äußerst üblem Geruch und auf einer Mauer eine indische Inschrift. Ala ul-Mulk erklärte mir, daß die Geschichtsschreiber behaupten, an diesem Ort sei einst eine große Stadt gewesen, deren Einwohner sehr böse gewesen seien, so daß sie in Stein verwandelt wurden; die Figur auf dem Postament in dem großen Hauskomplex sei ihr König gewesen, weshalb man das Gebäude bis jetzt den Königspalast nenne. Die indische Inschrift auf einer Mauer erzähle die Geschichte des Untergangs dieser Stadt. Dieses Ereignis fand vor rund eintausend Jahren statt (möglicherweise handelt es sich um die Ruinen des alten Daibal – Dewal – Debal es-Sind).

Fünf Tage lang hielt ich mich bei Ala ul-Mulk in Lahari auf. Zum Abschied versah er mich reichlich mit Lebensmitteln. Ich begab mich nach Bakar, einer ansehnlichen Stadt, die von einem Kanal des Indus durchschnitten wird. In der Mitte dieses Kanals befindet sich ein schönes Hospiz, in dem Reisende untergebracht und verpflegt werden. Dieses Hospiz wurde von Kalu Khan in der Zeit seiner Statthalterschaft über die Provinz Sind erbaut. Neben dem Rechtsgelehrten und Gebetsvorsteher Sadr ed-Din und dem Richter der Stadt, Abu Hanifa, lernte ich den ehrwürdigen, frommen und keuschen Sems ed-Din Mohammed aus Schiraz kennen, der hochbetagt ist. Er erklärte mir, daß er über 120 Jahre alt sei. Von Bakar aus kam ich nach Ujah, einer großen Stadt am Indus, die schöne Märkte und prachtvolle Bauten besitzt. Ihr Gouverneur war ein trefflicher und edler Fürst, Jelal ed-Din al-Kiji, ein tapferer und großmütiger Mann. Später starb er in dieser Stadt nach einem Sturz vom Pferd.

Zwischen mir und diesem edlen Fürsten bildete sich eine Freundschaft. Als der Sultan nach Daulat-Abad reiste und mir befahl, in der Residenz Digli zu bleiben, sagte Jelal ed-Din zu mir: »Du benötigst viel für deinen Unterhalt, und der Sultan wird lange ausbleiben. So nimm denn mein Dorf und ziehe dessen Einkünfte ein, bis ich zurückkehre.« Dies tat ich auch und bezog aus diesen Einkünften ungefähr fünftausend Dinare. Gott möge ihn aufs beste belohnen!

In der Stadt Ujah traf ich den frommen, enthaltsamen und edlen Scheich Kutb ed-Din Heidar vom Geschlecht Alis, der mich das Büßergewand anziehen ließ. Er war ein rechtschaffener Mann. Das Kleid, das er mir geschenkt hatte, führte ich immer mit mir, bis zu jenem Tag, als mich die ungläubigen Inder auf dem Meer ausplünderten.

Von Ujah reiste ich nach der Stadt Multan. Dies ist die Hauptstadt der Provinz Sind und die Residenz des Generalgouverneurs. Auf dem Weg dorthin befindet sich in der Entfernung von zehn Meilen vor der Stadt der Fluß, der unter dem Namen Chosrau Abad bekannt ist. Diesen großen Strom kann man nur mit einem Schiff überqueren. Dabei wird das Gepäck der Reisenden aufs genaueste durchstöbert und ihre Ausrüstung untersucht. Zur Zeit unserer Ankunft war es üblich, daß von allem, was die Kaufleute mit sich führten, der vierte Teil als Abgabe entrichtet werden mußte; ferner zog man für jedes Pferd sieben Dinare als Zoll ein. Später, zwei Jahre nach unserer Ankunft in Indien, hob der Sultan diese Zölle auf und ordnete an, daß von den Reisenden nur die Armentaxe und das Zehntel eingehoben würden. Als wir uns anschickten, diesen Fluß zu überqueren, und unsere Ausrüstung durchsucht werden sollte, war mir dies sehr peinlich. Obwohl sich in meinem Gepäck nichts Besonderes befand, schien es den Leuten doch sehr wertvoll zu sein. Ich fand es widerwärtig, daß man meine Habe durchsuchte. Durch Gottes Gnade kam gerade ein General des Kutb el-Mulk, des Gouverneurs von Multan, an. Er befahl, daß meine Sachen nicht untersucht werden sollten. Dies geschah auch, und ich pries Gott für die Güte, die er mir erwiesen hatte. Nachdem wir am Flußufer übernachtet hatten, besuchte uns am nächsten Morgen der Leiter des Meldeamtes, der aus Samarkand stammende Dihkan. Er hat die Aufgabe, dem Sultan die Neuigkeiten aus dieser Stadt und ihrem Bezirk mitzuteilen, zu berichten, was dort vorfällt und wer dort ankommt. So wurde ich denn von ihm ausgefragt und kam in seiner Gesellschaft vor den Gouverneur von Multan.

Als ich vor Gouverneur Kutb el-Mulk, einem der bedeutendsten und verdienstvollsten Emire, erschien, kam er mir entgegen, faßte meine Hand und hieß mich, an seiner Seite Platz zu nehmen. Zum Geschenk machte ich ihm einen Sklaven, ein Pferd und getrocknete Rosinen und Mandeln. Gerade dies ist eines der größten Geschenke, die man den Bewohnern dieses Landes machen kann, da sich dort weder Rosinen noch Mandeln befinden und nur von Chorasan eingeführt werden. Der Sitz des Emirs befand sich auf einer mit Teppichen ausgelegten, großen Estrade. In seiner nächsten Nähe hielten sich der Richter Salar und der Prediger auf. Zu seinen beiden Seiten saßen die Generale der Armee und hinter ihm standen die Bewaffneten. Vor ihm paradierten die Truppen. Auf dem Platz waren viele Bogen aufgestellt. Erscheint nun ein Mann, der ins Heer als Schütze aufgenommen werden will, so bekommt er einen dieser Bogen, um ihn zu spannen. Diese Bogen sind der Stärke nach verschieden. Nach der Kraft, die der Mann beim Spannen anwendet, fällt sein Sold aus. Wünscht jemand als Reiter zu dienen, so muß er eine andere Leistung vollbringen: Er treibt sein Pferd an und stößt mit einer Lanze nach einer befestigten Scheibe. An einer niedrigen Mauer ist außerdem ein Ring aufgehängt; er treibt sein Pferd zum Galopp an und nimmt den Ring mit seiner Lanze auf. Hat er das vollbracht, so gilt er als ein besonderer Reiter im Heer. Will jedoch jemand als reitender Schütze dienen, so wird ein Ball auf die Erde gelegt. Der Soldatenanwärter versucht, im Reiten den Ball zu treffen. Nach dem Maß der Geschicklichkeit beim Treffen des Zieles fällt dann der Sold des Mannes aus.

Als wir bei dem Emir erschienen waren und ihn begrüßt hatten, ordnete er an, daß wir in einem Haus außerhalb der Stadt absteigen sollten, das den Schülern des frommen

Scheich Rukn ed-Din gehört. Normalerweise wird dort niemand als Gast aufgenommen, bevor nicht ein Befehl vom Sultan kommt. Zwei Monate nach meiner Ankunft in Multan erschienen ein Kammerherr des Sultans, der Polizeikommandant und drei Eunuchen bei mir. Sie fragten mich nach dem Grund meiner Ankunft. Ich erklärte ihnen, daß ich gekommen sei, in den Dienst des »Herrn der Welt« zu treten, also des Sultans, wie er in seinen Ländern genannt wird. Eine Anordnung des Sultans besagte nämlich, daß niemandem, der aus Chorasan komme, der Eintritt nach Indien zu gestatten sei, außer er erscheine in der Absicht, sich dauernd niederzulassen. Nachdem ich die Delegation des Sultans informiert hatte, daß ich gekommen sei, in Indien zu bleiben, ließen sie den Richter und die Notare kommen, um einen Vertrag für mich und diejenigen meiner Gefährten festzusetzen, die ebenfalls hierbleiben wollten.

Es war mir die Möglichkeit geboten worden, mit einem hohen Gast des Sultans, Chodawend Zadeh, von Multan in die Residenz zu reisen. Bis zur Hauptstadt benötigt man vierzig Tagesreisen, die jedoch in einem durchaus wohlbebauten Land vor sich gehen. Der Kammerherr und sein Gefährte, die zur Begleitung Chodawend Zadehs delegiert waren, besorgten alles, was man zur Bewirtung des Gastes und seiner Gefährten benötigte. Sie nahmen aus Multan an die zwanzig Köche mit sich. Der Kammerherr reiste stets über Nacht zum nächsten Halteplatz voraus, um dort die Mahlzeiten und andere Dinge vorzubereiten, so daß Chodawend Zadeh und wir stets zum fertig zubereiteten Essen ankamen. Nachdem jeder im allgemeinen mit seiner Reisegruppe zusammen aß, hatte ich nur einmal Gelegenheit, beim Essen mit Chodawend Zadeh zusammenzusein. Dabei wurden folgende Speisen serviert: Zuerst wird das Brot vorgelegt. Dies ist eine Art dünner Kuchen, etwa wie ein Fladen. Dann wird das gebratene Fleisch in große Stücke geschnitten, so daß ein Hammel etwa vier oder sechs Teile bildet, wobei jeder Mann ein solches Stück erhält. Außerdem serviert man in Butterschmalz gebackene Kuchen, die dem gewöhnlichen Weißbrot unserer Länder ähnlich sehen. In diese Kuchen gibt man eine Süßigkeit hinein, eine weiße Sülze mit Mandeln, die Subaniya heißt. Jeden dieser Kuchen belegt man mit einer dünnen, süßen Bäckerei, die aus feinem Mehl, Zucker und zerlassener Butter angefertigt ist. Dann wird in großen Porzellanschüsseln mit Butter, Zwiebeln und grünem Ingwer gebratenes Fleisch aufgetragen. Anschließend wird das Samusek serviert, kleingehacktes, mit Mandeln, Nüssen, Pistazien, Zwiebeln und Grüngewürz bereitetes Fleisch, das sich im Innern einer in Butterschmalz gebackenen Pastete befindet. Jeder Teilnehmer am Essen erhält vier bis fünf Stück davon. Der nächste Gang ist in zerlassener Butter gedünsteter Reis, der mit Hühnern belegt ist. Nach den »Kadi-Happen« wird schließlich Kairenser Naschwerk geboten. Der Kammerherr steht bei der Tafel, bevor gespeist wird, und verneigt sich in Ehrerbietung nach der Weltrichtung, in der sich der Sultan aufhält. Alle Anwesenden tun das gleiche. Das Zeichen der Ehrerbietung ist ein Neigen des Kopfes, wie die Gebetsverbeugung. Hat man dies getan, so setzt man sich zur Mahlzeit nieder. In Bechern aus Gold, Silber und Glas wird Kandiszuckerwasser gefüllt, das ist Rosenzucker, den man in Wasser aufgelöst hat. Während man es vor dem Essen trinkt, spricht der Kammerherr: »Im Namen Gottes, des Allmächtigen!« Ist das Essen vorbei, so bringt man die Krüge mit Bier. Noch einmal werden Betel und Pinangnüsse serviert. Hat man auch davon genommen, so sagt der Kammerherr noch einmal: »Im

Namen Gottes, des Allmächtigen!«, die Gäste stehen auf, verneigen sich wie vor der Mahlzeit und ziehen sich zurück.

Festlich geschmückt zur Verbrennung

Die erste Stadt Indiens, die wir betraten, war Abuhar, klein, aber hübsch, mit vielen Gebäuden, Wasserläufen und Baumanlagen. Hier gibt es mit Ausnahme des Lotos keinen Baum unserer Heimat. Aber auch der Lotos ist hier außergewöhnlich stark entwickelt, und seine Frucht ist so groß wie ein Gallapfel und ungemein süß. Überhaupt begegnet man hier Blumen, die es bei uns und auch anderswo nicht gibt. Da ist beispielsweise der Mangobaum, der den meisten Schatten wirft. Wer aber unter ihm schläft, wird von einem heftigen Fieber befallen.

Von Abuhar durchquerten wir einen Tag lang eine unwirtliche Ebene. Sie war von unzugänglichen Bergen umgeben, in denen ungläubige Inder lebten, die oft die Wege unsicher machten. Indiens Bewohner sind größtenteils Heiden. Ein Teil von ihnen, vornehmlich die Bewohner der Dörfer, steht unter muslimischem Schutz, den im Auftrag und als Lehen des Sultans ein Richter wahrnimmt. Die dem Islam Widerstand leistenden Inder verteidigen sich in den Bergen und betätigen sich als Straßenräuber.

Beim Aufbruch von Abuhar zog unsere Karawane am frühen Morgen los, während ich in der Gesellschaft meiner Gefährten bis zum Mittag in der Stadt blieb. Als eine Truppe von 22 Reitern, größtenteils Arabern und Persern, verließen wir die Stadt. In der genannten Ebene griffen uns 80 Ungläubige zu Fuß und zwei Reiter an. Meine Reisegefährten waren jedoch kühne und entschlossene Männer. Es

Arabische Kamelkarawane

entbrannte ein heftiger Kampf, bei dem wir einen Reiter und zwölf Mann der Fußtruppe töteten. Auch mich traf ein Pfeil, ein weiterer mein Pferd. Doch hielt Gott seine Hand über mich, so daß mir nichts geschah; denn ihre Pfeile hatten nicht die durchschlagende Kraft. Ein weiteres Pferd wurde verwundet, weshalb wir es schlachten mußten. Den Türken unter meinen Leuten kam dies sehr gelegen; denn als Liebhaber von Pferdefleisch aßen sie es gleich auf. Die Köpfe der erschlagenen Ungläubigen nahmen wir mit in das Kastell von Hisn Abi Bakhar, wo wir sie an der Mauer aufhängten.

Als wir nach zwei Tagen in die Stadt Ajudehen kamen und ich dort dem frommen Scheich Ferid ed-Din Grüße des heiligen Scheichs Burhan ed-Din al-Araj aus Alexandria überbrachte, liefen die Leute meines militärischen Schutzkommandos und einige meiner Gefährten plötzlich davon. Ich erkundigte mich nach ihrem Verhalten und bekam die Antwort, daß ein ungläubiger Inder gestorben sei und man einen Scheiterhaufen angezündet habe, auf dem er und seine noch lebende Frau verbrannt würden. Nach diesem Ereignis kamen meine Leute zurück und berichteten mir, daß die Frau den Toten umarmt habe, bis sie selbst verbrannt sei. Später sah ich in Indien selbst solche Verbrennungen. Frauen der ungläubigen Inder hatten sich zu diesem Zweck festlich geschmückt und saßen hoch zu Roß, gefolgt von einer Volksmenge, darunter auch Muslime. Vor der Witwe spielte man Pauken und Trompeten, während sie von Brahmanen – dies sind die Großen Indiens – begleitet wurde. Soll im Hoheitsgebiet eines muslimischen Sultans eine Witwenverbrennung stattfinden, so wird der Herrscher zuvor um Erlaubnis gefragt. Er erteilt sie auch.

Ich selbst erlebte ein solches Schauspiel in der Stadt Amjhera, deren Bewohner, von einem muslimischen Gouverneur regiert, größtenteils Heiden waren. In der Umgebung der Stadt gab es ungläubige Rebellen, die einen schweren Straßenraub durchgeführt hatten, so daß sich der muslimische Emir entschloß, sie zu bekämpfen. Zwischen seinen Truppen und den Räubern kam es zu einem heftigen Gefecht, in dessen Verlauf sieben Leute des Emirs den Tod fanden, die keine Muslime waren. Drei von ihnen waren verheiratet. Ihre Witwen entschlossen sich zur Verbrennung. Dieser Akt gilt bei den Indern als eine lobenswerte Tat, die jedoch nicht Bedingung für eine Frau ist, die ihren Mann verloren hat. Tut sie es hingegen nicht, so zieht sie grobe Kleider an und wohnt bei ihren Verwandten in der wenig geachteten Lage einer nicht treuen Frau. Gegen ihre persönliche Haltung kann sie jedoch nicht zur Verbrennung gezwungen werden. Läßt sie sich aber verbrennen, so erntet ihre Verwandtschaft dadurch große Ehren, und sie selbst wird noch lange wegen ihrer Treue gerühmt.

Nachdem die drei Witwen der gefallenen Soldaten übereingekommen waren, sich verbrennen zu lassen, verbrachten sie zuvor drei Tage mit Gesang, Musik, Essen und Trinken, als wollten sie zum Abschied noch einmal die Genüsse dieser Welt in ihrer Fülle erleben. Von allen Seiten wurden sie von Frauen besucht. Am Morgen des vierten Tages brachte man jeder von ihnen ein Pferd. In vollem Schmuck und stark parfümiert, bestiegen sie die Rösser, mit der rechten Hand mit einer Kokosnuß spielend, in der linken einen Spiegel haltend, in dem sie sich dauernd betrachteten. Die Brahmanen und ihre Verwandten begleiteten sie. Vor ihnen wurden Trommeln gerührt und Trompeten und Hörner geblasen. Alle Ungläubigen riefen ihnen zu: »Überbringt Grüße meinem Vater oder meinem Bruder oder meiner Mutter oder meinem Herrn!« Die Witwen antworteten: »Ja, ja«, und lächelten den Leuten zu. Meine Gefährten und ich stiegen vom Pferd, um mitzuerleben, wie sich die Frauen bei ihrer Verbrennung verhalten würden. Wir gingen mit ihnen ungefähr drei Meilen weit, bis wir an einen düsteren Ort mit viel Wasser und großen, schattigen Bäumen kamen. Zwischen diesen Bäumen erhoben sich vier Kuppelbauten, die jeweils ein steinernes Götzenbild enthielten. Von den Tempeln umgeben, lag ein Weiher, über dem dichter Schatten ruhte, so daß die Sonne nicht durchdringen konnte. Es war ein Platz wie ein Tal der Hölle – Gott bewahre uns davor!

Als ich diese Tempel erreicht hatte, stiegen gerade die

Frauen am Weiher ab und tauchten im Wasser unter. Sie legten Kleidung und Schmuck ab und verteilten alles als Almosen an die Leute. Man brachte jeder ein grobes, ungenähtes Baumwollgewand, das sie teils um ihre Lenden befestigten, teils um Haupt und Schulter legten. In einer Niederung nahe des Weihers waren bereits die Feuer entzündet, in die man Sesamöl goß, damit die Flammen recht hoch schlugen. Dort standen etwa 15 Männer mit Bündeln von Holzspänen und weitere zehn mit langen Holzstangen. Die Trommelschläger und Trompetenbläser erwarteten die Frauen. Mit einem großen Vorhang entzogen die Männer das Feuer den Blicken der Witwen. Da sah ich eine Frau, wie sie dem nächsten Mann den Vorhang entriß und rief: »Willst du mich mit dem Feuer erschrecken? Weiß ich doch, daß es Feuer ist! Mach mir Platz!« Lächelnd faltete sie die Hände über dem Kopf zusammen als Huldigung für die Flammen und stürzte sich in das Feuer. Hörner und Trompeten erklangen, die Männer warfen das Holz auf die Frau und drückten ihren Körper mit den Stangen nieder, damit sie sich nicht etwa bewege. Ein ungeheures Geschrei erhob sich. Als ich dieses gräßliche Schauspiel sah, wäre ich beinahe ohnmächtig umgefallen, hätten mich meine Gefährten nicht mit Wasser erfrischt. Ich ließ mir von ihnen das Gesicht waschen und eilte nach Hause.

Eine ähnliche Sitte haben die Inder mit dem Ertränken. Viele Leute ertränken sich freiwillig im Ganges, zu dem sie eine Pilgerfahrt unternehmen und in den die Aschenreste derjenigen gestreut werden, die verbrannt worden sind. Die Inder behaupten, daß der Ganges im Paradies entspringe. Kommt jemand mit der Absicht, sich zu ertränken, so erklärt er den Umstehenden: »Glaubt nicht, daß ich mich irgendeiner weltlichen Sache oder der Armut wegen ertränke. Mein Wunsch ist nur, Kusai nahe

Badende Frauen (indische Miniatur)

zu sein.« Mit Kusai nennen sie Gott in ihrer Sprache. Daraufhin ertränkt er sich. Dann zieht man den Toten an Land, verbrennt ihn und streut seine Asche in den Fluß.

Vier Tage nach unserer Abreise von Ajudehen kamen wir in die Stadt Sarsati. Hier wird sehr viel Reis angebaut und in die Stadt Delhi gebracht. Über Hansi gelangten wir zwei Tage später nach Masud-Abad, nur noch zehn Meilen von der Residenz Delhi entfernt. Hier hielten wir uns drei Tage auf. Des Königs Wesir Chodscha Jihan sandte uns aus der Hauptstadt seine Leute entgegen, uns zu empfangen. Zur Begrüßung eines jeden von uns waren Männer auserwählt worden, die von gleichem Rang wie wir waren. Der darunter befindliche Rechtsgelehrte Ala ed-Din schrieb an den Sultan, um ihm unsere Ankunft mitzuteilen, und sandte den Brief mit der Läuferpost ab. Bereits drei Tage danach traf die Antwort des Sultans ein, so daß uns die Richter, Rechtsgelehrten, Scheichs und einige Emire offiziell willkommen heißen konnten.

Daraufhin verließen wir Masud-Abad und stiegen in der Nähe des Ortes Palem ab. Am nächsten Morgen erreichten wir die Residenz Delhi.

Indiens Früchte und Getreidearten

In Indien gibt es sehr viele bei uns nicht bekannte Bäume, die deshalb besonders erwähnenswert sind. Da ist zunächst der Mangobaum, der Orange sehr ähnlich, jedoch viel blattreicher. Seine Frucht ist etwas größer als eine Birne. Vor der völligen Reife nimmt man das Obst, bestreut es mit Salz und legt es wie bei uns die Limone ein. In gleicher Weise legen die Inder den Ingwer und die Pfefferschoten ein, um sie zur Mahlzeit zu essen. Dabei nehmen sie nach jedem Bissen ein wenig von diesen gesalzenen Früchten. Die ausgereiften Früchte des Mangos sind gelb. Dann werden sie von den Einwohnern wie Äpfel gegessen. Einige zerschneiden sie mit dem Messer, während andere nur ihren Saft saugen. Die Frucht ist süß, jedoch mit etwas Herbheit vermengt. Sie hat einen großen Kern, den man aussät, worauf daraus ein neuer Baum sprießt, ebenso wie bei den Orangenkernen.

Ein hohes Alter erreichen die Schaki- und Barkibäume (zwei Gattungen des Brotbaumes), deren Laub wie Nußblätter aussieht, während die Früchte am Stamm wachsen. Beim Barki berühren sie den Erdboden; sie sind süß und angenehm zu essen. Hoch über der Erde wachsen die Früchte des Schaki, die dem Wasserkürbis ähnlich sind. Sind sie im Herbst gelb geworden, so schneidet man sie ab und spaltet sie mitten durch. Im Innern jeder Frucht befinden sich hundert bis zweihundert Fruchtkapseln, die wie Gurken aussehen. Jede enthält einen bohnenähnlichen Kern. Sind die Kerne geröstet oder gekocht, so schmecken sie auch wie Bohnen, die in Indien nicht vorkommen. Man bewahrt die Kerne in einer roten Erde auf, in der sie sich bis zum nächsten Jahr halten. Der Schaki und der Barki bringen die besten Früchte Indiens hervor.

Die Frucht des Ebenholzbaumes heißt Tendu. Sie hat die Größe der Aprikose, ist jedoch weit süßer. Der Jumun erreicht ein hohes Alter. Seine schwarze Frucht enthält nur einen Kern, der dem der Olive sehr ähnelt. Während man die saure Orange nur recht selten antrifft, kommt die süße Orange in Indien häufig vor. Dazwischen gibt es noch eine Gattung, die halb süß und halb sauer ist. Da sie einen herrlichen Geschmack hat, aß ich sie gern und oft.

Der Mahwa ist eine Baumart, die sehr alt wird. Die Blätter gleichen dem Laub des Nußbaumes, nur haben sie einen Stich ins Rote und Gelbe. Die Frucht hat die Größe einer kleinen Birne und schmeckt außergewöhnlich süß. Am oberen Ende jeder Frucht befindet sich eine kleine, hohle Beere, die das Aussehen und den Geschmack der Weinbeere hat. Ißt man davon jedoch zu viel, so bekommt man leicht Kopfschmerzen. Wird sie in der Sonne getrocknet, so schmeckt sie genau wie die Feige, die in Indien nicht zu Hause ist. Die Bewohner nennen diese Beere Angur, was in ihrer Sprache auch Weinbeere heißt. Allerdings wächst dieses Obst in Indien nur sehr selten und zwar hauptsächlich in der Umgebung von Delhi. Der Mahwabaum trägt im Jahr zweimal Früchte. Aus ihren Kernen erzeugt man Öl, das zu Beleuchtungszwecken verwendet wird.

Im Boden gedeiht die Kastra, eine knollige Wurzel, der Kastanie ähnlich und von süßem Geschmack. Der aus unserer Heimat bekannte Granatapfel trägt in Indien zweimal Früchte. Auf den Malediven sah ich, daß er fortwährend Früchte hat. Die Inder nennen ihn Anar. Ich glaube, daß dies der Ursprung des Wortes Julnar ist, da Jul auf persisch Blüte und Anar Granatapfel heißen.

Die Bewohner Indiens säen zweimal im Jahr Getreide aus. Wenn mitten im Sommer die Regenzeit eintritt, so säen sie und ernten rund 60 Tage später. Von den Körnerfrüchten sind bemerkenswert: das Kudru, eine Art Hirse, die am häufigsten in Indien vorkommende Getreideart, und das Kal, eine Gattung der Negerhirse. Kleinere Körner als das Kal hat das Schamah, das sehr häufig wild wächst. Es ist die Nahrung der Frommen und Asketen, der Armen und Bettler, die über das Land gehen und aufsammeln, was ohne Aussaat aufgewachsen ist. Dazu trägt jeder in der linken Hand einen Korb, während er mit der rechten eine Geißel schwingt und die Körner herausschlägt, so daß sie in den Korb fallen. Auf diese Weise sammeln sie genug Vorrat für das ganze Jahr. Das Korn des Schamah ist sehr klein. Hat man es geerntet, so breitet man es in der Sonne aus. Anschließend wird es in hölzernen Mörsern gestoßen, wobei die Spreu wegfliegt und das weiße Mehl übrigbleibt. Man bereitet daraus einen dicken Brei, den man mit Büffelmilch abkocht. Es schmeckt weit besser als das aus dem üblichen Mehl gewonnene Brot. Ich habe in Indien sehr oft davon gegessen.

Ein weiteres Nahrungsmittel ist das Masch, eine Art Erbsen. Besonders viel verwendet wird das Munj, eine weitere Art des Masch, jedoch mit länglichen Körnern in kräftiger grüner Farbe. Man kocht das Munj mit Reis, ißt es mit Butterschmalz und nennt das Gericht Kiscgri. Es ist das tägliche Frühstück der Inder. Das Lubiya ist eine Art Bohne. Das Mot hat kleine Körner und dient als Futterpflanze für die Saumtiere, die recht fett davon werden. Gerste kennt man nicht. Als Tiernahrung wird auch die Kichererbse verwendet. Zu diesem Zweck wird sie grob gestoßen und ins Wasser gelegt, wo sie aufquillt. An Stelle von Grünfutter gibt man den Tieren Maschblätter, nachdem man sie zehn Tage lang zerlassene Butter hat trinken lassen, täglich etwa drei bis vier Pfund. In dieser Zeit darf man die Tiere nicht reiten. Dann erhalten sie einen Monat lang Maschblätter.

Die bisher beschriebenen Körnerfrüchte sind die des Herbstgetreides. Hat man sie 60 Tage nach der Aussaat geerntet, so baut man jenes Getreide an, das man im Frühjahr ernten will, nämlich Kichererbsen und Linsen. Die Aussaat geschieht auf dem gleichen Boden, auf dem die Herbstfrüchte gewachsen waren. Die Erde ist dort sehr fruchtbar und ertragreich. Der Reis, eine der wichtigsten

Getreidearten Indiens, wird dreimal im Jahr gesät und geerntet. Mit der Herbstsaat zusammen werden Sesam und Zuckerrohr gepflanzt.

Im Dienst des Herrschers von Indien

Delhi ist eine gewaltige, Weltruf genießende Stadt, die Schönheit und Befestigungsanlagen in sich vereint. Sie wird von Mauern umgeben, wie man sie in keinem Land der Erde kennt. Delhi ist die größte Stadt Indiens, die größte sogar von allen Städten des Islam im Osten.

Delhi hat eine große Flächenausdehnung und sehr viele Gebäude. Es besteht aus vier benachbarten, zusammenhängenden Städten. Neben der von den Heiden erbauten Altstadt, die im Jahre 584 (1188/89 n. Chr.) von den Muslimen erobert wurde, gibt es den Siri oder als »Wohnung des Kalifats« bezeichneten Stadtteil, den Togluk-Abad, den vom Vater des gegenwärtigen Herrschers erbauten Teil, und den Jihan-Penah, wo sich Mohammed Schah, der Sultan von Indien, aufhält. Dieser wollte die vier Städte von Delhi durch eine einzige Mauer verbinden, begann auch mit dem Bau, ließ ihn aber dann auf Grund der ungemein hohen Kosten wieder einstellen.

Besonders bemerkenswert ist die Stadtmauer, die nicht ihresgleichen kennt. Ihre Breite beträgt elf Ellen. In ihr sind Kasematten eingebaut, in der sich die Torwächter und die Nachtwachen aufhalten. Außerdem enthalten sie Lebensmittelmagazine, Räume für die Kriegsausrüstungen, Wurfmaschinen und die »Donnerin« (Brandsatz-Schleudermaschinen). Ohne schlecht zu werden, halten sich hier Getreide und Reis für lange Zeit. So sah ich, wie man Reis aus dem Magazin holte, der zwar ganz dunkel geworden, aber von ausgezeichnetem Geschmack war, und den Sultan Balban vor 90 Jahren hier eingelagert hatte. Im Innengang der Mauer können Reiter und Fußgänger von einem Ende der Stadt zum anderen marschieren. Durch Fenster, die sich zur Stadtseite hin öffnen, dringt das Tageslicht ein. Der untere Teil der Mauer ist aus Steinen erbaut, der obere aus Ziegelsteinen. Die in großer Zahl vorhandenen Türme stehen dicht beisammen. Delhi hat insgesamt 28 Tore.

Die Hauptmoschee der Stadt ist von außerordentlicher Größe. Ihre Wände, ihr Dach und ihr Fußboden bestehen aus weißen, kunstvoll polierten und behauenen Steinen, die durch Blei untereinander verbunden sind. Zum Bau ist kein Stück Holz verwendet worden. In der Mitte der Moschee erhebt sich eine gewaltige Säule, die aus einem unbekannten Metall angefertigt ist. Von einem der Gelehrten erfuhr ich, daß man sie Haft Jusch nenne, »Sieben Metalle«, aus denen sie zusammengesetzt sei. An dieser Säule hat man ein Stück von der Länge eines Zeigefingers poliert, wobei ein außergewöhnlicher Glanz entstanden ist. Die Säule, die sich mit Eisen nicht ritzen läßt, hat eine Höhe von dreißig Ellen. Mit einem Turbantuch, das wir um sie herumlegten, stellten wir den Umfang fest; er beträgt acht Ellen.

Das Minarett der Moschee sucht seinesgleichen in den islamischen Ländern. Es ist aus roten, kunstvoll behauenen Steinen erbaut und außerordentlich hoch. Die Aufsätze des aus weißem Marmor bestehenden Turmknaufs sind aus reinem Gold. Der Aufgang wurde derart breit angelegt, daß über ihn ein Elefant emporsteigen könnte. Beim Bau sollen auch Elefanten die Steine in die Höhe getragen haben. Nebenan wollte Sultan Kutb ed-Din ein noch weit höheres Minarett errichten lassen, das aber nicht vollendet wurde, da der Sultan, als ungefähr ein Drittel fertig war, verstarb. Sultan Mohammed, der in dieser Tatsache ein böses Omen sah, ließ von weiteren Bauarbeiten ab. Immerhin gehört dieses unvollendete Minarett, über dessen Aufgang drei Elefanten nebeneinander gehen könnten, zu den Weltwundern, ist es doch als Rumpf so groß wie das eigentliche Minarett. Ich bestieg es eines Tages und hatte von oben einen eindrucksvollen Blick auf die Stadt.

Während mir Scheich Kemal ed-Din, der Oberrichter, die Geschichte der indischen Könige erzählt hatte, erlebte ich jedoch den gegenwärtigen König in den Tagen meines Aufenthalts in diesen Ländern selbst.

Sultan Mohammed Schah hatte sich selbst den Beinamen Abu-l-Mujahid, »Vater des Glaubenskampfes«, gegeben. Er ist unter allen Menschen derjenige, der es am meisten liebt, Geschenke zu machen und – Blut zu vergießen. An seiner Tür findet man stets einen Armen, der reich beschenkt, oder einen Lebenden, der umgebracht wird. Die Erzählungen über seine Großmut und Tapferkeit, über seine Härte und Brutalität gegen Verbrecher sind weltbekannt. Dennoch ist er wieder der demütigste Mensch, vornehmlich Recht und gleiche Behandlung zum Grundsatz seines Handelns machend. Die Zeremonien der Religion werden von ihm genau beachtet; er ist streng auf die Einhaltung der Gebetsvorschrift bedacht und ahndet es ebenso streng, wenn man sie nicht wahrnimmt. Er gehört zu den Herrschern, die laufend vom Glück begünstigt werden und deren außerordentlicher Erfolg das Maß des Alltäglichen überschreitet. Eine Charaktereigenschaft aber übt den größten Einfluß auf seine Handlungen aus: die Freigebigkeit. Vieles in seinem Tun grenzt nahezu an Wunderdinge, doch rufe ich Gott, seine Engel und seine Propheten als Zeugen an, daß alles, was ich über ihn zu berichten habe, unverbrüchliche Wahrheit ist. Gott wird mir als Zeuge genügen.

Es ist Brauch bei diesem Volk, daß nur derjenige zum Palast und zum Audienzsaal Zutritt hat, den der Sultan dafür ausersehen hat. Er bestimmt auch für jeden, wieviel Diener und Gefährten ihn begleiten dürfen. Am dritten Tor des Palastes, durch das man eintreten darf, notieren die Sekretäre: »Der Soundso ist um die 1. oder 2. Stunde oder später angekommen.« Nach dem letzten Abendgebet liest der Sultan diese Liste durch, auf der auch verzeichnet ist, was sich sonst noch am Palasteingang und in dessen Umgebung zugetragen hat. Es ist außerdem Sitte, daß jeder, der sich länger als drei Tage entfernt hat, ob nun entschuldigt oder nicht, nur mit Sondererlaubnis des Sultans den Palast wieder betreten darf. Kann nun ein solcher Mann eine Entschuldigung, etwa wegen Krankheit, vorbringen, so bietet er dem Sultan ein passendes Geschenk an. Dies tun auch jene Leute, die von einer Reise zurückkommen. So schenkt der Gelehrte einen Koran, ein Buch oder ähnliches, der Fakir einen Gebetsteppich, einen Rosenkranz oder Zahnstocher, Emire und Leute von ähnlichem Rang schenken Pferde, Kamele oder Waffen.

In einem geradezu gigantischen Audienzsaal, der Hezar Ustun, »Tausend Säulen«, genannt wird, hält der Sultan vor versammeltem Volk seine Audienzen ab. Die Säulen bestehen aus lackiertem Holz, die eine Holzdecke mit wunderbarer Bemalung tragen. Bei einer Audienz, die meistens nach dem Nachmittagsgebet oder ganz früh am Morgen stattfindet, sitzt der Sultan auf einer mit weißen Stoffen bedeckten Erhöhung, auf der ein Thron errichtet ist. Seinen Rücken stützt ein großes Polster; rechts und links von ihm liegen Ruhekissen. Er sitzt nach indischer Sitte wie etwa bei der Ablegung des Glaubensbekenntnisses. Hat er nun Platz genommen, so steht der Wesir vor ihm, zusammen mit den Sekretären. Hinter ihnen wiederum befinden sich die Kammerherren. Großkammerherr ist Firuz Malik, der Vetter des Sultans und dessen Statthalter. Unter allen Kammerherren steht er dem Herrscher am nächsten. Nach ihm folgen der Leibkämmerer, dessen Stellvertreter, der Befehlshaber des Schlosses und dessen Stellvertreter, die beiden ersten Kämmerer und schließlich die Masse ihrer Untergebenen. Nach den Kammerherren ordnen sich in der Rangfolge ungefähr hundert Palastoffiziere ein.

Hat der Sultan Platz genommen, so rufen die Kammerherren und Palastoffiziere laut: »Im Namen Gottes!« Hinter dem Sultan stellt sich der »Große König« Kabula auf, der mit einem großen Wedel die Fliegen verscheucht. Zu beiden Seiten stehen hundert Palastsoldaten mit Schilden, Schwertern und Bogen. An beiden Wänden des Audienzsaales nehmen der Oberrichter, der erste Prediger, die übrigen Richter, Rechtsgelehrten, die Adelsrichter, Scheichs, Brüder und Schwäger des Sultans, die höchsten Generale, die Marschälle fremder Länder und schließlich weitere militärische Würdenträger Aufstellung.

Dann bringt man 60 Pferde in den Audienzsaal, gesattelt und gezäumt mit kaiserlichem Geschirr, von denen einige die Insignien des Kalifats tragen, nämlich schwarzes Zaumzeug aus goldbestickter Seide. Andere wiederum haben diese Ausrüstung aus weißer goldbestickter Seide. Diese Tiere darf niemand außer dem Sultan reiten. Sie werden alle so aufgestellt, daß sie der Herrscher einzeln sehen kann. Dann bringt man noch fünfzig Elefanten in den Audienzsaal, die mit seidenen und goldenen Stoffen geschmückt sind. Ihre Stoßzähne hat man mit Eisen verkleidet, damit sie die Verbrecher umbringen können. Hin-

Der Sultan hält Audienz (Persische Miniatur)

ter dem Treiber, der auf dem Hals des Elefanten sitzt und ihn mit einer Art Axt leitet, befindet sich eine große Kiste mit, je nach Größe und Kraft des Tieres, bis zu zwanzig Soldaten. Diese Elefanten sind dressiert, dem Sultan durch Verneigen des Kopfes ihre Ehrerbietung zu erweisen. Dabei rufen die Kämmerer mit lauter Stimme: »Im Namen Gottes!« Auch die Elefanten werden in zwei Gruppen links und rechts aufgestellt.

Bringen die Beamten Geschenke und Schätze, die aus den Steuern der Länder stammen, so lassen sie Gefäße aus Gold und Silber herstellen, aber auch Barren formen. Ich sah einmal, wie der Wesir Chodscha Dschihan dem Sultan Geschenke überbrachte. Unter der großen Menge sah ich eine chinesische Porzellanvase voller Rubine, eine weitere voll von Smaragden und eine dritte mit Perlen.

In einer Festwoche werden Musikanten und Tänzer in den Audienzsaal geholt, unter ihnen vor allem die Töchter heidnischer Hindukönige, die in Gefangenschaft geraten sind. Wenn sie gesungen und getanzt haben, verschenkt sie der Sultan an die Emire und die Fremden. Danach kommen noch weitere Heidenmädchen, die nach ihrem Gesang und Tanz vom Herrscher an seine Brüder, Verwandten, Schwäger und Fürstensöhne verschenkt werden. Auch die Emire der Mameluken erhalten Sklavinnen und Sängerinnen. Am dritten Tag einer solchen Woche verheiratet der Sultan seine Verwandten und beschenkt sie. Am vierten Tag gibt er Sklaven und am fünften Sklavinnen die Freiheit. Am sechsten Tag verheiratet er Sklaven mit Sklavinnen und am letzten Tag einer Festwoche verteilt er Almosen, und zwar in reichlicher Menge.

Die Demut und das Gerechtigkeitsgefühl des Sultans charakterisiert ein Prozeß, zu dem er als Beschuldigter geladen war. Ein vornehmer Inder hatte den Herrscher angeklagt, seinen Bruder ohne einen gesetzlichen Grund hingerichtet zu haben. Zu Fuß und ohne Waffen begab sich der Sultan zum Gericht, grüßte, verneigte sich vor dem Richter und nahm stehend das Urteil entgegen, das ihm auferlegte, den Kläger für das vergossene Blut des Bruders zu entschädigen.

Als eine große Dürre und Hungersnot in Indien und Sind herrschten, wodurch der Preis für Getreide fast unerschwinglich hoch gestiegen war, ließ der Sultan jedem Einwohner aus den Magazinen des Landes einen Lebensmittelbedarf für sechs Monate zuteilen.

Trotz allem, was ich da über die Demut und Güte gegenüber den Armen erzählt habe, ist der Sultan nur zu leicht geneigt, Gewalt zu üben und Blut zu vergießen. Nur selten liegt am Tor des Palastes kein Leichnam eines Hingerichteten. Oft sah ich, wie dort Leute umgebracht und liegengelassen wurden. Eines Tages scheute mein Pferd an der Pforte. Ich erblickte etwas Weißes auf der Erde und erkundigte mich: »Was ist das?« – Einer meiner Begleiter erklärte mir: »Es ist der Rumpf eines Mannes, der in drei Teile zerschnitten wurde.« – Der Sultan pflegte kleine wie große Vergehen gleichermaßen zu bestrafen und respektierte dabei weder einen Gelehrten noch einen Frommen oder Adeligen. Tag für Tag wurden Hunderte von Leuten, in Hals- und Fußeisen und aneinandergekettet, in den Audienzsaal geschleppt. Diejenigen, die getötet werden sollten, wurden hingerichtet, die gefoltert werden sollten, wurden gemartert, und die geschlagen werden sollten, wurden ausgepeitscht. Nur an Freitagen wurde niemand aus den Kerkern geholt und bestraft. Dies waren Tage der Erholung für die Gefangenen, die sich waschen und ausruhen durften – Gott bewahre uns vor solchem Unglück!

Masud Khan, ein Bruder des Sultans, war einer der

schönsten Männer, die ich je gesehen habe. Eines Tages faßte Mohammed Schah den Verdacht, daß sich sein Bruder gegen ihn erheben wollte. Als er ihn befragte, gestand Masud Khan aus Angst vor der Folter. Wer nämlich leugnet, was der Sultan an solcher Beschuldigung gegen ihn erhebt, wird auf die Folter gespannt. Die Menschen meinen aber, der Tod sei noch gnädiger und erträglicher als die Tortur. Der Sultan verurteilte seinen Bruder zum Tode. Mitten auf dem Markt wurde Masud Khan enthauptet. Nach Sitte des Landes blieb der Leichnam dort drei Tage lang liegen. An der gleichen Stelle war bereits zwei Jahre zuvor die Mutter des Hingerichteten, eine Tochter des Sultans Ala ed-Dih, als geständige Ehebrecherin gesteinigt worden.

Unter dem Kommando des Fürsten Yusuf Bogra sollten heidnische Stämme im Gebirge bekämpft werden. Yusuf marschierte mit seinen Truppen los. Doch blieb eine größere Anzahl von Soldaten in Delhi zurück. Yusuf meldete dies dem Sultan, der sofort die Stadt durchsuchen und jeden Deserteur festnehmen ließ. Es wurden 350 Mann aufgegriffen. Mohammed Schah befahl, sie alle hinzurichten.

Folterungen und Hinrichtungen

Scheich Schihab ed-Din aus Chorasan war ein rechtschaffener und trefflicher Mann, der 14 Tage ununterbrochen zu fasten pflegte. Die beiden Sultane Kutb ed-Din und Togluk schätzten ihn sehr und holten sich oft seinen Segen. Als nun Sultan Mohammed regierte, wollte er den Scheich in seine Dienste nehmen und ihm ein Amt übertragen. Mohammed Schah sah seine Vorbilder in den ersten muslimischen Fürsten, die nur Gelehrte und fromme Männer in ihre Dienste genommen hatten. Scheich Schihab ed-Din weigerte sich jedoch, ein Amt zu übernehmen. In einer öffentlichen Audienz setzte ihm der Sultan mit Bitten zu, aber der Scheich blieb bei seiner Abneigung. Darüber geriet der Sultan so in Zorn, daß er dem anwesenden Rechtsgelehrten Diya ed-Din befahl, dem Scheich die Barthaare auszureißen. Als sich dieser weigerte, ordnete Mohammed Schah an, beiden die Barthaare auszureißen, was auch sofort geschah. Er verbannte Diya ed-Din in das Land Tiling (Telingana), wo er ihm dann nach langer Zeit die Stelle eines Richters der Stadt Warangal gab. Schihab ed-Din verbannte er nach Daulat Abad. Sieben Jahre später gab er ihm den Posten eines Direktors des Büros, in dem die Geldrückstände der Agenten berechnet werden. Bald gelangte er zu großen Ehren beim Sultan und wurde in die Residenz zurückgerufen, zog sich aber in eine Grotte auf einem Ödland außerhalb von Delhi zurück. Wieder wollte ihn der Sultan an den Hof kommen lassen, doch weigerte sich der Scheich. Auch gegenüber Muhlis el-Mulk, den der Sultan gesandt hatte, und der ihm schlimme Folgen bei einer Weigerung androhte, blieb Schihab ed-Din hartnäckig bei seiner Ablehnung und antwortete dem Fürsten Muhlis: »Ich werde nie einem Tyrannen dienen.« Muhlis el-Mulk berichtete dies dem Sultan, der sofort befahl, den Scheich vorzuführen. »Bist du es, der gesagt hat, daß ich ein Tyrann sei?« herrschte er ihn an. – »Ja, das habe ich gesagt«, antwortete Schihab ed-Din, »du bist ein Tyrann«, und er zählte eine Reihe von Taten der Tyrannei auf. Der Sultan befahl, ihn dem Fürsten Nokbiya, dem obersten Sekretär, zu übergeben, der ihm vierfache Fußketten anlegte und seine Hände mit dem Halseisen verband. In dieser Stellung verharrte er 14 Tage, ohne etwas zu essen oder zu trinken zu bekommen. Jeden Tag brachte man ihn in den Audienzsaal, wo die Rechtsgelehrten und Scheichs zusammengerufen worden waren. Sie forderten ihn auf: »Nimm deine Worte zurück!« – Er aber blieb standhaft: »Ich werde sie nicht zurücknehmen, weil ich zur Zahl der Märtyrer gehören will.« Am 14. Tag sandte ihm der Sultan Speisen und Getränke. Aber Schihab ed-Din wies sie mit den Worten zurück: »Mein Brot ist kein irdisches mehr; kehre nur zu ihm mit deiner Speise zurück!« Als dies dem Sultan gemeldet worden war, befahl er, dem Scheich über zwei Pfund Kot zum Essen einzugeben. Die mit solchen Dingen bewanderten Leute nahmen Kot, mischten ihn mit Wasser, legten den Scheich auf den Rücken, öffneten ihm mit Zangen den Mund und flößten ihm die scheußliche Mischung ein. Am folgenden Tag wurde er noch einmal aufgefordert, seine Worte zurückzunehmen. Als er sich erneut weigerte, wurde ihm der Kopf abgeschlagen. Gott erbarme sich seiner!

Als die große Trockenheit das Land heimsuchte, befahl der Sultan, vor der Hauptstadt Brunnen auszuheben und Getreide anzusäen. Der Bevölkerung stellte er Saatgetreide und das zum Ackerbau notwendige Geld zur Verfügung. Er verpflichtete die im Ackerbau Tätigen, diese Aussaat im Interesse des Staates durchzuführen.

Als davon der Rechtsgelehrte Afif ed-Din hörte, erklärte er: »Diese Aussaat wird nicht den gewünschten Erfolg bringen.« Dem Sultan denunziert, wurde er in den Kerker geworfen. Mit dem Hinweis »Was steckst du deine Nase in Staatsangelegenheiten!« entließ man ihn nach einiger Zeit wieder. Auf dem Heimweg begegneten ihm zwei Bekannte, ebenfalls Rechtsgelehrte, die ihn mit den Worten begrüßten: »Gottlob, daß du wieder auf freiem Fuß bist!« – »Gott sei Lob«, erwiderte Afif ed-Din, »der uns aus der Hand der Übeltäter errettet hat!«

Die drei Männer trennten sich, waren aber noch nicht zu Hause angekommen, als man ihr Gespräch bereits dem Sultan hinterbracht hatte. Er ließ sie sofort festnehmen und vorführen. »Fort mit diesem da«, rief er und deutete auf Afif ed-Din, »enthauptet ihn, wie das Schwertgehänge läuft!« Damit war eine Enthauptung gemeint, bei der ein Arm und ein Teil der Brust mit abgetrennt werden. »Und den anderen beiden schlagt die Köpfe ab!« Diese antworteten ihm: »Was jenen betrifft, so hat er durch seine Rede die Strafe wohl verdient. Aber für welches Verbrechen willst du uns hinrichten lassen?« – »Ihr habt seine Worte gehört«, sprach der Sultan, »und da ihr sie nicht mißbilligt habt, ist es, als hättet ihr mit ihm übereingestimmt.« Also wurden sie alle drei umgebracht.

Zwei Rechtsgelehrten aus der Provinz Sind befahl Mohammed Schah, einen Emir in eine andere Provinz zu begleiten: »Ich übergebe euch hiermit die Angelegenheiten dieser Provinz und ihrer Untertanen. Der Emir, der mit euch geht, wird nur handeln, soweit ihr ihm dazu den Auftrag gebt.« – Da antworteten sie dem Sultan: »Besser wäre es, wir könnten nur Kontrollpersonen für ihn sein und ihm den Weg des Rechts weisen.« – Der Sultan aber brauste auf: »Ihr wollt beide nur meine Güter verfressen und vertun und dies dann jenem türkischen Emir in die Schuhe schieben!« – »Bewahre Gott, o Herr der Welt, diese Absicht haben wir mit Sicherheit nicht!« – Mohammed Schah aber rief: »Ihr habt nichts anderes im Sinn, fort mit ihnen zum Scheich Zadeh en-Nuhawendi!« Unter dessen Leitung wird nämlich bei der Folter die peinliche Frage gestellt. Er sagte ihnen gleich: »Der Sultan will euch hinrichten lassen. Gesteht lieber, was er euch unterstellt, damit ihr nicht gefoltert werdet.« – Die Rechtsgelehrten aber blieben bei ihrer Meinung: »Wir wollten nur das, was wir sagten.«

Darauf befahl er seinen Knechten: »Gebt ihnen etwas zu kosten!« Sie wurden auf den Rücken geworfen und jedem eine glühende Eisenplatte auf die Brust gelegt. Nach einer kleinen Weile nahm man diese Platte weg, wobei das Fleisch von der Brust abgerissen wurde. Dann packte man auf die Wunde eine Mischung aus Urin und Lauge, was die Gefolterten veranlaßte, sich schuldig zu bekennen, daß sie nämlich das gewollt hätten, was der Sultan gesagt hatte, daß sie kein Recht hätten, sich zu beklagen, und daß Blut und Tod kein Grund zu einer Beschwerde seien. Vor dem Kadi gaben sie dies in einem eigenhändig geschriebenen Protokoll zu und stellten außerdem fest, daß ihr Geständnis ohne Zwang oder Gewaltanwendung zustande gekommen sei. Hätten sie etwas von Folter berichtet, wären sie sicher noch schlimmer gemartert worden. So sahen sie ein, daß eine schnelle Enthauptung besser als eine qualvolle Tortur sei. Sie wurden rasch hingerichtet. Gott erbarme sich ihrer!

Scheich Zadeh Hud war ein Enkel des frommen und heiligen Scheichs Rukn ed-Din, Sohn des Beha ed-Din, Sohn des Abu Zakariya aus Multan. Sein Großvater, der Scheich Rukn ed-Din, hatte eine wichtige Position am Hof des Sultans, ebenso sein Bruder Imad ed-Din, der dem Sultan sehr ähnlich sah und in der Schlacht gegen Kaschlu Khan getötet wurde. Als Imad ed-Din tot war, schenkte der Sultan seinem Bruder Rukn ed-Din hundert Orte, mit deren Ertrag er seinen Lebensunterhalt und die Ernährung der Pilger seines Hospizes bestreiten sollte. Als Scheich Rukn ed-Din im Sterben lag, ernannte er seinen Enkel Scheich Hud zu seinem Nachfolger, was dem Neffen des Scheichs jedoch nicht gefiel. »Ich habe mehr Recht auf die Erbschaft meines Onkels«, erklärte er, so daß sich beide zur Klärung der Sachlage zum Sultan begaben, der sich damals in Daulat-Abad aufhielt. Der Sultan entschied nach dem Vermächtnis des Verstorbenen und befahl, Scheich Hud mit allen Ehren in seine Stadt zu begleiten, nachdem ihm ein Festmahl, bei dem ich selbst 250 Dinare erhalten hatte, bereitet worden war.

Scheich Nur ed-Din aus Schiras hatte vom Sultan den Auftrag erhalten, Hud in seine Heimat zu begleiten und ihm dort zur Verfügung zu stehen. Nach einiger Zeit schrieb Nur ed-Din dem Sultan, daß Hud und seine Verwandtschaft große Schätze ansammeln und sie zu sinnlichen Lustbarkeiten verwenden würden, aber niemandem im Hospiz etwas zu essen gäben. Da kam der Befehl des Sultans, die Gelder abzuliefern, wozu er Imad el-Mulk beauftragte. Ein Teil der Sippe wurde eingekerkert, der andere ausgepeitscht. Täglich wurden ihnen 20 000 Dinare abgenommen, bis schließlich das ganze Vermögen der Familie beschlagnahmt war. Sogar zwei mit Perlen besetzte Pantoffeln nahm man weg, die dann um 7000 Dinare verkauft wurden. Man erzählte sich, daß sie einer Tochter des Scheichs Hud oder auch einer seiner Beischläferinnen gehört hatten.

Als die Lage für den Scheich unerträglich geworden war, entfloh er und wollte sich in das Land der Türken begeben, wurde jedoch aufgegriffen. Der Sultan befahl, ihn unter sicherer Bedeckung zu ihm zu bringen. Dort fragte er ihn: »Wohin wolltest du fliehen?« – Scheich Hud entschuldigte sich, aber der Sultan schrie ihn an: »Du wolltest zu den Türken gehen. Du wolltest dort vorbringen, daß dir der Sultan von Indien etwas angetan hätte. Du wolltest mit ihnen kommen, um mich in einem Krieg zu vernichten.« Zu seinen Trabanten gewandt, befahl er: »Schlagt ihm den Kopf ab!« So wurde er sofort enthauptet. Gott erbarme sich seiner!

Der fromme Scheich Schems ed-Din, der Sohn des Taj al-Arifin, wohnte in der Stadt Kowil und widmete sich dort ausschließlich dem Gebet und dem Lobpreis Gottes. Er war ein Mann von großem Verdienst. Als der Sultan einmal in der Stadt Kowil weilte, sandte er nach Schems ed-Din, doch kam dieser nicht. Nach einiger Zeit empörte sich ein Emir gegen den Herrscher. Dem Sultan wurde hinterbracht, daß in einer Versammlung bei Scheich Schems ed-Din dieser Emir erwähnt worden sei, und daß der Scheich ihn gelobt und gesagt habe, er verdiene die Herrschaft. Der Sultan schickte einen Emir, der den Scheich und dessen Söhne, die auch an der Versammlung teilgenommen hatten, in Fesseln abführte. Alle wurden eingekerkert, nachdem man zuvor auch den Richter und Marktaufseher der Stadt geblendet hatte. Als Scheich Schems ed-Din im Kerker gestorben war und der Sultan erfahren hatte, daß die Söhne des Verstorbenen mit den ungläubigen Indern und den rebellischen Eingeborenen verkehrt und ihre Freundschaft gesucht hatten, ließ er sie aus dem Gefängnis vorführen und sagte zu ihnen: »Ihr werdet zu eurer früheren Tätigkeit nicht mehr zurückkehren.« – Als sie ihn fragten, was sie denn verbrochen hätten, geriet der Sultan in Zorn und befahl, sie auf der Stelle umzubringen. Als dies geschehen war, ließ er den geblendeten Richter kommen und fragte ihn: »Teile mir mit, wer eine ebensolche Meinung wie die beiden Getöteten hat und wer wie sie handelte.« Der Richter diktierte nun die Namen vieler Männer aus den ersten Familien der Stadt. Als man dem Sultan diese Namensliste vorlegte, rief er: »Dieser Mensch will die Entvölkerung der Stadt. Schlagt ihm den Kopf ab!« So wurde auch er enthauptet. Gott sei allen gnädig!

In der Stadt Kambaya an der Meeresküste lebte der Scheich Ali al-Haidari. Er hatte sich große Verdienste erworben, war überall gut bekannt und genoß einen vorzüglichen Ruf. Die Kaufleute, die übers Meer fuhren, brachten ihm viele Weihegeschenke dar, wofür er ihnen ihr Schicksal weissagte. Oftmals hatte einer dieser Händler im stillen ein Gelübde getan, es dann aber nicht gehalten. Wenn ein solcher Mann nun zum Scheich kam, erinnerte er ihn seines Versprechens und ermahnte ihn, es auch einzulösen. Nachdem dies mehrmals vorgekommen war, verbreitete sich überall sein Ruf, und er genoß noch größere Verehrung. Als sich nun in dieser Gegend der Richter Jelal ed-Din, der Afghane, mit seiner Sippe empörte, hörte der Sultan, daß Scheich al-Haidari für den Rebellen gebetet und ihm sogar eine Mütze geschenkt habe. Es hieß sogar, daß er ihm gehuldigt hätte. Damit war seine Hinrichtung eine beschlossene Sache. Als nun der Scharfrichter zum Schlag ausgeholt hatte, traf er ihn nicht. Das Volk geriet in große Verwunderung und glaubte nun, daß der Scheich begnadigt würde. Es wurde aber ein anderer Scharfrichter herbeigeholt, der dann dem Scheich auch den Kopf abschlug. Gott sei ihm gnädig!

Tugan und sein Bruder gehörten zu den vornehmsten Bewohnern der Stadt Fergana. Sie begaben sich an den Hof des Sultans, wo sie gut behandelt und reich beschenkt wurden. Nachdem sie sich lange Zeit dort aufgehalten hatten, wünschten sie, in ihre Heimat zurückzukehren, und wollten sich heimlich entfernen. Einer ihrer Gefährten aber verriet ihr Vorhaben dem Sultan, der sofort anordnete, sie in der Mitte auseinanderzuschneiden, was auch gleich ausgeführt wurde. Der Verräter erhielt ihr ganzes Vermögen, wie es Sitte in diesem Land ist. Wer einen anderen anzeigt, und sich die Anzeige als begründet herausstellt, so daß der Angeklagte hingerichtet wird, bekommt das Vermögen des Getöteten.

Der Sohn des Vorstehers der Kaufleute war ein junges Bürschchen, dem noch nicht einmal ein Flaum am Kinn wuchs. Als es zum Bürgerkrieg gekommen war, bemächtigte sich der Rebell Ain el-Mulk des jungen Mannes und zwang ihn in seine Dienste. Nachdem el-Mulk in die Flucht geschlagen worden war, wurden seine Anhänger gefangen. Unter ihnen befand sich auch der Sohn des Vorstehers der Kaufleute und sein Schwager, der Sohn des Kutb el-Mulk. Der Sultan gab den Befehl, beide mit den Händen an Pfähle zu binden, worauf die Kinder der hohen Würdenträger so lange auf sie mit Pfeilen einstachen, bis sie gestorben waren.

Am folgenden Tag meinte der Kämmerer Chodscha Emir Ali aus Täbris zum Oberrichter Kemal ed-Din: »Dieser junge Mann hatte den Tod nicht verdient.« Dies kam dem Sultan zu Ohren, und er schrie den Kämmerer an: »Warum hast du denn das nicht vor seinem Tod gesagt?« Er verurteilte den Kämmerer zu 200 Peitschenhieben und ließ ihn ins Gefängnis werfen, während der oberste Scharfrichter sein ganzes Vermögen erhielt. Ich sah den Scharfrichter am nächsten Tag, wie er die Kleider des Verurteilten trug und auf dessen Pferd saß, so daß ich ihn zuerst als den Kämmerer ansah. Emir Ali blieb einige Monate im Kerker. Dann ließ ihn der Sultan frei und gab ihm wieder seine frühere Stellung. Später jedoch geriet er erneut über ihn in Zorn und verbannte ihn nach Chorasan. Von dort schrieb der Kämmerer einen Brief und bat den Sultan um Gnade. Auf die Rückseite des Briefes schrieb der Herrscher als Antwort: »Hast du bereut, dann komme zurück!« Dies tat jener auch.

Während der Feldzüge hatte der Sultan dem Oberprediger von Delhi seinen Juwelenschatz in Verwahrung gegeben und anvertraut. Da geschah es, daß eines Nachts heidnische Banden den Schatz überfielen und etwas davon an sich nahmen. Daraufhin befahl der Sultan, den Prediger mit Prügeln totzuschlagen.

Zu den übelsten Untaten des Sultans gehört die Vertreibung der Bewohner von Delhi aus ihrer Stadt. Sie hatten Briefe geschrieben, in denen der Herrscher beschimpft und verleumdet wurde. Auf der Rückseite trugen die versiegelten Schreiben den Satz: »Beim Haupt des Herrn der Welt; niemand außer ihm lese den Inhalt!« Diese Briefe wurden nachts in den Audienzraum geworfen. Als der Sultan die Siegel erbrach und die Beschimpfungen las, beschloß er, die Stadt Delhi zu bestrafen. Er ließ den Einwohnern die Häuser und Höfe abkaufen und befahl den Menschen, nach Daulat-Abad auszuwandern. Die Bewohner weigerten sich, wurden aber von den Herolden aufgefordert, aus der Stadt zu verschwinden, da nach acht Tagen niemand mehr in Delhi sein dürfte. Der größte Teil wanderte auch weg, aber einige verbargen sich in ihren Häusern. Der Sultan ordnete an, diejenigen zu suchen, die in der Stadt zurückgeblieben seien. Seine Leute fanden auch wirklich zwei Männer; einer war blind, der andere gelähmt. Sie schleppten sie vor den Sultan. Er befahl, daß der Lahme mit einer Wurfmaschine in die Luft geschleudert werden sollte, während der Blinde von Delhi nach Daulat-Abad über eine Strecke von vierzig Tagesreisen zu schleifen sei. Der Blinde wurde dabei in Fetzen zerrissen, so daß in Daulat-Abad nur ein Bein von ihm ankam. Daraufhin entschlossen sich auch noch die letzten Zurückgebliebenen, ihr Hab und Gut im Stich zu lassen und der Stadt den Rücken zu kehren. Delhi war öde und ausgestorben. Da soll der Sultan nachts auf die Dachterrasse seines Schlosses gestiegen sein. Als er auf die Stadt ohne Feuer, ohne Rauch und ohne Licht hinunterblickte, rief er aus: »Jetzt fühle ich mich wohl und ruhig!«

Aber schon kurz darauf forderte er die Bewohner des flachen Landes auf, nach Delhi zu kommen, um die Stadt von neuem zu bevölkern. Sie ließen ihre Ländereien im Stich, reichten aber nicht aus, um der Stadt ihre alte Einwohnerzahl wiederzugeben; denn Delhi ist wirklich eine der größten Städte der Welt. In diesem nur halb bevölkerten Zustand trafen wir die Stadt an, als wir sie betraten.

Am Hof des Sultans

Nach unserer Ankunft hatte ich vom Sultan viele Geschenke erhalten, allein tausend Dinare für meine Ausgaben beim Barbier, ein Ehrengewand, alle Dinge zum Essen, nämlich mehrere tausend Pfund Mehl, Kleie, Fleisch, Zucker, Butter und tausend Betelblätter. Außerdem erhielt ich noch von Chodawend Shah 4000 Pfund Mehl, ebensoviel Fleisch und viele andere Lebensmittel in entsprechender Menge. Bei der offiziellen Audienz übergab mir der Sultan 5000 Dinare und setzte meine Zuwendungen fest, die jährlich 12 000 Dinare betrugen.

Als eineinhalb Monate seit unserer Ankunft vergangen waren, starb meine Tochter, die knapp ein Jahr alt geworden war. Die Nachricht von ihrem Tod erreichte zuerst den Wesir, der anordnete, sie in einem Hospiz zu beerdigen, das außerhalb eines Stadttores lag und das er selbst erbaut hatte. Wir begruben sie also dort. Der Wesir berichtete diesen Vorfall dem Sultan, der sich im Jagdlager aufhielt. Bei den Indern ist es Sitte, am Morgen des dritten Tages nach dem Leichenbegängnis das Grab aufzusuchen, um dessen Seiten mit Teppichen und Seidenstoffen auszulegen und über den Grabhügel Blumen zu streuen, die in diesem Land zu jeder Jahreszeit blühen, nämlich Jasmin und verschiedenfarbige Rosen, aber auch Orangen- und Zitronenzweige, wenn möglich mit den Früchten. Tragen die Zweige keine Früchte, bindet man welche daran. Über das Grab streut man auch trockene Früchte und Kokosnußkerne. Schließlich treten die Trauergäste ans Grab, wo man Koranexemplare unter sie verteilt und daraus vorliest. Sind diese Gebete zu Ende, so bietet man Rosensirup zum Trinken an und reicht Betel aus. Zum Abschluß besprüht man die Trauergesellschaft mit Rosenwasser.

Entsprechend dieser Sitte ging ich am dritten Morgen nach der Beerdigung der Kleinen zum Grab, nachdem ich bereits alles vorbereitet hatte, was für die Handlung erforderlich war. Zu meiner Überraschung stellte ich fest, daß der Wesir schon alles angeordnet hatte und sogar ein Zelt über dem Grab aufgeschlagen war. Zur Feier waren der Kammerherr Schems ed-Din, der Richter Nizam ed-Din und eine Menge bedeutender Persönlichkeiten aus der Stadt anwesend. Schon vor meiner Ankunft hatten sie, vom Kammerherrn angeführt, ihre Plätze eingenommen und lasen im Koran. Mit meinen Gefährten ließ ich mich am Grab nieder. Als die allgemeine Lesung beendet war, erhob sich der Richter und sprach die Leichenrede über meine Tochter und die ehrenden Grüße des Sultans. Als er den Namen des Herrschers aussprach, erhoben sich die Teilnehmer von ihren Plätzen und verneigten sich. Der Richter sprach noch ein schönes Gebet, worauf der Kammerherr und seine Begleiter die Anwesenden mit Rosenwasser besprengten. Dann ließen sie ein Kandiszuckergetränk kredenzen und Betel verteilen. Schließlich brachte man für meine Gefährten und mich elf Ehrengewänder.

Nachdem der Kammerherr sein Pferd bestiegen hatte, folgten wir ihm alle und begaben uns zum Palast des Sultans. Dort verneigten wir uns der Sitte gemäß vor seinem Thron.

Augenblicke, nachdem ich zu Hause angekommen war,

traf eine Abordnung aus dem Palast der »Herrin der Welt«, der Mutter des Sultans, ein, um meine ganze Wohnung und die Zimmer meiner Begleitung mit Speisen zu füllen. Wir alle aßen und ließen auch die Armen am Mahl teilnehmen. Dennoch blieben Kuchen, Süßigkeiten und Kandiszucker in solcher Menge übrig, daß wir noch Tage davon zehren konnten. All dies war vom Sultan angeordnet worden.

Einige Tage später kamen Pagen der Sultan-Mutter mit einer Sänfte, um meine Sklavin, die Mutter des verstorbenen Mädchens, abzuholen. Mit ihr schickte ich gleichzeitig eine türkische Sklavin als Geschenk für die Herrscherin. Die Mutter des toten Kindes blieb eine Nacht im Palast und wurde am nächsten Tag wieder gebracht. Man hatte ihr tausend Silberdinare, mit Edelsteinen geschmückte Goldarmbänder, ein gleichermaßen gearbeitetes Amulett, ein mit Gold besticktes Leinenhemd, ein ebenfalls mit Gold durchwirktes Seidengewand und eine ganze Truhe mit Kleidern geschenkt. Ich nahm dies alles der Sklavin ab und gab es meinen Gefährten und den Kaufleuten, bei denen ich Schulden hatte. Dies war meiner persönlichen Sicherheit wegen notwendig und um meine Ehre zu bewahren; denn alle meine Angelegenheiten wurden durch die Leute des Meldeamts dem Sultan berichtet.

Für die Zeit meines Aufenthalts in Delhi wies mir der Sultan soviel Dörfer zu, daß ich aus ihnen einen jährlichen Betrag von 5000 Dinaren beziehen konnte. Der Wesir und die Beamten der Finanzverwaltung teilten mir die entsprechenden Orte zu, die ich dann auch gleich aufsuchte. Es waren dies das Dorf Badali, dann der Ort Basahi und die Hälfte von Balara. Diese Siedlungen lagen 16 Meilen außerhalb von Delhi und gehörten zum Distrikt Hindubut, der hundert Dörfer umfaßte. Zur gleichen Zeit kamen in Delhi zahlreiche kriegsgefangene Hindus an, von denen der Wesir mir zehn Mädchen schickte. Dem Überbringer gab ich eines, doch hatte er keinen Gefallen an ihm. Meine Gefährten nahmen sich drei; was aus den übrigen geworden ist, weiß ich nicht. Die bei Kriegszügen gefangenen Frauen sind hier sehr billig zu haben; denn sie sind nicht sauber und kennen nicht die feinen Umgangsformen der Stadtbewohner. Aber auch die besseren unter ihnen stehen nicht hoch im Kurs. Eigentlich ist niemand darauf angewiesen, sich kriegsgefangene Frauen zu kaufen.

In Indien leben die Heiden in einem abgeschlossenen Gebiet, das an die Ländereien der Muslime grenzt. In den Gebirgen und unzugänglichen Landschaften verteidigen sich die Heiden mit Erfolg gegen die Muslime. Ihnen stehen Rohrdickichte zur Verfügung, deren Pflanzen rasch wachsen und sich üppig miteinander verbinden, so daß ihnen nicht einmal Feuer etwas anhaben kann. In solchem Dschungelbereich werden die Inder wie von Mauern geschützt. Im Innern eines solchen Raumes halten sie ihr Vieh und haben sich Nahrungsmittel angelegt. Man kann sie nur erfolgreich bekämpfen, wenn man viele Leute zur Verfügung hat, die dieses Dickicht mit Spezialinstrumenten abschneiden.

Am Fest des Fastenbrechens, also am Ende des Monats Ramadan, kam der Sultan von der Jagd zurück. Jeder, der ihm zur Begrüßung entgegenging, hatte ein Geschenk bereit. Am Tor des Schlosses wurden alle für die Audienz vorgesehenen Leute in der Reihenfolge aufgestellt und mit einem golddurchwirkten Ehrengewand beschenkt.

Als die Reihe an mich gekommen war, ging ich hinein und fand den Sultan auf einem Stuhl sitzend, so daß ich ihn zuerst für einen Kammerherrn hielt. Der mich führende Kammerherr verneigte sich tief, und ich tat es ihm nach. Der erste Vertraute des Herrschers rief: »Im Namen Gottes, mein Herr Bedr ed-Din.« So wurde ich in Indien genannt. Außerdem wird jeder Vornehme dort »mein Herr« tituliert. Ich näherte mich dem Sultan, der meine Hand erfaßte und, sie festhaltend, zu mir in Persisch sprach: »Der Segen ist herabgestiegen. Heil deiner Ankunft! Sei unbesorgt, ich werde dir Wohltaten erweisen und dir Gunstbezeigungen zukommen lassen, damit deine Landsleute davon hören und dich aufsuchen werden!« Auf seine Frage, woher ich komme, teilte ich ihm einiges aus meiner Heimat mit. Sooft er mir ein gnädiges Wort sagte, küßte ich ihm die Hand, was ich insgesamt siebenmal tat. Er schenkte mir noch ein Ehrengewand, und ich zog mich zurück. Anschließend wurden alle, die zur Audienz geladen waren, zu einem Festmahl zusammengerufen.

Am zweiten Tag nach der Rückkehr des Sultans, einem Freitag, lud er meine Gefährten und mich erneut zu einem Gastmahl zu sich. Er erkundigte sich über unsere Verhältnisse und erklärte wörtlich: »Ihr habt uns durch euren Besuch ausgezeichnet, und wir sind nicht in der Lage, euch dies zu vergelten. So sei der Älteste von euch mir wie ein Vater, der im Mannesalter nehme die Stelle meines Bruders ein, und den Jüngsten will ich wie meinen Sohn ansehen. Es gibt in meinem Reich nichts Kostbareres als diese meine Hauptstadt – ich gebe sie euch.« Daraufhin legte er unser Gehalt fest. Mir wurden 12 000 Dinare jährlich zugewiesen. Zu meinen drei Dörfern erhielt ich noch zwei, die Orte Jauza und Malikpur, dazu.

Eines Tages schickte der Sultan den Gouverneur der Provinz Sind, Kutb el-Mulk, und Chodawend Zadeh Giyat ed-Din zu uns, die erklärten: »Der Herr der Welt läßt euch sagen: Wer von euch fähig ist, die Stelle eines

Wesirs, eines Sekretärs, eines Emirs, eines Richters, eines Lehrers oder eines geistlichen Oberhaupts zu versehen, ich werde sie ihm verschaffen.« Da schwiegen alle; denn sie wollten Reichtümer ansammeln und dann in ihre Heimat zurückkehren. Emir Bacht ergriff als erster das Wort und sprach: »Was das Wesirat betrifft, so ist es in meiner Familie erblich. Die Stelle eines Sekretärs ist meine Beschäftigung, anderes jedoch verstehe ich nicht.« Hibet Allah Ibn el-Falaki sagte etwas in gleicher Weise.

Darauf fragte mich Chodawend Zadeh auf arabisch: »Und was sagst du, mein Herr?« Die Bewohner Indiens sprechen nämlich die Araber immer nur mit dem Titel »mein Herr« an, was auch der Sultan zu tun pflegt, um den Arabern seine Hochachtung zu erweisen.

Ich antwortete: »Was das Amt eines Wesirs oder Sekretärs anbelangt, so ist dies nicht meine Sache. Aber das Amt eines Richters oder geistlichen Oberhaupts ist mein Beruf und der meiner Vorfahren. Über das Amt eines Emirs wißt ihr, daß alle fremden Völker nur durch das Schwert der Araber bekehrt wurden.«

Dem Sultan, dem diese meine Auskunft hinterbracht worden war, gefielen meine Worte sehr. So ließ er uns zu sich zur Tafel holen, die im »Saal der tausend Säulen« aufgetragen war. Nachdem wir mit ihm gegessen hatten, zog ich mich zurück, da mir ein Abszeß beim Sitzen große Schmerzen bereitete. Als wir ein zweites Mal zum Sultan gerufen wurden, entschuldigten mich deshalb meine Gefährten. Ich ging jedoch zum Audienzsaal, wo ich das Nachmittags- und Abendgebet verrichtete. Da rief uns der Kammerherr zum Sultan. Chodawend Zadeh Giyat ed-Din wurde vom Herrscher zum Emir-i-Dad, zum Justizminister, also einem der höchsten Emire, ernannt. Sein Gehalt setzte der Sultan auf 50 000 Dinare im Jahr fest. Er bestimmte ihm Weideländer, die diesen

Betrag abwarfen, und ließ ihm außerdem noch einmal 50 000 Dinare bar auszahlen. Er schenkte ihm ein Ehrengewand aus Goldbrokat, mit dem »Bild des Löwen«, da es auf der Brust- und Rückseite einen Löwen zeigte. In das Futter war ein Zettel eingenäht, der die Menge des Goldes angab, das in das Gewand hineingestickt war. Außerdem ließ er ihm ein Pferd von der besten Rasse geben.

Anschließend wurde Emir Bacht vorgeladen. Ihn ließ der Sultan mit dem Wesir auf seinem Sitz Platz nehmen und die Rechnungen der Finanzverwaltungen prüfen. Als Gehalt wurden ihm 40 000 Dinare zugesprochen, wobei er ebenfalls Weideländer erhielt, die diesen Betrag abwarfen. Hinzu kamen 40 000 Dinare in bar. Auch ein Pferd und ein Ehrengewand wurden ihm übergeben. Emir Bacht erhielt den Beinamen »Ruhm des Reiches«. – Als nächster kam Hibet Allah Ibn el-Falaki an die Reihe. Er wurde zum Kammerherrn ernannt, der die Gesandtschaften des Hofes zu überwachen hat, wofür er 24 000 Dinare jährlich erhielt, ebenfalls in bar und als diese Summe tragenden Weidegründe, dazu ein Pferd und ein Ehrengewand. Er durfte den Beinamen »Glanz des Reiches« führen.

Endlich wurde ich vor den Sultan gerufen. Er befand sich auf der Dachterrasse des Palastes, angelehnt an seinen Thron. Der neben ihm stehende Melik el-Kebir Kabula sagte zu mir, nachdem ich den Herrscher gegrüßt hatte: »Verneige dich, denn der Herr der Welt hat dich zum Richter in der Residenz Delhi ernannt. Er hat dein Gehalt auf 12 000 Dinare jährlich festgesetzt, dir Weideländer in entsprechendem Ausmaß verliehen und befohlen, dir 12 000 Dinare bar auszuzahlen, die du morgen aus dem Schatz entgegennehmen kannst, wenn es Gott gefällt. Er hat dir ein Pferd mit Sattel und Zaum geschenkt und für dich ein Mihrab-Gewand bestimmt.« Dieses Gewand zeigt auf der Brust- und Rückenseite die Gebetsnische einer Moschee.

Ich verneigte mich in Ehrerbietung. Der Sultan erklärte mir: »Glaube nicht, daß die Richterstelle von Delhi ein minderwertiges Amt ist. Sie ist eine der hervorragendsten Anstellungen in unserem Dienst.« – Ich gab ihm darauf zur Antwort: »Mein Herr, die Bewohner von Delhi sind aber Hanefiten; außerdem kenne ich ihre Muttersprache nicht.« – Er entgegnete jedoch: »Ich habe dir schon Beha ed-Din aus Multan und Kemal ed-Din aus Bijnaur zu Stellvertretern bestimmt. Sie werden dich beraten, und du wirst ihre Akten unterzeichnen. Bei mir selbst wirst du die Stelle eines Sohnes einnehmen.« – »Oder besser«, antwortete ich, »die Stelle eures Sklaven und Dieners.« – In Arabisch meinte er aber: »Nein, du bist unser Herr und Meister«, ein Zeichen seiner Höflichkeit, Trefflichkeit und Liebenswürdigkeit. Zu Scherif el-Mulk Emir Bacht fuhr er fort: »Wenn das Gehalt, das ich ihm festgesetzt habe, nicht ausreichen sollte – denn er lebt auf großem Fuß –, werde ich ihm ein Hospiz geben, falls er der richtige Mann dazu ist, für die Bedürfnisse der Armen zu sorgen. – Sag ihm das in arabischer Sprache!« Er meinte nämlich, daß Emir Bacht gut Arabisch sprechen könne, was jedoch nicht der Fall war. Als der Sultan dies merkte, beendete er unser Gespräch in Persisch: »Geht für heute nach Hause und übernachtet zusammen. Mache ihm, o Emir Bacht, meine Worte verständlich. Morgen – so Gott will – komm zu mir und lasse mich seine Antwort wissen!«

Am nächsten Morgen kam eine Abordnung vom Sultan, die uns das Geld, die Pferde und die Ehrengewänder brachte. Jeder von uns nahm den Geldsack auf die Schulter und trat so vor den Sultan. Wir huldigten ihm und küßten die Hufe der Pferde, die wir dann wieder eigenhändig aus dem Palast führten. Dies ist am Sultanshof ein gebräuchliches Zeremoniell. Meinen Gefährten ließ der Herrscher 2000 Dinare aushändigen, dazu zehn Ehrengewänder, während die Begleitpersonen der anderen nichts erhielten. Meine Genossen schienen dem Sultan gefallen zu haben.

Als ich später in einem Audienzraum unter einer Palme saß, kam ein Kammerherr zu mir und sagte: »Gib mir etwas, und ich werde dir eine Auszahlungsbescheinigung über 12 000 Dinare verschaffen, die dir der Herr der Welt auszuzahlen befohlen hat.« Ich weigerte mich, weil ich ihm nicht glauben wollte. Da gab ihm einer meiner Kameraden drei Dinare, und der Kammerherr brachte mir eine solche Bescheinigung, auf der geschrieben stand: »Der Herr der Welt befiehlt, daß aus seinem Schatz dem Soundso soundsoviel laut Anweisung durch den und den oder nach Bestätigung durch diesen ausbezahlt wird«. Derjenige, der die Kasse anzuweisen hat, unterschreibt den Zettel, dann unterzeichnen noch drei Emire, nämlich der Lehrer des Sultans, der Bewahrer der Schreibmaterialien und der »Tintenfaßträger«. Danach wird die Bescheinigung an das Wesirat gesandt, wo sie von den Sekretären kopiert wird. Von da gehen die Schreiben zur Finanzverwaltung und in das Kontrollbüro. Schließlich erteilt der Wesir den Auftrag an den Schatzmeister, die Summe auszuzahlen. Dies kann ein recht zeitraubender Vorgang sein. Will nämlich der Sultan eine Auszahlung hinauszögern, so läßt er sie aufschieben. Wünscht er jedoch eine rasche Erledigung, so gibt er entsprechende Anordnungen. In diesem Falle mußte ich sechs Monate auf das Geld warten. Es ist Brauch, daß der Sultan den zehnten Teil für sich behält. Wer also 10 000 Dinare erhalten soll, bekommt nur 9000 auf die Hand.

Um dem Sultan ein Geschenk zu machen und meinen täglichen Unterhalt zu bestreiten, hatte ich anfänglich von Kaufleuten Geld geliehen und mich ihnen gegenüber verschuldet. Nach einiger Zeit wollten meine Gläubiger in ihre Heimat zurückreisen und mahnten daher ihre Forderung bei mir recht ungestüm ein. Ich entschloß mich, den Sultan anzugehen, und tat dies in Form eines Lobgedichts. Die ersten Zeilen lauteten so:

> »Zu dir, dem Fürsten der Gläubigen, dem hochgeehrten,
> Sind wir gekommen und durchquerten wasserlose Wüsten in eilendem Zuge zu dir.
> Ich kam als Pilger an den Ort deines Ruhmes –
> Dein Wohnsitz ist ein Asyl, wohl wert, besucht zu werden.
> Gäbe es über die Sonne hinaus noch eine Rangstufe für den Ruhm,
> Du wärest würdig, in dieser Höhe den ersten Platz einzunehmen.
> Du bist der ruhmvolle, unvergleichliche Herrscher,
> Dessen Charaktereigenschaften es zur unabweislichen Folge machen, daß er gemäß seinen Worten handele.
> Ich bedarf nun des Überschusses deiner Freigiebigkeit, von der ich die Beendigung meiner Notlage erhoffe.
> Meine Absicht wird mir bei deiner Größe ja leicht gemacht.
> Soll ich sie nennen oder verbietet mir das der Respekt vor Eurer Majestät?
> Doch immerhin – Gott erhalte Eure Majestät – sprechen ist besser:

Beeile dich, dem, der als Reisender in dein Land kam,
Die Schulden zu zahlen; denn die Gläubiger drängen!«

Ich überreichte dem Sultan das Gedicht. Er nahm das Blatt auf sein Knie, faßte ein Ende an, während ich das andere Ende hielt. Sooft ich eine Zeile beendet hatte, sagte ich zum Oberrichter Kemal ed-Din: »Erkläre dem Herrn der Welt den Sinn!« Dem Sultan gefiel das Gedicht sehr; denn die Inder lieben die arabische Dichtkunst. Schon zwischendurch sagte der Sultan: »Marhama«, das heißt: »Ich bin dir wohlgesinnt.« Als ich das Gedicht beendet und mich verneigt hatte, beglückwünschten mich die Anwesenden. Nach einiger Zeit schrieb ich ein Bittgesuch, das Kutb el-Mulk, der Gouverneur von Sind, dem Sultan überreichte. Der Herrscher ordnete an, daß der Wesir Chodscha Jihan meine Schulden bezahlen sollte. Dieser ließ aber einige Tage verstreichen. Mittlerweile befahl der Sultan dem Wesir, nach Daulat-Abad zu reisen, während er sich selbst auf die Jagd begab. Der Wesir fuhr also ab, ohne den Auftrag ausgeführt zu haben, so daß ich lange Zeit warten mußte.

Noch ein weiterer Grund verzögerte die Auszahlung des Geldes. Als meine Gläubiger aus Delhi abreisen wollten und auf Begleichung der Schulden drängten, empfahl ich ihnen: »In dem Augenblick, wo ich mich in den Palast des Sultans begebe, packt ihr mich nach dem hier üblichen Brauch an!« Es ist nämlich üblich, daß, wenn jemand eine Forderung gegen einen kaiserlichen Günstling hat, die Zahlung aber nicht erhält, er den Schuldner am Palasttor anhält und ihm dabei zuruft: »Du Feind des Herrschers, ich schwöre beim Haupt des Sultans, daß du nicht eintreten wirst, bevor du mich nicht bezahlt hast!«

Der Schuldner darf seinen Platz nicht verlassen, ehe nicht eine Regelung der Zahlung erfolgt ist.

Da traf es sich eines Tages für mich recht günstig. Der Sultan verließ den Palast, um das Grab seines Vaters zu besuchen. Ich rief meinen Gläubigern zu: »Dies ist die richtige Gelegenheit für euch.« Als ich nun Anstalten machte, den Palast zu betreten, riefen sie jenen Satz. Die Sekretäre am Tor meldeten es sofort dem Sultan, worauf der Kammerherr, der solche Nachrichten entgegenzunehmen hat, herauskam und die Gläubiger nach dem Grund ihres Rufens fragte. Mit der entsprechenden Auskunft kehrte er zum Sultan zurück, der ihn beauftragte, die Kaufleute nach der Höhe ihrer Forderung zu befragen. Sie nannten die Summe von 50 000 Dinaren. Der Sultan ließ ihnen darauf erwidern: »Der Herr der Welt läßt euch sagen: Ich verwahre das Geld des Landes und ich werde euch ihm gegenüber zum Recht verhelfen. Stellt also keine weiteren Forderungen mehr an ihn!«

Als der Sultan daraufhin im »Saal der tausend Säulen« eine Sitzung abhielt, wurden auch die Gläubiger gerufen, die die Schuldverschreibungen mitbrachten, um sie auf ihre Richtigkeit prüfen zu lassen.

Nachdem dies geschehen war, befahl der Sultan dem Chodawend Zadeh, mir diesen Betrag aus dem Staatsschatz auszuzahlen. Dieser aber wollte gleich vorweg ein Geschenk haben und verweigerte mir das Geld, als ich die von ihm geforderten 500 Tanga ablehnte. Über den Sohn ließ ich dem Wesir Nachricht zukommen und bat ihn um Klärung der Angelegenheit. Für den Wesir, der Chodawend Zadeh nicht leiden konnte, war dies ein Grund, diese Sache dem Sultan zu berichten und gleich noch andere Unregelmäßigkeiten Chodawends anzufügen. Der Sultan war erzürnt und ließ Chodawend Zadeh festnehmen und einsperren. Zugleich ordnete er an: »Weshalb haben ihm

Leute Geschenke gegeben? Alle Unterlagen sind zu beschlagnahmen, bis ich weiß, ob Chodawend Zadeh etwas ausgezahlt hat, obwohl ich es verboten hatte, oder ob er eine Zahlung nicht ausführte, wenn ich sie erteilt hatte!« Auf diese Weise verzögerte sich die Begleichung meiner Schulden noch um weitere Zeit.

Als der Sultan zur Jagd auszog, reiste ich sofort mit ihm ab. Ich hatte alles rechtzeitig vorbereitet und kannte die Ausrüstung der Inder bei solchen Gelegenheiten. Dazu hatte ich ein Spezialzelt gekauft, das man überall aufschlagen kann und darf. Für Personen von Rang ist ein solches unbedingt erforderlich. Das Zelt des Sultans ist rot, während die anderen weiß und blau gestreift sind. Die gesamte Ausrüstung wird von Männern getragen, die man Kaiwaniya nennt. Es ist dort üblich, daß sich der Reisende solche Kaiwaniya mietet. Zusätzlich benötigt er auch noch Leute, die das Grünfutter für die Tragtiere befördern, da die Inder kein Stroh füttern. Man braucht aber noch weit mehr Hilfskräfte: die Träger der Küchengeräte, Leute, die die Sänfte tragen, Diener, die das Zelt aufschlagen, es mit Teppichen auslegen und den Kamelen die Lasten aufladen, und endlich sogenannte Vorläufer, die bei Dunkelheit die Fackeln zu tragen haben. Ich nahm alle diese Leute in Dienst und zeigte dabei Umsicht und Energie.

So war ich wohlgerüstet und konnte am gleichen Tag wie der Sultan aufbrechen, während alle anderen, die noch teilnehmen wollten, mit ihren Vorbereitungen nicht zu Ende waren und zwei bis drei Tage nach uns abreisen mußten. Der Sultan bestieg einen Elefanten, um sich zu vergewissern, wer sich mit der Ausrüstung beeilt hätte und zum Abmarsch bereit sei. So schickte er den Großgarderobier, den Fürsten Kabula, der dem Sultan die Fliegen verscheuchen muß, zu mir, damit ich bis zur Abreise neben dem

Herrscher Platz nehme. Dies war ein besonderer Gunstbeweis, da sich außer mir an diesem Tag niemand zum Sultan setzen durfte.

Zum Ausmarsch reitet der Sultan auf einem Elefanten, begleitet von der großen Schar seiner Höflinge, Emire, Kammerherrn, Musikanten, Oberrichter, Wesire und der großen Menge von Soldaten und Dienern. Niemand weiß, wo die nächste Rast abgehalten wird. Dies bestimmt allein der Sultan. Hat er einen Ort gefunden, der ihm gefällt, so befiehlt er, das Lager aufzuschlagen. Kein Mann aus der Begleitung darf sein Zelt vor dem des Sultans aufschlagen; denn jeder erhält durch die Quartiermeister seinen Platz zugewiesen.

Steigt der Sultan ab, etwa an einem Fluß oder zwischen Bäumen, so serviert man ihm Hammelfleisch, gemästete Hühner, Kraniche und zahlreiche Wildarten. Die Söhne der Fürsten erscheinen mit Fleisch am Spieß, entzünden ein Feuer und braten die Gerichte. Für den Sultan wird ein überdachter Sitz aufgeschlagen, vor dem die Günstlinge seiner Begleitung Platz nehmen. Das Mahl wird aufgetragen, wozu der Herrscher einlädt, wen er gerade will. An einem solchen Tag erkundigte sich der Sultan, als er in seinem Zelt war, wer draußen sei. Sayyid Nasir ed-Din Mutahher al-Auhari, einer seiner Tischgenossen, antwortete: »Jener Marokkaner, der einen sehr niedergeschlagenen Eindruck macht.« – »Weshalb das?« fragte der Sultan. – »Wegen seiner Schulden; denn die Gläubiger lassen ihm keine Ruhe. Der Herr der Welt hatte dem Wesir befohlen, ihm das Geld zu geben. Dieser reiste aber ab, ohne den Befehl ausgeführt zu haben. Wenn nun unser Herr befehlen würde, daß die Gläubiger sich gedulden, bis der Wesir zurückkommt, oder befehlen würde, die Schulden zu begleichen?«

Bei diesem Gespräch war auch der Fürst Daulat-Shah

anwesend, den der Sultan mit Onkel anredete. Dieser Mann sagte: »O Herr der Welt. Jeden Tag spricht er zu mir in arabischer Sprache, ich aber verstehe nicht, was er sagt. Mein Herr Nasir ed-Din, was will er?« Damit bezweckte er, das über mich Gesagte noch einmal zu wiederholen. Dies tat Nasir ed-Din auch. Darauf ordnete der Herrscher an: »Wenn wir wieder in der Residenz sind, dann holst du, Onkel, aus dem Staatsschatz selbst das Geld und gibst es ihm.« – Chodawend Zadeh, der auch bei diesem Gespräch anwesend war, mußte auch noch seine Bemerkung dazu machen: »Er ist ein Mann, der viel Geld ausgibt; so habe ich ihn schon in unserer Heimat bei Sultan Tarmaschirin kennengelernt.«

Von dieser Unterredung nichts wissend, wurde ich vom Sultan zur Tafel eingeladen. Als ich nach dem Speisen weggehen wollte, sprach Sayyid Nasir ed-Din zu mir: »Bedanke dich beim Fürsten Daulat-Shah.« Nach einem Besuch des Sultans in meinem Zeltlager sandte er mich mit anderen wieder in die Stadt zurück, nicht ohne uns vorher noch Ehrengewänder gegeben zu haben.

Als sich der Sultan auf einen Kriegszug begab, um einen Aufstand niederzuschlagen, befahl er mir und anderen, in der Residenz Delhi zu bleiben, obwohl ich mich bereits gerüstet und meine Gläubiger bezahlt hatte. Der Kammerherr, der uns diese Anordnung überbrachte, ließ sich den Empfang von uns unterschriftlich bestätigen. Dies tut man dort aus Besorgnis, daß jemand den überbrachten Befehl ableugnen könnte. Der Sultan ließ mir 6000 Silberdinare auszahlen. In gleicher Weise wurden alle Fremden besoldet, die Einheimischen jedoch nicht. Der Herrscher hatte befohlen, daß ich das Grab des Sultans Kutb ed-Din beaufsichtigen sollte, dessen letzte Ruhestätte er besonders verehrte, nachdem er einmal dessen Diener gewesen war. Ich habe selbst gesehen, daß er beim Besuch des Grabes die Pantoffeln des Verstorbenen genommen, geküßt und auf sein Haupt gelegt hatte. Es ist nämlich Landessitte, die Pantoffeln eines Verstorbenen am Grabmal auf ein Polster zu stellen. Sooft der Sultan an das Grab kam, verneigte er sich, wie er dem Toten zu dessen Lebzeiten gehuldigt hatte. Auch seine Witwe verehrte er; er nannte sie »Schwester« und nahm sie in seinem Palast auf. Später verheiratete er sie an den Sohn des Richters von Kairo, dem er dann ihr zuliebe besondere Gunst erwies. Jeden Freitag machte er der inzwischen zur Prinzessin Ernannten einen Besuch.

Als der Sultan nun in den Kampf abreisen wollte, ließ er uns kommen, um sich von uns zu verabschieden. Da stand der Sohn des Richters von Kairo auf und sprach: »Ich will mich vom Herrn der Welt nicht verabschieden und werde mich von ihm nicht trennen.« Diese Worte beeindruckten den Sultan, der ihm darauf befahl, sich für die Mitreise zu rüsten. Nach ihm trat ich vor; meine Lage war nicht erfreulich. Der Herrscher fragte mich: »Was hast du für Anliegen?« – Da zog ich einen Zettel hervor, auf dem sechs Bitten standen. »Rede in deiner Sprache«, meinte er. – »Der Herr der Welt«, erklärte ich, »hat mir das Richteramt übertragen; doch habe ich als Richter noch keine einzige Sitzung abgehalten. Ich will vom Richteramt nicht nur die Ehre haben.« – Da befahl er, daß ich als Richter fungieren solle und zwei Stellvertreter mit mir. Darauf befahl er: »Nun weiter!«

»Es handelt sich um das Mausoleum des Sultans Kutb ed-Din«, fuhr ich fort, »was soll ich damit machen? Ich habe 460 Personen den Unterhalt darauf angewiesen, aber der Ertrag seiner Stiftungen reicht nicht für sie aus.« – In persischer Sprache sagte der Sultan zum Wesir: »Fünfzigtausend!« und zu mir: »Du mußt unbedingt den Ernteertrag im voraus zur Verfügung haben!« Dies bedeutete, daß ich das Jahr hindurch genügend Getreide und Reis erhalten sollte, bis die Feldfrüchte der Stiftung reif sein würden. – »Was weiter?« fragte der Sultan.

Ich kam zum dritten Punkt: »Meine Gefährten sind der Dörfer wegen, die Eure Majestät mir geschenkt haben, eingekerkert worden, weil ich diese Dörfer gegen etwas anderes eingetauscht habe. Nun fordern die Beamten der Rechnungskanzlei den Preis, den ich dafür erhalten habe, oder den Beleg eines Befehls des Herrn der Welt, daß ich davon enthoben bin.« – Der Sultan fragte mich: »Wieviel hast du für die Dörfer bekommen?« – »Fünftausend Dinare.« – »Ich mache sie dir zum Geschenk.« – Mein nächster Punkt war das schlechte Haus, das mir der Sultan zugewiesen hatte. Ich meinte, daß es der Ausbesserung bedurfte. Der Sultan beauftragte daraufhin den Wesir, das Haus instand setzen zu lassen. Als mich schließlich der Sultan fragte, ob ich noch etwas auf dem Herzen hätte, und ich verneint hatte, gab er mir eine Ermahnung mit: »Ich empfehle dir, daß du keine Schulden machst, damit du nicht deswegen belangt wirst. Nicht immer dürftest du jemanden finden, der um eine Klärung deiner Angelegenheit bei mir vorspricht. Richte deine Ausgaben danach ein, was ich dir zukommen lasse; denn Gott der Erhabene hat gesagt: ›Binde deine Hand nicht an deinen Hals, öffne sie aber auch nicht in ihrer vollen Weite! Esset und trinket, aber nicht im Übermaß. Diejenigen, die in ihren Ausgaben weder unmäßig noch knausrig sind, sind die wahren Diener Gottes, zwischen beiden gibt es eine rechte Mitte.« – Ich wollte seinen Fuß küssen, aber er hinderte mich daran und berührte mein Haupt mit seiner Hand. So küßte ich also seine Hand und zog mich zurück.

Danach reiste ich in die Residenz ab und beschäftigte mich damit, mein Haus auszubessern, wofür ich 4000

Dinare ausgab. Davon erhielt ich 600 Dinare aus der Rechnungskanzlei, während ich den Rest aus meinen eigenen Mitteln bestreiten mußte. Meinem Haus gegenüber baute ich eine Moschee, während ich mich außerdem mit der Verwaltung des Mausoleums von Sultan Kutb ed-Din beschäftigte. Der Kaiser hatte mir befohlen, darüber eine Kuppel zu errichten, die sich hundert Ellen in die Luft erheben sollte, zwanzig Ellen mehr als die Kuppel über dem Grab Gazans, des Herrschers vom Irak. Der Sultan hatte auch bestimmt, dreißig Dörfer ankaufen zu lassen, die als Stiftungsfonds für das Grabmal zu dienen hätten. Er hatte sie meiner Verwaltung unterstellt, unter der Bedingung, daß ich wie üblich ein Zehntel ihres Ertrages erhielt.

Die Bewohner Indiens erweisen ihren Toten gegenüber die gleichen Zeremonien, die sie auch bei ihren Lebzeiten getan hätten. Man bringt Elefanten und Pferde herbei, bindet sie am Tor des Mausoleums an und schmückt das Grabmal. Im Hinblick auf die Landessitten traf auch ich meine entsprechenden Anordnungen für das Grab des Kutb ed-Din. Ich stellte 150 Koranleser an, ferner 80 Studenten und acht Korrepetitoren, dazu einen Lehrer, einen Vorbeter, Gebetsrufer, Leser mit besonders schönen Stimmen, Lobredner, Sekretäre, die alle zu notieren hatten, die nicht erschienen waren, und Ansager. Auch eine andere Kategorie von Leuten, die sog. »Leute des Vorhofes«, also Dienstboten, wurden von mir eingestellt. Es sind dies Knechte, Köche, Läufer, Wasserträger, Mundschenke, Betelträger, Wagen-, Pfeil- und Sonnenschirmträger, Garderobiers, Kammerdiener und Hausoffiziere. Insgesamt waren es 460 Personen. Der Sultan hatte angeordnet, daß für Speisungszwecke täglich zwölf »Mann« (ein Maß) Mehl und ebensoviel Fleisch verwendet werden sollten. Mir kam dies etwas zuwenig vor, wohingegen er ausreichend Getreide genehmigt hatte. Ich verwendete also täglich 35 »Mann« Mehl, eine gleiche Menge Fleisch und entsprechende Mengen an Zucker, Kandiszucker, Butterschmalz und Betel. Ich ließ nicht nur die Angestellten, sondern auch die Pilger speisen. Da zu jener Zeit die Teuerung in Indien außerordentlich groß war, wurde dem Volk durch diese Speisung geholfen, deren Ruf sich weit verbreitete. Fürst Sahib reiste in diesem Zusammenhang zum Sultan nach Daulat-Abad. Als sich bei ihm der Herrscher nach der Lage des Volkes erkundigte, erklärte ihm der Fürst: »Gäbe es in Delhi nur zwei wie ihn, dann wäre die Hungersnot nicht so schmerzlich.« Dem Sultan gefiel diese Auskunft, weshalb er mir aus seinen eigenen Kleidervorräten ein Ehrengewand schickte. An besonderen Festtagen, so am Geburtstag des Propheten, am Asura-Tag, der Erschaffung von Adam und Eva, der Nacht des 15. Schaban, in der Gott die Geschicke der Menschen für das kommende Jahr festlegt, und am Todestag des Sultans Kutb ed-Din, verwendete ich 100 »Mann« Mehl und ein gleiches Gewicht an Fleisch. Davon aßen die Armen und Notleidenden. Die Angestellten erhielten das ihnen Zustehende zugeteilt.

In Indien und Sara ist es üblich, nach Beendigung eines Banketts vor jeden Adeligen, Rechtsgelehrten, Scheich oder Richter eine Art Tafelaufsatz zu stellen, der wie eine Wiege aussieht, vier Füße und einen Deckel aus Blattfasern hat. Man füllt ihn mit Kuchen, einem gebratenen Hammel, vier in Butter gebackenen, mit Süßigkeiten gefüllten Broten, die wiederum mit vier Stück süßen Backwerks in Ziegelform bedeckt sind, und einem kleinen, aus Leder verfertigten Behältnis, das mit Zuckersachen und Pasteten gefüllt ist. Den Tafelaufsatz bedeckt man mit einem neuen Baumwollstoff. Vor Leute mit niedrigerem Rang setzt man einen halben Hammel und von allen anderen Speisen auch nur die Hälfte. Wer sich im Rang noch unter diesen befindet, erhält etwa ein Viertel von allem vorgesetzt. Die Diener der Teilnehmer am Bankett räumen ab und nehmen alles mit. Erstmals lernte ich diesen Brauch kennen, als ich in Sara am Hof des Sultans Uzbek war. Da mir diese Sitte damals unbekannt war, untersagte ich meinen Leuten, den Tafelaufsatz wegzunehmen.

Der Wesir hatte mir bereits von dem für das Mausoleum bewilligten Getreide 10 000 »Mann« geliefert und den Rest in Hezar Amruha angewiesen. Dort war Aziz Steuereinnehmer und Gouverneur des Ortes Schems ed-Din aus Badakschan. Ich sandte meine Leute nach Hezar Amruha, die einen Teil des angewiesenen Getreides übernahmen, sich aber über die Erpressungen des Aziz al-Chammar bitter beklagten. Da entschloß ich mich, dorthin selbst zu reisen und die Sache in Ordnung zu bringen. Die Entfernung zwischen Delhi und diesem Bezirk beträgt drei Tagesreisen, hinzu kam, daß die Regenzeit herrschte. Ich hatte rund 30 Gefährten bei mir, dazu zwei ausgezeichnete Sänger, die mir unterwegs vorsangen. In der Stadt Bijnaur nahm ich noch drei Sänger mit, so daß sie sich unterwegs abwechseln konnten.

Kurz vor unserer Ankunft in Amruha, einer kleinen und schönen Stadt, kamen mir die Beamten, ebenso der Richter, Scherif Emir Ali, und der Scheich des dortigen Hospizes entgegen. Beide erwiesen mir große Gastfreundschaft. Aziz al-Chammar war in dem am Fluß Saru liegenden Ort Afganpur. Da es kein Fahrzeug zum Übersetzen gab, mußten wir das Gepäck auf ein Floß verstauen, das wir aus Holz und Zweigen gebaut hatten. Am nächsten Tag überquerten wir den Saru. Dort kam uns Najib, ein Bruder des Aziz, mit einer Anzahl seiner Leute entgegen und ließ für uns ein Zeltlager aufschlagen. Hierauf erschien sein Bruder, der wegen seiner Ungerechtigkeit bekannte Gouverneur, bei mir.

Zwischen dem Emir des Landes, Schems ed-Din aus Badakschan, und Gouverneur Aziz al-Chammar hatte es Streit gegeben, wobei ich als Richter fungierte und den Diener Rida aus Multan ins Gefängnis werfen ließ. Er war beschuldigt worden, in das Haus des Aziz eingedrungen, Wein getrunken und 5000 Dinare aus dem Geld des Schatzmeisters gestohlen zu haben.

Über den Fluß Saru ist eine Merkwürdigkeit festzuhalten. Zur Regenzeit darf kein Mensch aus ihm trinken, auch Vieh darf mit seinem Wasser nicht getränkt werden. Wir selbst hielten uns drei Tage an seinem Ufer auf, aber niemand nahm einen Schluck Wasser zu sich, auch hielten wir gebührenden Abstand vom Wasser selbst. Als Grund erzählte man mir, daß der aus dem Gebirge, in dem sich Goldgruben befinden, kommende Fluß bei Regenzeit über giftige Reptilien hinwegfließt und dadurch selbst vergiftet wird. Wer in dieser Zeit von seinem Wasser trinkt, muß sterben. Jenes Gebirge hat eine Ausdehnung von drei Monaten Marschzeit. Von ihm steigt man ins Land Tibet hinab, wo die Moschusgazellen zu Hause sind. In diesem Bergland brachten die Bewohner, ungläubige Inder, der Armee des Sultans eine schwere Niederlage bei, indem sie sich am oberen Rand einer großen Schlucht versteckt hatten, von da aus die Truppen einzingelten und sie mit Steinlawinen zerschmetterten.

Während meines Aufenthalts in Amruha suchte mich auch ein Trupp von Fakiren der Haidars-Sekte auf. Sie veranstalteten einen Tanz mit Musik, zündeten ein Feuer an und warfen sich selbst hinein, ohne daß sie dabei Schaden nahmen.

Nachdem ich drei Monate von Delhi weggewesen war, verließ ich wieder Amruha, wo ich täglich für meine Leute einen Ochsen hatte schlachten lassen. Ich ließ meine Gefährten zurück, damit sie mir das Getreide nachbrächten, das zu liefern ich Aziz befohlen hatte. Dieser zog die Menge von 30 000 »Mann« ein, die auf 3000 Ochsen zu transportieren war. In Indien werden Lasten und Gepäck auf Ochsen verladen. Auf Eseln zu reiten gilt dort als große Schande, zumal dort die Esel auch recht klein sind. Nur wenn man jemanden öffentlich vorführen will, der ausgepeitscht worden ist, setzt man ihn auf einen Esel.

Als der Sultan seinen Feldzug in das Land Mabar unternahm, kam er bis Tiling, wo eine Seuche sein Heer heimsuchte, so daß er nach Daulat-Abad zurückkehrte. Am Ganges schlug er sein Lager auf und befahl seinen Leuten, feste Unterkünfte zu errichten. Als ich mich in sein Lager begab, kam es zum Aufstand des Ain el-Mulk. Ich blieb ununterbrochen beim Sultan; er gab mir meinen Anteil an den Rassepferden und nahm mich unter seine Höflinge auf. Am Gefecht gegen Ain el-Mulk nahm ich teil, ebenso bei dessen Gefangennahme. Im Gefolge des Sultans überschritt ich den Ganges und den Sarti, um das Grab des frommen Helden Salar Ud zu besuchen. Als der Herrscher dann wieder in die Residenz Delhi einzog, war ich ebenfalls dabei.

Eines Tages fiel ich beim Sultan in Ungnade. Ursache seines Zornes war, daß ich den Scheich Schihab ed-Din, den Sohn des Scheichs el-Jam, in seiner Höhle besuchte, die er sich außerhalb von Delhi angelegt hatte. Ich wollte mir ebendiese Höhle einmal ansehen. Kurz darauf ließ der Sultan den Scheich Schihab in den Kerker werfen. Dabei befragte er dessen Söhne, wer ihn besucht hätte. Sie nannten ihm eine ganze Anzahl von Leuten, unter denen ich mich befand. Da befahl der Herrscher vier seiner Sklaven, mir nicht von der Seite zu weichen und mich im Audienzsaal nicht aus den Augen zu lassen. Hat der Sultan einmal gegen jemanden eine solche Maßnahme getroffen, so ist es im allgemeinen recht selten, daß diese Person noch heil davonkommt. Der erste Tag, an dem ich unter strenger Bewachung stand, war ein Freitag. Da gab mir Gott, der Erhabene, die Eingebung, seine Worte zu rezitieren: »Gott genügt uns und, oh, über diesen besten aller Beschützer!« Ich sagte diese Worte an jenem Tag 33 000 Mal vor, verbrachte die Nacht im Audienzsaal und fastete fünf Tage lang ununterbrochen, wobei ich täglich den Koran vom Anfang bis zum Ende durchlas und das Fasten nur unterbrach, um etwas Wasser zu mir zu nehmen. Am sechsten Tag aß ich erstmals wieder, um erneut vier Tage lang zu fasten. Da starb der Scheich, und ich wurde wieder auf freien Fuß gesetzt. – Lob sei Gott, dem Erhabenen, dafür!

Bald darauf zog ich mich aus dem Dienst des Sultans zurück, um mich ganz der Gefolgschaft des Scheichs Kemal ed-Din Abdallah el-Gari, des gelehrten und frommen Imams, des keuschen und demütigen, zu widmen. Er, der seinesgleichen unter den Lebenden nicht hatte und eine einmalige Erscheinung in diesem Jahrhundert darstellte, war ein Heiliger, der viele Wunder bewirkt hatte. Ich ergab mich ganz dem Dienst dieses Scheichs und schenkte alles den Armen und Notleidenden. Kemal ed-Din fastete meistens zehn Tage lang, bisweilen sogar zwanzig Tage. Ich hätte gerne wie er gefastet, doch verbot er es mir und befahl mir, mich bei den Andachtsübungen zu schonen. »Wer sein Tier überanstrengt«, sagte er, »kommt nicht vorwärts und wird es nicht am Leben erhalten.« Es kam mir vor, daß ich noch recht nachlässig gehandelt hätte, weil ich noch etwas Eigentum behalten hatte. So gab ich denn alles weg, was ich noch besaß, mochte es geringen oder hohen Wert haben. Einem Fakir schenkte ich meine Kleider, die ich trug, und zog seine an.

Fünf Monate lang blieb ich bei diesem Scheich. Der Sultan war zu jener Zeit von Delhi abwesend und hielt sich in der Provinz Sind auf.

Als der Sultan erfahren hatte, daß ich der Welt entsagt hätte, ließ er mich zu sich rufen. Er befand sich damals in Siwestan. Ich begab mich im Mönchsgewand zu ihm. Er sprach mit mir in liebenswürdiger und gütigster Weise und forderte mich auf, in seine Dienste zurückzukehren. Ich lehnte jedoch ab und bat ihn um die Erlaubnis zu einer Reise nach dem Hedschas, die er mir auch gewährte. Nachdem ich mich von ihm verabschiedet hatte, wohnte ich in einer Einsiedelei, die nach dem Fürsten Baschir benannt war. Dort widmete ich mich meinen religiösen Pflichten den ganzen Monat Rejeb und die ersten zehn Tage des Monats Schaban hindurch. Schließlich kam ich soweit, daß ich fünf Tage lang hintereinander fasten konnte, um erst dann ein wenig Reis ohne irgendwelche Zutaten zu mir nehmen zu müssen. Tag für Tag las ich den Koran und schlief, so lange Gott wollte. Nahm ich einmal mehr Speisen zu mir, so bekamen sie mir schlecht, nur wenn ich mich ihrer enthielt, fand ich Ruhe.

Als 40 Tage vergangen waren, schickte mir der Sultan gesattelte Pferde, Sklavinnen, Sklaven, Gewänder und eine Summe Geldes. Ich legte die Gewänder an und begab mich zu ihm. Als ich meine Jacke aus blauer, gefütterter Baumwolle, die ich in der Zeit meiner Zurückgezogenheit abgelegt und die Kleider des Sultans angezogen hatte, empfand ich eine starke Abneigung. Wenn ich auf diese Jacke blickte, leuchtete es in mir wie von einem verklärenden Licht. Ich trug sie stets bei mir, bis sie mir die Ungläubigen auf dem Meer raubten.

Als ich vor dem Sultan erschien, überhäufte er mich mit Ehren weit über das Maß hinaus, das ich bei ihm gewohnt war, und sagte zu mir: »Ich habe nach dir geschickt, daß du dich als mein Gesandter zum König von China auf den Weg machst; denn ich kenne deine Vorliebe für Reisen und Fahrten.« Er rüstete mich mit allem aus, was man benötigt, und bestimmte meine Reisebegleiter.

In Gefangenschaft

Der König von China hatte dem Sultan ein großes Geschenk gemacht. Es bestand aus einhundert Sklaven und Sklavinnen, fünfhundert Gewändern aus Seidendamast, fünf Minen Moschus, fünf mit Perlen bestickten Gewändern, fünf in Gold gestickten Köchern und fünf Schwertern. Er bat den Sultan, ihm den Wiederaufbau des Götzentempels zu erlauben, der sich in der Gebirgslandschaft befand. Der Ort mit diesem Tempel hieß Samhal, den die Bewohner Chinas als Pilger aufzusuchen pflegten. Die muslimische Armee Indiens hatte diesen Ort erobert, geplündert und zerstört.

Als der Sultan das Geschenk erhalten hatte, schrieb er an den König von China: »Dieser Wunsch kann nach den Religionsgesetzen des Islam nicht erfüllt werden. Der Bau einer Kirche oder eines Tempels im Gebiet der Muslime ist nur dem gestattet, der die Kopfsteuer entrichtet. Wenn du bereit bist, sie zu bezahlen, werden wir dir den Bau des Tempels erlauben. Heil sei dem Manne, der dem rechten Weg folgt!«

Er machte dem König von China ein noch wertvolleres Geschenk; es bestand aus hundert wunderschönen Pferden mit Sattel und Zaumzeug, hundert Sklaven, hundert indischen Heidenmädchen, die Sängerinnen und Tänzerinnen waren, hundert sogenannten Bairamgewändern, die aus Baumwolle bestehen und an Schönheit nicht übertroffen werden können; der Wert eines solchen Gewandes betrug einhundert Dinare. Zum Geschenk gehörten noch hundert Stück Stoff der Juzz-Seide, eines Gewebes, dessen Material in vier oder fünf Farben gefärbt ist, hundert Stück mekkanischen Stoffes, zweihundert Ballen bengalischer Stoffe, fünfhundert Ballen griechischer Leinwand und hundert Schlafröcke aus Tuch. Außerdem schenkte der Sultan dem König von China ein großes Zelt und sechs Kuppelzelte, vier goldene Leuchter und sechs aus blauemailliertem Silber, vier Goldschalen mit gleichen Kannen, sechs Silberschalen, zehn mit Gold bestickte Ehrengewänder aus der Garderobe des Sultans, zehn hohe Mützen, ebenfalls aus seiner Garderobe, von denen eine mit Perlen bestickt war, zehn goldgestickte Kocher, ebenfalls mit Perlen ausgelegt, zehn Schwerter, mit Perlen bestickte Handschuhe und außerdem noch fünfzehn Eunuchen. Der Sultan bestimmte, daß mit mir, als Begleiter des Geschenkes, der Emir Zahir ed-Din, ein hervorragender Gelehrter, und der Eunuch Kafur, der Mundschenk, dem das Geschenk anvertraut wurde, kommen sollten. Bis zu dem Ort, an dem wir uns einschiffen würden, sollte uns Emir Mohammed aus Herat mit tausend Reitern das Geleit geben. In unserer Gesellschaft reisten auch die Gesandten des Königs von China; es waren fünfzehn Mann, deren Anführer Tursi hieß. Ihnen standen hundert Diener zur Verfügung.

So zogen wir also in einer großen Zahl und mit einer beträchtlichen Eskorte ab. Der Sultan hatte den Befehl herausgegeben, daß wir überall freie Aufnahme fänden, solange wir uns in seinen Ländern aufhielten. Wir brachen am siebzehnten des Monats Safar im Jahre 743 (22. Juli 1342 n. Chr.) auf. Diesen Tag hatten sich die chinesischen Gesandten zur Abreise ausgesucht; denn diese asiatischen Völker wählen zu einem Reisebeginn nur ganz bestimmte Monatstage aus.

Über Tilpat kamen wir nach Kowil. Dort erfuhren wir, daß eine Anzahl heidnischer Inder die Stadt Jalali eingeschlossen habe und sie belagere. Wir legten sehr schnell die sieben Meilen nach Kowil zurück. Die Ungläubigen, die schon nahe daran waren, die Stadt zu erobern, wußten nichts von uns, so daß wir sie mit einem heftigen Angriff überraschten. Ihre Truppen waren etwa tausend Reiter und dreitausend Mann Fußvolk stark. Wir machten sie bis auf den letzten Mann nieder und nahmen ihre Pferde und Wagen als Beute. Von unseren Leuten erlitten dreiundzwanzig Reiter und fünfundzwanzig Mann Fußvolk den Märtyrertod, darunter auch der Eunuche Kafur, der Mundschenk, der das Geschenk zu betreuen hatte. Wir teilten dies dem Sultan mit und hielten uns in Kowil auf, um seine Antwort zu erwarten. In der Zwischenzeit kamen die Ungläubigen erneut aus dem schwer zugänglichen Gebirge und überfielen die Umgebung von Jalali. Täglich hatten unsere Leute zu tun, um mit dem Emir des dortigen Bezirks die Angreifer zurückzuschlagen.

An einem dieser Tage ritt ich mit einer Anzahl meiner Kameraden aus. Wir hatten uns um die heiße Mittagszeit in einer Bauanlage niedergelassen, wo wir Rast halten wollten. In nicht zu großer Entfernung von uns hörten wir plötzlich lautes Schreien. Wir warfen uns auf die Pferde und prallten mit den Ungläubigen zusammen, die ein Dorf in der Umgebung von Jalali überfallen hatten. Bei der Verfolgung des Gegners zerstreuten sich unsere Leute, so daß ich schließlich nur mit fünf meiner Kameraden übrigblieb. Da griff uns eine Schar Reiter und Fußvolk aus einem nahen Dickicht an. Da wir gegen ihre große Übermacht nichts ausrichten konnten, ergriffen wir die Flucht. Mich selbst verfolgten etwa zehn Mann, von denen schließlich noch drei übriggeblieben waren.

Mein Fluchtweg war zu Ende, und ich befand mich bald auf einem sehr steinigen Gelände. Durch eine Schlucht kam ich schließlich in ein Tal mit einem üppigen Wald, den ein Weg durchzog. Ich betrat ihn, ohne zu wissen, wohin er führte. Als ich weiterritt, griffen mich plötzlich rund vierzig Ungläubige an, die Bogen in ihren Händen hielten und mich umringten. Ich fürchtete, daß sie auf mich eine Pfeilsalve abgeben würden, wenn ich zu entfliehen suchte. Da ich keinen Panzer trug, warf ich mich zur Erde und gab mich gefangen, da die Inder denjenigen nicht töten, der sich so verhält. Sie ergriffen mich, raubten mir alles, was ich hatte, mit Ausnahme von Jacke, Hemd und Hose, schleppten mich in das Dickicht und brachten mich schließlich zu ihrem Lagerplatz, der sich bei einem Teich zwischen den Bäumen befand. Sie gaben mir Brot aus Erbsenmehl und Wasser. Unter den Rebellen befanden sich zwei Muslime, die mich auf persisch verhörten. Ich erzählte ihnen einiges, verschwieg aber, daß ich im Auftrag des Sultans unterwegs sei. Sie erklärten mir: »Zweifellos werden dich diese Leute da oder auch andere umbringen. Aber hier ist ihr Anführer.« Dieser übergab mich drei Leuten, einem alten Mann, dessen Sohn und einem bösartigen Neger. Ich konnte ihren Worten entnehmen, daß sie den Auftrag hatten, mich umzubringen. Am Abend schleppten sie mich in eine Höhle. Gott aber stand mir bei; denn er suchte den Neger mit Fieber und Schüttelfrost heim, so daß er über mir zusammenbrach. Der Alte und sein Sohn jedoch schliefen. Am Morgen besprachen sie sich zunächst untereinander und deuteten mir dann durch Zeichen an, mit ihnen zum Teich hinabzusteigen. Ich entnahm ihren Worten, daß sie mich erschlagen wollten. Nachdem ich auf den Alten eingeredet hatte, merkte ich, daß er Mitleid mit mir hatte. Ich schnitt die beiden Ärmel meines Hemdes ab und schenkte sie ihm, damit ihn seine Gefährten nicht zur Rechenschaft zögen, wenn ich fliehen würde. Sie setzten sich alle drei vor mir nieder und legten einen Hanfstrick auf die Erde. Da dachte ich mir, daß sie mich mit diesem Strick binden würden, wenn sie mich töteten. Nach etwa einer Stunde kamen drei ihrer Gefährten, die mich gefangengenommen hatten. Sie besprachen sich, und ich glaubte verstanden zu haben, daß sie meine Wächter fragten, warum man mich nicht schon umgebracht habe. Der Alte zeigte auf den Neger, mit dessen Krankheit er wohl sein Versäumnis entschuldigen wollte. Unter den drei Neuangekommenen war ein junger Mann von schönem Aussehen. Er fragte mich: »Willst du, daß ich dich freilasse?« – »Sicher«, antwortete ich. – »So gehe!« Ich gab ihm meine Jacke, und er schenkte mir dafür ein altes Tuch. Nachdem er mir den Weg gezeigt hatte, verschwand ich und versteckte mich in einem Bambusdickicht, bis die Sonne untergegangen war. Dann kam ich heraus und ging auf dem Weg weiter, den mir der junge Mann gezeigt hatte, und der mich zu einem Wasser führte, an dem ich meinen Durst stillte. Nachdem ich ein Drittel der Nacht marschiert war, gelangte ich zu einem Berg, an dessen Fuß ich schlief. Am nächsten Morgen verfolgte ich weiter den Pfad und erreichte am Vormittag einen hohen Felsenberg mit dornigen Akazien und Lotosbäumen. Mit Lotosfrüchten stillte ich meinen Hunger. Dabei riß ich mir mit den Dornen meinen Arm auf, auf dem heute noch die Narben zu sehen sind.

Meinen Weg weiter verfolgend, erreichte ich ein Baumwollfeld, auf dem Rizinusbäume standen und an dessen Rand ein Brunnen lag. Ich löschte meinen Durst und fand einige Senfsprossen, die jemand vergessen hatte, so daß ich auch etwas essen konnte. Den Rest hob ich auf und schlief unter einem Rizinusbaum ein. Plötzlich erschienen am Brunnen etwa vierzig gepanzerte Reiter, von denen auch einige das Feld betraten. Gott aber schlug ihre Augen mit Blindheit, so daß sie mich nicht sahen. Auch weitere fünfzig Bewaffnete, die ebenfalls am Brunnen anhielten, entdeckten mich nicht. Ich verkroch mich nun in das Baumwollfeld, wo ich den Rest des Tages verbrachte. Als es dunkel geworden war, kroch ich aus meinem Versteck heraus und folgte bei der mondhellen Nacht den Spuren der Pferde, bis ich zu einem anderen Brunnen kam, über den sich ein Kuppelbau erhob. Wieder löschte ich meinen Durst und aß von den Senfsprossen, die ich bei mir hatte. Unter der Kuppel entdeckte ich viel Gras, das wohl die Vögel darin zusammengetragen hatten. Auf diesem Lager schlief ich ein. Zwar merkte ich, daß sich unter dem Gras Tiere bewegten, befürchtete auch, daß es Schlangen sein könnten, war jedoch nicht mehr in der Lage, fortzugehen, sondern schlief auf der Stelle vor Müdigkeit ein.

Am nächsten Morgen führte mich ein breiter Weg in ein verlassenes Dorf. Ich schlug eine andere Richtung ein, aber auch dieser Weg endete in einer verödeten Ortschaft. So ging das einige Tage zu. Immer wieder kam ich zu Heidensiedlungen.

So vergingen sieben Tage seit meiner Gefangenschaft. Erneut schleppte ich mich in ein von Ungläubigen bewohntes Dorf, in dem sich ein Teich und Gemüsegärten befanden. Ich bat die Einwohner um Speise, aber sie wollten mir nichts zu essen geben. Mit ein paar Rettichblättern, die ich an einem Brunnen fand, stillte ich meinen größten Hunger. Dort nahmen mich wieder bewaffnete Ungläubige gefangen. Einer von ihnen schwang über mir sein Schwert, als ob er mich erschlagen wollte. Ich drehte mich nicht einmal mehr nach ihm um, so müde war ich. Er durchsuchte mich, fand aber nichts bei mir; dann nahm er mir mein Hemd ab, dessen Ärmel ich dem Alten gegeben hatte. Anscheinend lohnte es sich nicht für die Ungläubigen, sich mit mir völlig Mittellosem abzugeben; so also ließ man mich wieder laufen.

Als ich in ein weiteres Dorf kam und dort einen verzweifelten Versuch unternahm, mit meinem Stiefel, den ich an einen Strick gebunden hatte, aus einem tiefen Brunnen Wasser zu schöpfen, und über meine mißliche Lage nachdachte, tauchte plötzlich vor mir ein Mann auf. Es war ein Schwarzer, der in seiner Hand einen Ledersack und einen eisenbeschlagenen Stock hielt. Auf der Schulter trug er einen Ranzen. Er sprach mich an: »Heil über Euch!« – »Auch über Euch sei Heil!«, erwiderte ich, »und die Gnade Gottes und sein Segen!« Er fragte mich auf persisch, wer ich sei. Ich antwortete ihm: »Ich bin ein verirrter Mann.« – »Ich bin in der gleichen Lage«, sagte er. Dann band er seinen Krug an einen Strick und schöpfte Wasser. Aus seinem Sack gab er mir eine Handvoll schwarze Kichererbsen, die mit etwas Reis gebraten waren. Nachdem wir uns gestärkt hatten, nahm er die vorgeschriebenen Waschungen vor und betete mit zweimaliger Niederwerfung; auch ich tat es. Als er sich nach meinem Namen erkundigt hatte, fragte ich ihn, wie er hieß. Er sagte El-Kalb el-Farih, das heißt »Das fröhliche Herz«. Ich hielt diesen Namen für ein gutes Vorzeichen. Er forderte mich auf, ihn zu begleiten. Aber schon nach wenigen Metern spürte ich eine solche Ermattung in meinen Gliedern, daß ich nicht mehr aufrecht gehen konnte und mich hinsetzen mußte. Als ich ihm versichert hatte, daß ich einfach nicht mehr laufen könne, rief er: »Steig auf meinen Rücken!« – Abwehrend meinte ich: »Du bist zu schwach und hältst das nicht aus.« – »Gott wird mich stärken«, sagte er, »du mußt es tun.« So stieg ich also im Reitsitz auf seinen Rücken, während er mich aufforderte:

»Rezitiere oft diesen Spruch des Korans: Gott ist uns genüge und, oh, über diesen besten aller Beschützer!« Ich wiederholte immer wieder diese Verse, aber der Schlaf in meinen Augen war so stark, daß ich das Bewußtsein verlor und nicht früher zu mir kam, bis ich auf die Erde fiel.

Von diesem Sturz war ich wieder zu mir gekommen. Von dem Mann war keine Spur mehr zu sehen. Dafür aber befand ich mich in einem Dorf mit vielen Einwohnern. In der Mitte des Ortes stellte ich fest, daß es von unterworfenen Indern bewohnt war, und daß der Ortsvorsteher ein Muslim war. Man meldete ihm meine Anwesenheit, und er suchte mich auf. Nachdem er mir erklärt hatte, daß dieser Ort nicht weit von der Stadt Kowil entfernt sei, ließ er mich in sein Haus bringen und mir warme Speisen vorsetzen. Während ich mich wusch, sagte er mir: »Ich habe ein Kleid und einen Turban, die ein ägyptischer Araber von den Leuten des Feldlagers bei Kowil hinterlegt hat.« – »Her damit«, sagte ich, »ich werde sie anlegen, bis ich ins Feldlager gekommen bin.« Er brachte die Kleider, und ich stellte zu meiner Freude fest, daß es meine eigenen waren, die ich diesem Araber geschenkt hatte, als wir nach Kowil gekommen waren. Immer wieder an den Mann denkend, der mich auf seinem Rücken getragen hatte, erinnerte ich mich an die Worte, die mir der Heilige Gottes, des Erhabenen, Abu Abdallah el-Murschidi geweissagt hatte, nämlich: »Du wirst nach Indien kommen und dort meinen Bruder Dilschad treffen. Er wird dich aus einer bösen Situation befreien, in die du geraten bist.« Da wurde mir alles klar; denn El-Kalb el-Farih heißt im Persischen Dilschad. So war die Weissagung in Erfüllung gegangen, und jener Mann Dilschad war ein Heiliger. Noch in der gleichen Nacht schrieb ich an meine Gefährten in Kowil und teilte ihnen meine Rettung mit. Sie brachten mir ein Pferd und Kleider und freuten sich über mein Wohlergehen.

In Kowil fand ich die Antwort des Sultans vor, mit der er einen Eunuchen namens Sumbul, den Kleiderbewahrer, anstelle des als Märtyrer gefallenen Kafur geschickt hatte. In seinem Brief befahl uns der Sultan, die Reise fortzusetzen. Meine Kameraden wurden von bösen Ahnungen geplagt, weil sie das Mißgeschick, das mich und Kafur betroffen hatte, als schlechtes Vorzeichen deuteten. Ich bestand jedoch darauf, den Befehl des Sultans auszuführen, während sie mich beschworen: »Siehst du denn nicht, was schon am Anfang dieser Reise vorgefallen ist? Der Sultan wird dafür Verständnis haben. Laß uns zu ihm zurückkehren oder warten, bis er eine weitere Antwort auf deine Gefangenschaft schickt.« Ich ließ mich jedoch nicht darauf ein: »Ein weiterer Aufenthalt ist unmöglich. Wo wir auch sein werden, die Antwort des Sultans wird uns erreichen.« Wir reisten also ab und kamen nach Burj-Bura, eine schöne Einsiedelei, die von dem tugendhaften Scheich Mohammed el-Uryan, »dem Nackten«, bewohnt wurde. Dieser Scheich trug nichts anderes als ein Kleidungsstück, das ihm vom Nabel bis zum Boden reichte. Nach einer Rast am »Schwarzwasser-Fluß« (Kalindi) kamen wir in die Stadt Kanauj, einen großen Ort mit schönen Gebäuden und vielen Befestigungsanlagen. Niedrige Preise der Lebensmittel und viel Zucker sind die Merkmale dieser Stadt. Beim Scheich Muin ed-Din fanden wir gastfreundliche Aufnahme. Am dritten Tag unseres Aufenthalts traf die Antwort des Sultans ein: »Kommt Mohammed Ibn Battuta nicht wieder zum Vorschein, so soll der Richter von Daulat-Abad an seiner Stelle reisen.«

Auf unserem weiteren Weg kamen wir in die Orte Hanaul, Wezipur und el-Bajalisa. Schließlich erreichten wir die kleine Stadt Mauri, die sehr schöne Märkte hat. Dort traf ich den frommen, mit langem Leben beglückten Scheich Kutb ed-Din, auch Haidar aus Fergana genannt. Er war zu jener Zeit krank, betete aber doch für mich und gab mir als Wegzehrung ein Gerstenkorn mit. Er erzählte mir, daß er über hundertfünfzig Jahre alt sei. Nach dem Bericht seiner Schüler fastete er oft und lange Zeit ununterbrochen und übte fleißig die Andachten. Oft kam es vor, daß er in seiner Klause vierzig Tage blieb, wozu er sich als Nahrung ebenfalls vierzig Datteln mitnahm, für jeden Tag eine.

Als nächste Station erreichten wir die große Stadt Marh. Ihre meisten Bewohner sind tributpflichtige Heiden. Sie bauen einen ausgezeichneten Weizen an, der an Güte unübertroffen ist und nach Delhi exportiert wird. Die Körner sind länglich, gelb und groß. Ähnlichen Weizen habe ich nur in China gesehen. Die Bewohner gehören dem Stamm der Malawa an. Es sind dies Inder von starkem Körperbau, großer Statur und schönen Gesichtszügen. Die Frauen des Stammes sind ausnehmend hübsch und wegen ihres Entgegenkommens in der Liebe und der übergroßen Leidenschaft, die sie einem Manne zu verschaffen wissen, berühmt, ebenso wie die Frauen der Mahraten und der Malediven.

Unser nächstes Ziel war die Stadt Galior, die von einer uneinnehmbaren Burg auf einem Berg überragt wird. Ihr Gouverneur, der treffliche Ahmed, behandelte mich mit aller Auszeichnung. Als ich ihn besuchte, wollte er gerade einen Ungläubigen in zwei Teile schneiden lassen. »Bei Gott«, rief ich ihm zu, »tu das nicht! Ich habe noch nie gesehen, wie in meiner Gegenwart jemand getötet worden ist.« Daraufhin befahl er, den Mann einzukerkern, so daß dieser mit dem Leben davonkam.

Mitten im Gebiet der Heiden liegt das Städtchen Perwan, das den Muslimen gehört und von Gouverneur Mohammed Ibn Beiram verwaltet wird. In der Umgebung der Stadt gibt es viele Löwen. Ein Einwohner des Ortes erzählte mir, daß ein Löwe nachts in die Stadt einzubrechen pflegte, obwohl die Tore geschlossen waren. Immer wieder zerriß er Menschen. Man wunderte sich, auf welche Weise er in die Stadt kommen konnte. Ein Bürger erzählte mir, daß der Löwe nachts in sein Haus eingebrochen sei und einen Knaben aus dem Bett als Beute davongetragen habe. Ein anderer wiederum berichtete mir, daß er mit einer Gesellschaft an einer Hochzeit teilgenommen hatte. Um ein Bedürfnis zu befriedigen, sei ein Mann ins Freie gegangen. Dabei habe ihn der Löwe zerrissen. Seine Bekannten gingen auf Suche und fanden ihn auf dem Marktplatz liegen. Der Löwe hatte sein Blut ausgesogen, aber sein Fleisch nicht gefressen. Recht komisch finde ich es, wie ein Mann mir erzählte, daß der Urheber dieser Untaten kein Löwe, sondern ein Mensch sei, der zu der Klasse der Zauberer, die man Jogis nennt, gehöre und eben die Gestalt eines Löwen annehme. Begreiflicherweise wollte ich das nicht glauben, obwohl es mir nacheinander eine ganze Anzahl von Personen bestätigte.

Von den indischen Jogis kann man viele wundersame und merkwürdige Dinge sehen und erleben. Da gibt es einen, der monatelang nichts zu essen oder zu trinken braucht. Andere wiederum gräbt man tief in die Erde ein, wo sie monatelang nur mit etwas Luftzufuhr leben. Man hat mir berichtet, daß es welche gegeben hat, die auf diese Weise ein ganzes Jahr zugebracht haben. In der Stadt Manjarur traf ich einen Muslim, der bei ihnen Unterricht genommen hatte. Für ihn hatte man eine trommelartige Säule errichtet, auf der er, ohne zu essen oder zu trinken, fünfundzwanzig Tage lang stand. Ich verließ ihn in diesem Zustand und weiß nicht, wie lange er nach meiner Abreise noch so verharrte. Das Volk erzählt, daß die Jogis Pillen zusammensetzen, von denen sie eine in einem bestimmten Abstand zu sich nehmen und während dieser Zeit weder Speise noch Trank benötigen. Sie geben auch Auskunft über verborgene Dinge. Der Sultan, bei dem sie hoch in Ehren sind, nimmt sie in seine Gesellschaft gerne auf. Die meisten essen nur Gemüse und verzichten auf jede Art von Fleisch. Soweit man in ihre Verhältnisse Einblick hat, üben sie sich in der Askese und bedürfen weder der Welt noch ihres Glanzes. Es soll Leute unter ihnen geben, die einen Menschen nur anzusehen brauchen, und dieser vor ihrem Blick tot zu Boden fällt. Im Volk erzählt man sich, daß, wenn jemand durch einen Blick getötet worden ist, und man dem Toten die Brust öffnet, dort kein Herz zu finden sei. Man sagt: »Sein Herz ist gefressen worden.« Meistens können dies die Weiber. Eine Frau, die solches tut, wird Kaftar (Hyäne) genannt.

Als wir von Perwan aus nach Kajarra kamen, besuchten wir auch einen großen Stausee, an dessen Ufern Tempel mit Götzenbildern errichtet sind. Ihnen haben die Muslime Nasen und Ohren abgeschlagen. Inmitten des Stausees erheben sich drei Kuppelbauten aus roten Steinen, von vier Pavillons mit Kuppeln umgeben. In ihnen wohnen viele Jogis, die ihr Haar ganz verfilzen lassen. Bei fast allen hat es bereits die Länge ihres Körpers erreicht. Durch ihren asketischen Lebenswandel ist ihre Hautfarbe ganz gelb geworden. Viele Muslime folgen ihnen als Schüler, um von ihnen zu lernen. Leute, so erzählt man sich, die Krankheiten, besonders Aussatz oder Elephantiasis, haben, sollen bei ihnen lange Zeit leben und – mit Erlaubnis Gottes, des Erhabenen – gesund werden. Einer von diesen Jogis fertigte für den Sultan Giyat ed-Din Pillen an, die dieser aß, um seinen Liebesgenuß zu vergrößern. Zu den Bestandteilen dieser Pillen gehörten auch Eisenfeilspäne. Ihre Wirkung gefiel dem Sultan so sehr, daß er mehr als notwendig davon zu sich nahm und daran starb.

»Das Grab der Liebenden«

Anschließend reisten wir nach Dschandiri, einer großen Stadt mit starkbesuchten Marktplätzen, die vom Generalgouverneur dieser Provinz, Izz ed-Din el-Benetani verwaltet wird und in der er auch seine Residenz hat. Er wird im allgemeinen Azam Melik genannt. Er ist ein trefflicher, hervorragender Mann und verkehrt mit den Gelehrten der Stadt. Azam Melik zeigt sich fast nur freitags in der Öffentlichkeit.

Von Dschandiri kamen wir nach Zihar (Dhar), dem Zentrum von Malwa, der größten Provinz jener Gegend. Es ist reich an Getreide, besonders Weizen, und exportiert Betelblätter nach Delhi, das 24 Tagesreisen entfernt ist. An der Straße zwischen beiden Städten sind Säulen aufgestellt, auf denen die Entfernung eingetragen ist. Wünscht der Reisende zu erfahren, welche Entfernung er auf seiner Tagesreise zurückgelegt hat und wieviel ihm noch bis zum Nachtquartier oder zur nächsten Stadt bleibt, so liest er die Inschrift auf den Säulen und weiß, woran er ist. Die Stadt Zihar gehört dem von den Malediven stammenden Scheich Ibrahim als Lehen.

Scheich Ibrahim war in diese Stadt gekommen und hatte sich außerhalb ihrer Mauern niedergelassen. Er machte dort ein Ödland urbar und begann Melonen zu pflanzen, die außerordentlich süße Früchte trugen, wie man sie sonst in der ganzen Umgebung nicht kannte. Die Bauern bemühten sich vergeblich, Melonen zu züchten, die einen gleich vortrefflichen Geschmack hatten. Scheich Ibrahim tat Gutes und speiste die Armen und Notleidenden. Als sich eines Tages der Sultan auf dem Kriegszug in das Land Mabar befand und in die Stadt Zihar kam, bot ihm der Scheich eine Melone an, die der Herrscher als besonders gut bezeichnete. Aus diesem Grund gab er ihm die Stadt Zihar zum Lehen und beauftragte ihn, auf einem Hügel über der Stadt ein Hospiz zu errichten.

In Zihar wollte der Neffe des Wesirs Chodscha Jihan seinen Onkel überfallen, sich seiner Schätze bemächtigen und sich zu den Rebellen ins Land Mabar begeben. Sein Plan wurde jedoch entdeckt und dem Wesir hinterbracht. Dieser nahm ihn und mehrere Emire fest und schickte sie zum Sultan, der die Emire hinrichten ließ und den jungen Mann an den Wesir zurücksandte mit dem Auftrag, ihn ebenso aburteilen zu lassen. Als der Neffe wieder eingetroffen war, befahl Chodscha Jihan, daß er die gleiche Todesart erleide wie seine Kumpanen. Der Bursche besaß nun ein Mädchen, das er sehr liebhatte. Er ließ es zu sich kommen, gab ihm Betel zu kauen, was das Mädchen erwiderte, und umarmte es zum Abschied. Dann wurde er den Elefanten vorgeworfen. Man zog ihm die Haut ab und füllte sie mit Stroh. Als es nun Nacht war, verließ das Mädchen das Haus und stürzte sich in einen Brunnen, der nahe dem Ort lag, wo ihr Liebster umgebracht worden war. Am nächsten Morgen fand man sie tot auf, zog sie aus dem Wasser und bestattete die Überreste des Hingerichteten mit ihr zusammen in einem Grab. Die Stelle nennt man seit dieser Zeit in persischer Sprache Gor-i-Aschikan, was »das Grab der Liebenden« heißt.

Die Festung der Ratten und sehr erfahrene Frauen

Von Zihar kamen wir nach Ujjain, einer schönen Stadt mit vielen frommen Stiftungen, in der der Fürst Nasir ed-Din, der Sohn des Ain el-Mulk, ein trefflicher, hochsinniger und gelehrter Mann, residierte. Als die Insel Sindapur erobert wurde, erlitt er den Märtyrertod im Glaubenskrieg. Ich besuchte dort sein Grab. In dieser Stadt wohnte auch der Rechtsgelehrte und Arzt Jemal ed-Din, der Maghrebiner, der aus Granada stammte.

Auf unserer Weiterreise kamen wir nach Daulat-Abad, eine ausgedehnte, sehr bedeutende Stadt, die der Residenz Delhi, was deren hohen Rang und Zahl der Stadtbezirke angeht, kaum nachsteht. Sie ist in drei Stadtteile gegliedert: das eigentliche Daulat-Abad, das für die Wohnung und die Unterkunft der Truppen reserviert ist, der Stadtteil Kataka und schließlich die Zitadelle Duwaigir, die an Uneinnehmbarkeit jedem Vergleich standhält. In Daulat-Abad ist die Residenz des bedeutenden Khans Kutlu Khan, des Lehrers des Sultans. Er ist hier Gouverneur und Statthalter des Sultans; außerdem steht er der Provinz Sagar Tiling und den Gebieten vor, die zu diesem Land gehören. Die ganze Provinz, die drei Reisemonate umfaßt, ist vorzüglich kultiviert und untersteht ganz der Gewalt Kutlu Khans, dessen Unterstatthalter das Land verwalten.

Die Festung Duwaigir ist auf einem in der Ebene einzeln sich erhebenden Felsen errichtet, der so glatt behauen ist, daß man ihn nur über eine lederne Strickleiter erreicht, die nachts eingezogen wird. In den Verliesen der Festung werden die Verbrecher eingekerkert. In den Kasematten und Kellern hausen ungeheure Ratten, größer als Katzen, die sich vor ihnen fürchten. Ich selbst habe die Ratten gesehen und war vor Staunen erstarrt.

Der afghanische Fürst Chattab erzählte mir, daß er in einer Zelle dieser Festung, die das Rattenverlies genannt wurde, eingekerkert war. »Die Ratten«, so berichtete er mir, »versammelten sich nachts um mich herum, um mich zu überfallen und aufzufressen. Ich leistete ihnen lange Zeit Widerstand, wurde aber dann des Kampfes müde. Als ich vorübergehend eingeschlafen war, erschien mir im Traum eine Gestalt, die mich aufforderte, die Sure der ›aufrichtigen Frömmigkeit‹ hunderttausendmal zu lesen, worauf Gott meine Sorgen zerstreuen würde. Ich betete diese Aufgabe durch. Als ich damit fertig war, zog man mich aus dem Kerker heraus. In meiner Nachbarzelle war der Fürst Mell. Er erkrankte und fiel den Ratten zum Opfer, die ihm die Finger und die Augen wegfraßen, bis er gestorben war. Dies hörte der Sultan, so daß er befahl, mich zu befreien, damit mir nicht ähnliches geschehe. So wurde ich vor den Ratten gerettet.«

Die Einwohner von Daulat-Abad gehören zum Stamm der Mahraten. Ihre Frauen hat Gott mit besonderer Schönheit ausgestattet, besonders ihre Nasen und Augenwimpern. In der Liebe sind sie sehr entgegenkommend und wie keine anderen mit allen Feinheiten beim Beischlaf vertraut.

Soweit die Bewohner von Daulat-Abad Heiden sind, betätigen sie sich als Händler. Perlen sind ihr wichtigster Handelsartikel. Ihre Reichtümer sind beträchtlich. Man nennt diese Kaufleute Saha, was soviel wie Ehrenmann, Juwelier, aber auch Wucherer heißt. – Zweimal im Jahr erntet man hier Trauben und Granatäpfel. Daulat-Abad ist eine der wichtigsten Städte für Tribut und Grundsteuer, sowohl infolge der großen Bevölkerungszahl als auch hinsichtlich der Ausdehnung seines Verwaltungsbezirks. Ein Inder hatte die gesamten Steuerverpflichtungen der Stadt und des Landes für 17 Kurur, gleich zehn Millionen

Dinare, in Pacht genommen. Er erfüllte jedoch seine Abgaben nicht, so daß ein Minus zu seinen Lasten verblieb. Daraufhin wurde sein Vermögen eingezogen, während er selbst an lebendigem Leib geschunden wurde.

Daulat-Abad hat auch einen Basar für Sänger und Sängerinnen. Jeder der zahlreichen Läden hat eine Tür, die zur Wohnung seines Eigentümers führt. Der Laden ist mit Teppichen ausgelegt und besitzt in der Mitte ein Ruhebett, auf dem die Sängerin sitzt oder liegt. Sie trägt viel Schmuck und wird mit dem Ruhebett zusammen von ihren Dienerinnen dauernd bewegt. Mitten auf dem Marktplatz erhebt sich ein Kuppelbau, auch mit Teppichen und viel Flitter ausgestattet, in dem der Vorsteher der Gilde der Musikanten jeden Donnerstag nach dem Nachmittagsgebet in Gegenwart seiner Diener und Leibeigenen Platz nimmt. In großen Scharen kommen die Sängerinnen, singen vor ihm und tanzen bis Sonnenuntergang, worauf er sich wieder zurückzieht.

Durch indische Küstenstädte

Unsere nächste Station war das Städtchen Nadarbar, das von Mahraten bewohnt wird. Dieser Stamm stellt außerordentlich geschickte Handwerker. Die Ärzte, Sterndeuter und adeligen Mahraten heißen Brahmanen und Kshatriyas. Sie ernähren sich von Reis, Gemüse und Sesamöl, weil sie der Meinung sind, daß man Tiere weder quälen noch schlachten dürfe. Sie waschen sich vor dem Essen, wie man sich in den Ländern des Islam von einem Samenerguß reinigt. Innerhalb der Verwandtschaft heiraten sie nicht, außer es handelt sich um eine Person im siebten Verwandtschaftsgrad. Wie bei den indischen Muslimen lehnen sie den Wein ab; ihn zu trinken gilt bei ihnen als größtes Laster. Wer dennoch beim Weingenuß ertappt wird, erhält 80 Peitschenhiebe und wird drei Monate lang in eine Grube gesperrt, die über ihm nur zur Essenszeit geöffnet wird.

Als nächstes erreichten wir Sagar (Songu), eine große Stadt an einem Strom, der ihren Namen führt. Am Fluß laufen viele Wasserräder, die zur Bewässerung der Obstanlagen mit Mangobäumen, Bananen und Zuckerrohr dienen. Die Bewohner dieser Stadt sind rechtschaffene, fromme und ehrliche Leute. Für die Pilger stehen Hospize in den Gärten. Jeder, der ein Hospiz erbaut, stiftet auch gleichzeitig einen Garten dazu und übergibt alles zur Verwaltung in die Hände seiner Kinder. Sollten sie ohne Nachkommen sterben, so geht die Verwaltung an die Richter über. Fremde lassen sich sehr gern in der Stadt nieder, da sie von Steuern und anderen Abgaben frei ist.

An einem Meerbusen betraten wir die Stadt Kambaya (Cambay). Dieser Golf sieht wie ein Flußlauf aus, wird aber von Ebbe und Flut beeinflußt. Zur Zeit der Ebbe liegen die Schiffe im Schlamm der Bai vor Anker, während sie bei Flut auf dem Wasser schwimmen. Durch den kunstvollen Bau ihrer Häuser und die prachtvolle Ausschmückung ihrer Moscheen gilt Kambaya als eine der schönsten Städte. Dies rührt daher, daß der größte Teil der Bewohner aus fremden Kaufleuten besteht, die dort laufend schöne Häuser und wunderbare Moscheen errichten. Zu den hervorragendsten Gebäuden gehört das Haus der Scherifs es-Samarri, der mich einmal beim Sultan blamieren wollte, als mich der Herrscher über Backwerk, nämlich Kadihappen und Pferdepenis, befragte, aber vom ersten Günstling Lügen gestraft wurde. Ich habe nie stärkere Stücke Holz als in seinem Haus verwendet gesehen. Sein Haustor hat die Größe eines Stadttores, während eine angebaute Moschee seinen Namen trägt.

Von Kambaya begaben wir uns nach Kawi (Kavi), das an einem Meerbusen liegt, in dem Ebbe und Flut wechseln. Von hier aus war es nicht mehr weit nach Kandahar (Gandhar). Diese Stadt gehört dem heidnischen Raja Jalansi, der unter der Oberherrschaft der Muslime steht und dem Kaiser von Indien jährlich ein Geschenk übersendet. Als wir nach Kandahar kamen, zog uns der Ungläubige Jalansi entgegen, begrüßte uns und erwies uns höchste Verehrung. Er verließ sogar sein Schloß und quartierte uns darin ein. Von dieser Stadt aus begann unsere Seereise.

Seefahrt mit vielen Hindernissen

Wir benutzten das Schiff Jagir, das dem Reeder Ibrahim von Kandahar gehörte. Auf ihm brachten wir 70 Pferde unter, die zum Geschenk für den König von China gehörten, während wir den Rest, darunter auch die Rosse unserer Begleitung, in ein Schiff verfrachteten, das dem Bruder Ibrahims gehörte und Manurt hieß. Jalansi gab uns ein weiteres Schiff, in das wir die Pferde des Zahir ed-Din, des Sumbul und ihrer Leute gaben. Er stattete es mit Wasser, Proviant und Futter aus und schickte seinen Sohn auf einem anderen Schiff, einer Art Korvette namens Ukairi, als unsere Begleitung mit. Dieses Kriegsschiff ist mit 60 Rudern ausgerüstet und wird zum Kampf mit einem Dach überdeckt, damit die Ruderer nicht von einem Stein oder Pfeil getroffen werden. Ich selbst schiffte mich auf der Jagir ein, die neben der Mannschaft noch über 50 Schützen und 50 äthiopische Krieger verfügte. Die Äthiopier sind die Herren dieses Meeres. Nur die Anwesenheit eines ein-

Goa an der Malabarküste, in einer Ansicht aus dem Jahre 1509

zigen von ihnen genügt bereits, die indischen Piraten und Ungläubigen von einem Angriff abzuhalten.

Nach zwei Tagen liefen wir die Insel Beiram an, die vom Festland vier Meilen entfernt und unbewohnt ist. Wir begaben uns an Land und versorgten uns aus einem Teich mit Wasser. Am folgenden Tag gingen wir bei Ebbe vier Meilen vor der Stadt Kuka vor Anker. Mit einigen meiner Gefährten bestieg ich ein Boot, um in die Stadt zu gelangen, doch blieb das Boot im Schlamm stecken, als wir noch ungefähr eine Meile zum Land vor uns hatten. Mit den Armen mich aufstützend, ließ ich mich von zwei Männern meines Gefolges tragen. Man hatte mich gewarnt, daß die Flut kommen könnte, bevor ich die Stadt erreicht hätte; denn schließlich war ich kein guter Schwimmer. Doch kam ich ohne Unfall nach Kuka, besuchte die Basare und betrat eine Moschee, deren Erbauung auf Chidr und Elias zurückgeführt wird. Nachdem ich dort das Abendgebet verrichtet hatte und einem Trupp Fakire begegnet war, kehrte ich wieder auf das Schiff zurück.

Nach drei Tagen segelten wir die Insel Sindapur (Goa) an, auf der 36 Orte liegen. Bei Sindapur mündet ein Fluß, so daß zur Zeit der Ebbe das Wasser süß und angenehm ist, bei Flut jedoch salzig und bitter wird. Im Innern der Insel befinden sich zwei Städte. Während die eine alt ist, wurde die zweite von den Muslimen nach der Eroberung angelegt. Sie besitzt eine Hauptmoschee, die der Reeder Hasan nach den Vorbildern von Bagdad erbaut hat. Von der Insel Sindapur aus gingen wir bei einem kleinen Eiland vor Anker, das nahe dem Festland lag und einen Tempel, einen Baumgarten und einen Teich besaß. Auf der Insel fanden wir einen Jogi vor. Er stand zwischen zwei Götzenbildern und trug die Spuren von Kasteiungen an seinem Körper. Wir sprachen ihn an, doch gab er uns keine Antwort. Während wir uns umschauten, ob er Nahrungsmittel bei sich hätte, stieß er einen lauten Schrei aus. Dabei fiel eine Kokosnuß vor ihm nieder, die er uns überreichte. Wir wunderten uns und wollten ihm Geld geben, doch lehnte er ab, ebenso die Lebensmittel, die wir ihm anboten. Als ich einen vor ihm liegenden Kamelhaarmantel aufhob, schenkte er ihn mir. Dafür gab ich ihm einen Rosenkranz aus Kaurimuscheln, den ich in der Hand trug. Er rieb ihn, beroch ihn, küßte ihn, zeigte zum Himmel und dann in Richtung Mekka, woraus ich entnahm, daß er ein Muslim sei, seinen Glauben aber vor den übrigen Bewohnern der Insel verbergen wollte. Meine Kameraden verstanden seine Zeichen jedoch nicht.

Als wir uns von ihm verabschiedeten, küßte ich seine Hand. Meine Gefährten waren damit nicht einverstanden. Er verstand ihre Gesten, erfaßte meine Hand, küßte sie, lächelte und deutete uns durch Zeichen an fortzugehen. Ich war der letzte meiner Begleiter; da zog er mich am Kleid und gab mir zehn Dinare. Draußen fragten mich meine Gefährten, warum er mich am Kleid gezupft hätte. – »Er hat mir diese Goldstücke geschenkt.« Ich gab je drei dem Zahir ed-Din und dem Sumbul. Nachdem ich ihnen sein Verhalten erklärt hatte, was sie nun auch überzeugte,

Arabisches Handelsschiff im Indischen Ozean
(13. Jahrhundert)

daß er ein Muslim sei, gingen sie zurück, fanden ihn aber nicht mehr.

Wir segelten sofort ab und gelangten am nächsten Tag nach Hinaur, das an einer weiten Bucht liegt, die selbst von großen Schiffen angefahren werden kann. Die Stadt ist eine halbe Meile vom Meer entfernt. Während der Regenzeit ist dieses Meer so stürmisch und wild, daß sich vier

Monate lang niemand einschiffen kann, höchstens um auf Fischfang zu gehen.

Gleich nach unserer Ankunft suchte mich ganz im geheimen ein indischer Jogi auf, übergab mir sechs Dinare und sagte: »Der Brahmane schickt sie dir.« Damit meinte er den Jogi, dem ich den Rosenkranz geschenkt hatte. Ich nahm das Geld und wollte ihm einen Dinar davon geben, doch lehnte er ab und ging weg. Meine Gefährten, mit denen ich teilen wollte, nahmen das Geld nicht an. Ich war über den Jogi sehr verwundert und verwahrte die Dinare, die er mir zum Geschenk gemacht hatte.

Die Bewohner der Stadt Hinaur sind rechtschaffen und fromm, eifrige Glaubenskämpfer auf dem Meer und seetüchtig. Die Frauen dieser Stadt und des ganzen Küstenlandes tragen keine genähten Kleider, sondern nur ungenähte. Sie gürten sich mit einem der beiden Enden des Gewandes und bedecken mit dem anderen Kopf und Brust. Jede von ihnen trägt einen Goldring in der Nase. Die Frauen sind schön und keusch; eine ihrer Haupteigenschaften ist, daß sie alle den erhabenen Koran auswendig können. Ich sah in der Stadt dreizehn Schulen zur Unterrichtung der Mädchen und dreiundzwanzig Knabenschulen, eine Fülle, wie ich sie sonst nirgends gesehen habe. Wesentlicher Erwerb der Bewohner von Hinaur ist der Seehandel, da sie keine Felder besitzen. Die Bevölkerung des Landes Malabar entrichtet dem Sultan Jemal ed-Din jährlich einen bestimmten Tribut aus Furcht vor ihm wegen seiner Seemacht und seines Heeres, das aus sechstausend Mann, Reitern und Fußvolk, besteht.

Sultan von Hinaur ist Jemal ed-Din Mohammed, ein ausgezeichneter und mächtiger Herrscher, der unter der Oberherrschaft eines heidnischen Sultans namens Haryab steht. Sultan Jemal ed-Din ist ein frommer Mann, der sehr fleißig seine Gebete übt. Vor Tagesanbruch pflegt er bereits in die Moschee zu kommen, wo er im Koran liest, bis das erste Morgenlicht erscheint. Nach einem Ausritt kehrt er wieder in die Moschee zurück, um ein weiteres Gebet zu verrichten. Erst dann begibt er sich in seinen Palast. Während meines Aufenthalts bei ihm lud er mich zur Zeremonie des Fastenbrechens ein. Da auch die Rechtsgelehrten Ali und Ismail daran teilnahmen, stellte man vier kleine Sessel auf den Boden, auf denen wir Platz nehmen konnten. Man brachte einen ehernen Tisch herbei, auf den man eine Schüssel vom gleichen Material stellte. Dann erschien eine schöne, in Seidengewänder gehüllte Sklavin, die die Kessel mit den Speisen vor den Fürsten hinstellen ließ. Mit einem ehernen Schöpflöffel gab sie uns Reis. Sie schüttete ihn auf die Schüssel, goß Butterschmalz darüber und würzte es mit eingelegten Pfefferdolden, grünem Ingwer, eingelegten Zitronen und Mangofrüchten. Hat man diese Portion gegessen, so schöpft sie einen zweiten Löffel Reis und richtet ein gekochtes Huhn auf einem Teller her, das nun mit dem Reis gegessen wird. Zum dritten Gang gab es eine andere Art Geflügel, der wiederum Fische folgten, die man ebenfalls mit Reis ißt. In Butterschmalz gekochtes Gemüse und Milchspeisen sind der nächste Gang. Mit Kuschan, geronnener Milch, beendet man dort die Mahlzeit. Getrunken wird heißes Wasser, denn kaltes Wasser würde den Leuten zur Regenzeit schaden. Bei diesem Sultan lebte ich zehn Monate lang, ohne einen Bissen Brot zu essen; denn das Nahrungsmittel der Eingeborenen ist der Reis. Gleichermaßen lebte ich auf den Inseln der Malediven, auf Ceylon, in Mabar und Malabar drei Jahre lang, ohne dabei etwas anderes als Reis zu essen, den ich nur mit Wasser hinunterspülte.

Als wir uns vom Sultan verabschiedeten, gab er uns

Reisevorräte mit. Nach weiteren drei Tagen kamen wir an die Küste von Malabar, dem Pfefferland. Es erstreckt sich über zwei Monate Reisezeit entlang der Meeresküste von Sindapur bis Kaulem. Die Straße führt fast nur unter schattigen Bäumen dahin. Nach jeweils einer halben Meile ist ein Holzhaus errichtet, in dem sich Pritschen befinden, auf denen die Reisenden, Ungläubige oder Muslime, Platz nehmen können. Bei jedem dieser Häuser befindet sich ein Brunnen, dem man das Trinkwasser entnimmt und mit dessen Bewachung ein Ungläubiger betraut ist. Den Ungläubigen gibt er in Gefäßen zu trinken, dem Muslim aber schüttet er Wasser in die Hand und hört erst dann auf, wenn man ihm ein Zeichen gibt oder ihn zurückweist. Es ist Brauch bei den Heiden in diesem Land, daß kein Muslim ihre Häuser betreten oder aus ihren Schüsseln essen darf. Tut er dies dennoch, so zerbrechen sie die Schüsseln oder schenken sie dem Muslim. Kommt ein Muslim in einen Ort, in dem es kein Haus für seine Religionsgefährten gibt, so bereiten ihm die Heiden die Mahlzeit zu, schütten sie auf Bananenblätter und streuen Gewürze darüber. Was davon übrigbleibt, fressen Hunde und Vögel. In allen Rasthäusern an dieser Straße gibt es Unterkünfte für die Muslime, in denen auch Mohammedaner wohnen. Von ihnen können die Reisenden alles kaufen, was sie benötigen. Diese Leute bereiten ihnen auch die Speisen zu. Gäbe es sie nicht, könnte kein Muslim in diesem Land reisen. Längs dieser Straße habe ich keinen Flecken Erde gefunden, der nicht kultiviert wäre. Jeder besitzt einen Garten und ein Haus darin. Das ganze wird von einem Holzzaun umschlossen, und Wege führen mitten in die Gärten hinein. In diesem Land reist niemand mit einem Esel. Auch gibt es keine Pferde; nur der Sultan besitzt solche. Die Bewohner sind meistens in Sänften unterwegs, die von Sklaven oder

Lohndienern auf dem Nacken getragen werden. Wer nicht in einer Sänfte reist, geht zu Fuß, mag er sein, wer er will. Wer Hausgeräte oder Handelsware mit sich führt, mietet Leute, die diese Dinge auf ihrem Rücken tragen. Man kann in diesen Gegenden Kaufleute sehen, die bis zu hundert Mann bei sich haben, die ihr Gepäck und ihre Waren tragen. Jeder einzelne dieser Träger besitzt einen dicken Stock, der eine Eisenspitze mit einem Haken hat, an der er seine Last befestigt, wenn er müde ist und sich etwas ausruhen will. Dabei stößt er den Stock in die Erde. Auf meinen weiten Reisen habe ich keine Straße angetroffen, die sicherer ist als diese; denn die Inder töten selbst den, der auch nur eine Nuß gestohlen hat. Fällt also beispielsweise eine Frucht zur Erde, so hebt sie niemand vom Boden auf, bis sie der Eigentümer an sich genommen hat. Ich ließ mir berichten, daß einige Inder auf der Straße gingen, und einer von ihnen eine Nuß aufhob. Der Richter erfuhr davon und ließ einen Pfahl kommen, der in die Erde gesteckt und an seinem oberen Ende zugespitzt wurde. Man steckte ein Brett darauf, so daß die Spitze oben hervortrat. Der Mann wurde auf das Brett gesetzt und auf den Pfahl aufgespießt, der in seinen Bauch eindrang und schließlich bei seinem Rücken wieder heraustrat. So ließ man ihn als Abschreckung für die Menschen. Derartige Pfähle gibt es viele an den Straßen des Landes, damit das Volk sie sehe und sie sich als Warnung dienen lasse. Wir selbst sind nachts zahlreichen Ungläubigen auf dieser Straße begegnet. Sobald sie uns sahen, bogen sie vom Weg ab, bis wir vorüber waren. Die Muslime sind zwar die geachtetsten Leute im Lande, doch halten sich die Eingeborenen von ihnen fern.

Im Land Malabar gibt es zwölf ungläubige Sultane. Unter ihnen ist der mächtigste ein Fürst, dessen Armee fünfzigtausend Mann beträgt, und der schwächste ein Herrscher, der nur über dreitausend Mann verfügt. Zwischen ihnen gibt es keine Zwietracht, und der Starke hat kein Verlangen, dem Schwachen etwas wegzunehmen. An der Grenze eines jeden Landes zum Nachbarstaat befindet sich ein hölzernes Tor, auf dem der Name des Herrschers verzeichnet ist, dessen Gebiet hier beginnt. Man nennt es das »Asyltor«. Entflieht nämlich ein Muslim oder auch ein Ungläubiger wegen eines Vergehens aus dem Lande eines Fürsten und kommt zu diesem Asyltor des anderen, so ist er sicher. Derjenige, dem er entflohen ist, hat nicht die Macht, ihn festnehmen zu lassen, selbst wenn er noch so mächtig wäre und viele Truppen besäße. Die Fürsten in diesem Lande vererben ihre Herrschaft dem Sohn ihrer Schwester und schließen dabei ihre eigenen Kinder aus.

Die erste Stadt des Landes Malabar, die wir besuchten, war Abu Sarur, ein kleiner Ort an einem großen Golf, reich an Kokosbäumen. Das Haupt der Muslime dort ist Scheich Juma, bekannt unter dem Namen Abu Sitta, »Vater der Sechs«, ein freigebiger Mann, der sein Vermögen für die Armen und Notleidenden opferte, bis es schließlich ganz weggegeben war. Nach weiteren zwei Tagen kamen wir nach Fakanaur, einer großen Stadt an einem Meerbusen, bei der in Menge Zuckerrohr gedeiht. Hier gibt es eine muslimische Gemeinde, deren Vorsteher Husein es-Selat ist. Er hat eine Moschee errichten lassen, in der man das Freitagsgebet verrichten kann. Der Sultan von Fakanaur ist der Ungläubige Basadau. Er besitzt rund dreißig Kriegsschiffe, deren Kommandant ein Muslim namens Lula ist. Dieser ist ein Schurke, der Seeräuberei betreibt und die Kaufleute ausplündert. Als wir vor Fakanaur Anker geworfen hatten, sandte uns der Sultan seinen Sohn, der auf dem Schiff als Geisel blieb. Wir suchten den Herrscher auf, der uns drei Tage lang aufs beste bewirtete, um dem Sultan von Indien seinen Respekt zu beweisen, seiner Pflicht nachzukommen und aus Gier nach dem Nutzen, den er aus dem Handel mit der Mannschaft unserer Schiffe ziehen wollte. Es ist dort nämlich üblich, daß jedes Schiff, das an einer Stadt vorüberfährt, unbedingt Anker werfen und dem Fürsten der Stadt ein Geschenk darbringen muß, das man »Recht des Bandar«, also Hafenzoll, nennt. Wer dies nicht tut, den verfolgen die Einwohner mit ihren Schiffen und bringen ihn mit Gewalt in den Hafen. Sie legen ihm dann den doppelten Zoll auf und hindern ihn an der Weiterreise, so lange es ihnen beliebt.

Nach einer dreitägigen Reise kamen wir nach Manjarur, einer großen Stadt in einer Bucht, die ed-Dumb heißt. Hier steigen die meisten Kaufleute von Fars und Jemen ab. Pfeffer und Ingwer gibt es in Fülle. Der Sultan von Manjarur ist einer der mächtigsten Herrscher dieses Landes; er heißt Rama Dau. In der Stadt gibt es rund viertausend Muslime, die einen Vorort bewohnen. Oft kommt es zu Auseinandersetzungen zwischen ihnen und den Stadtbewohnern, aber der Herrscher vermittelt zwischen den streitenden Parteien, da er nicht auf die Kaufleute verzichten kann. In Manjarur gibt es einen Kadi namens Bedr ed-Din el-Mabari, einen trefflichen und wohltätigen Mann, der Unterricht in der Wissenschaft gibt. Er kam zu uns aufs Schiff und bat uns, in der Stadt abzusteigen. Wir begaben uns zu den Bewohnern des Landes, die uns mit großem Respekt behandelten, und hielten uns drei Tage bei ihnen auf.

Zwei Tage später kamen wir nach Hili, einer großen und schön gebauten Stadt an einer bedeutenden Bucht, die von großen Schiffen angefahren wird. Hier laufen die Schiffe von China ein, die nur diesen Hafen und Kaulem und Kalikut anlaufen. Wegen ihrer Hauptmoschee besitzt die Stadt Hili bei Muslimen und Heiden ein hohes Ansehen; denn sie erfreut sich großer himmlischer Gnaden, so daß die Seeleute ihr beträchtliche Weihegeschenke geloben. In ihr wird unter der Aufsicht des Predigers Husain und des Hasan el-Wazzan, des Hauptes der Muslime, ein gewaltiger Schatz aufbewahrt. Dieses Vermögen wird auch dazu verwendet, um einer großen Anzahl von Studenten, die hier die Wissenschaften lernen, den Unterhalt zu bestreiten. Die Moschee verfügt über eine Küche, in der Speisen für die Pilger und die armen Muslime der Stadt zubereitet werden. Von Hili aus begaben wir uns nach Jur-Fattan, das etwa drei Parasangen (rund achtzehn Kilometer) entfernt ist. Der Herrscher von Jur-Fattan, Sultan Kuwail, ist einer der mächtigsten Männer von Malabar. Er besitzt viele Schiffe, die nach Oman, Fars und Jemen fahren. Nach Jur-Fattan erreichten wir Deh-Fattan, eine große Stadt an einer Meeresbucht mit vielen Gärten. Neben Kokos, Pfeffer, Areka und Betel wächst dort auch viel Kolokassia, eine krautartige Pflanze, mit der die Bewohner des Landes das Fleisch kochen. In keinem Land sah ich so viele Bananen wie hier, und nirgends kann man sie billiger einkaufen. In Deh-Fattan gibt es ein sehr großes Wasserbassin von fünfhundert Schritten Länge und dreihundert Schritten Breite. Es ist mit roten, behauenen Steinen ausgemauert, an seinen Rändern befinden sich achtundzwanzig steinerne Kuppelbauten, in jedem vier Säle für Zusammenkünfte. Zu jedem dieser Pavillons steigt man auf einer steinernen Treppe empor. In der Mitte des Teiches liegt ein großer Kuppelbau von drei Stockwerken Höhe, wobei jedes Stockwerk vier Säle aufweist. Man erzählte mir, daß der Vater des Sultans Kuwail dieses Bassin errichtet hat. Gegenüber befindet sich die Hauptmoschee für die Muslime. Sie hat Treppen, auf denen man zum Bassin hinabsteigt, so daß ihm die Leute das Wasser für ihre religiösen Waschungen entnehmen und darin baden können.

Bei dieser Moschee steht ein zarter, grüner Baum, dessen Blätter denen des Feigenbaumes ähnlich sind, jedoch viel weicher und geschmeidiger. Er wird von einer Mauer umgeben, und bei ihm befindet sich eine Gebetsnische, in der ich ein Gebet mit zwei Kniebeugen verrichtete. Bei den Einheimischen wird er »Baum des Zeugnisses« genannt. Man erzählte mir, daß jedes Jahr im Herbst von diesem Baum ein Blatt herabfalle, auf der mit der Feder der Allmacht Gottes geschrieben stehe: »Es gibt keinen Gott außer Gott, und Mohammed ist sein Prophet.« Der Rechtsgelehrte Husain und eine Anzahl vertrauenswürdiger Männer versicherten mir, daß sie selbst dieses Blatt mit eigenen Augen gesehen und die Inschrift darauf gelesen hätten. Wenn der Zeitpunkt komme, da dieses Blatt herabfallen werde, versammeln sich vertrauenswürdige Männer der Muslime und der Ungläubigen unter dem Baum. Sobald nun das Blatt herabgefallen ist, nehmen sich die Muslime die eine Hälfte davon, während die andere im Schatz des heidnischen Buddha niedergelegt wird. Die Einheimischen betrachten es als Heilmittel für die Kranken. Dieser Baum war die Ursache der Bekehrung der Vorfahren des Sultans Kuwail. Der Rechtsgelehrte Husain erzählte mir schließlich, daß eines der Kinder dieses Sultans nach dem Tode seines Vaters wieder zum Heidentum abfiel, ungläubig wurde und befahl, den Baum mit der Wurzel auszureißen. Das geschah auch, und man ließ keine Spur von dem Baum übrig. Er aber wuchs erneut und wurde wieder so schön wie vorher. Der Heide aber starb kurze Zeit später.

Von hier aus reisten wir nach Bud-Fattan, einer großen Stadt an einer bedeutenden Bucht. Ihr Hafen ist einer der schönsten. Das Wasser in der Stadt ist sehr wohlschmeckend, die Arekanuß kommt sehr häufig vor und wird von da nach Indien und China ausgeführt. Die meisten ihrer Bewohner sind Brahmanen; sie sind unter den Heiden sehr angesehen und hassen die Muslime. Deshalb gibt es auch keine Rechtgläubigen unter ihnen. In der Nähe des Meeres liegt eine Moschee, die von den fremden Muslimen besucht wird, die den Hafen anlaufen. Ein Brahmane hatte das Dach der Moschee abgebrochen, um sich selbst daraus ein Dach für sein Haus zu machen. Da entstand in seinem Haus Feuer, und er, seine Kinder und all sein Hab und Gut verbrannten. Nach diesem Ereignis verehrten die Einwohner diese Moschee besonders und führten nichts Böses mehr gegen sie im Schilde. Sie stellen vor ihr Wasser auf, damit die Pilger trinken können; auch haben sie vor die Tür ein Netz gespannt, um die Vögel daran zu hindern, in die Moschee zu fliegen.

Über Fandaraina, eine große, schöne Stadt mit Gärten und Bazaren, in der die Schiffe aus China überwintern, kamen wir nach Kalikut, einem Haupthafen des Landes Malabar, der vornehmlich von Leuten aus China, Java, Ceylon, den Malediven, von Jemen und Fars angelaufen wird, aber auch Kaufleute aller Himmelsrichtungen in sich vereinigt. Sein Hafen ist einer der größten der Welt. Der Sultan von Kalikut ist der Heide as-Samari. Er ist ein alter Mann und rasiert sich nach Sitte der Griechen den Bart an Kinn und Wangen. Zunftvorsteher der Kaufleute ist Ibrahim Shah-Bandar aus Bahrein, ein trefflicher, hochsinniger Mann, bei dem sich die Kaufleute versammeln und an seiner Tafel speisen. Fahr ed-Din Otman ist der Richter, ein hochsinniger Mann, während Scheich Schihab ed-Din aus Kazerun Verwalter des dortigen Hospizes ist. Ihm bringen die Bewohner von Indien und

China die Weihegeschenke, die dem Scheich Abu Ishak aus Kazerun gelobt sind – Gott lasse uns aus seinem Lebenswandel den rechten Nutzen ziehen! In Kalikut lebt der Schiffsreeder Mitkal, dessen Name weithin bekannt ist. Er ist ein sehr vermögender Mann und besitzt viele Schiffe für seinen Handelsverkehr mit Indien, China, Jemen und Fars. Als wir in dieser Stadt eintrafen, kamen uns Ibrahim Shah-Bandar, der Richter, der Scheich Schihab ed-Din, die großen Kaufleute und der Statthalter des heidnischen Sultans, mit Namen Kulaj, entgegen. Sie hatten Trommeln, Trompeten, Hörner und Fahnen auf ihren Schiffen. Mit großem Aufsehen zogen wir in den Hafen ein, wie ich es in diesen Ländern noch nicht erlebt hatte. Es war für uns eine große Freude, der aber leider dann der Kummer folgen sollte. Wir blieben im Hafen von Kalikut, in dem sich damals dreizehn chinesische Schiffe befanden. Jeder von uns wurde in einem Haus untergebracht. Drei Monate lang hielten wir uns in Erwartung des Zeitpunktes der Abreise nach China hier auf und waren Gäste des heidnischen Sultans. Die Chinesen erlauben das Befahren ihres Meeres nur mit einheimischen, also chinesischen Schiffen.

Vor der Abreise unterrichtete ich mich über die Arten der chinesischen Schiffe. Die großen heißen Junke (Dschunke), die mittleren Zau und die kleinen werden Kakam genannt. Die Junken haben drei bis zwölf Segel, die aus Bambusrohren bestehen und wie Matten geflochten sind. Sie werden nie herabgelassen und nur in die Richtung gedreht, aus der der Wind kommt. Werden die Schiffe verankert, so läßt man die Segel im Wind stehen. Auf jedem dieser großen Schiffe dienen rund tausend Mann, von denen sechshundert Matrosen und vierhundert Soldaten sind. Unter ihnen gibt es Bogenschützen, Schildträger und Armbrustschützen, die vor allem Naphtageschosse schleudern. Zu einem großen Schiff gehören drei andere Schiffe, die sogenannten Halb-, Drittel- und Viertelschiffe. Man baut sie ausschließlich in der Stadt Zaitun in China oder in Sin-Kalan (Kanton). Der Schiffsbau geht folgendermaßen vor sich: Man errichtet zwei Holzwände, deren Zwischenraum durch äußerst starke Balken verbunden wird, die der Breite und Länge nach durch dicke Nägel zusammengehalten sind. Die Länge eines solchen Nagels beträgt drei Ellen. Sind nun die beiden Holzwände durch diese Balken aneinandergefügt, so stellt man über ihnen das untere Schiffsverdeck her, läßt dann den Bau vom Stapel laufen und vollendet die Arbeit. Die Balken und Holzwände, die an der Wasserlinie liegen, dienen dazu, hinunterzusteigen, um sich zu waschen und seine Bedürfnisse zu erledigen. An den Seiten dieser Balkenkonstruktion befinden sich die Ruder, die groß wie Schiffsmasten sind und bei denen zehn bis fünfzehn Mann zusammen rudern. Das Rudern geschieht im Stehen. Dem Schiff setzt man vier Verdecke auf; jedes enthält Zimmer, Kabinen und offene Salons für die Kaufleute. Es gibt Kabinen, die Zimmer und Aborte enthalten. Ihr Inhaber kann sie auch abschließen. Es ist üblich, seine Frauen und Sklavinnen mit sich zu nehmen. Die Matrosen lassen in den Kabinen ihre Kinder wohnen; sie säen Grünzeug, Gemüse und Ingwer in Holzkübeln an. Der Besitzer oder Kapitän des Schiffes gleicht einem bedeutenden Emir. Begibt er sich an Land, so marschieren die Bogenschützen und Äthiopier mit Lanzen und Schwertern, Pauken, Hörnern und Trompeten vor ihm her. Ist er in seinem Quartier eingetroffen, so pflanzen seine Leute ihre Lanzen zu beiden Seiten seiner Türe in den Boden und beobachten alles, was er auf dem Lande tut. Es gibt Chinesen, die viele Schiffe besitzen, auf denen sie ihre Angestellten in die Länder der Welt hinausschicken.

Als der richtige Augenblick für die Abreise nach China gekommen war, rüstete der Sultan eine von den dreizehn Junken, die im Hafen von Kalikut lagen, für uns aus. Der Oberbefehlshaber der Junke hieß Sulaiman aus Safad in Syrien. Ich war mit ihm bekannt und sprach ihn an: »Ich möchte eine Kabine, die niemand mit mir teilt, wegen der Sklavinnen; denn es ist meine Gewohnheit, daß ich nur mit ihnen reise.« – Er antwortete: »Die chinesischen Kaufleute haben die Kabinen für die Hin- und Rückreise gemietet. Mein Schwager jedoch hat eine Kabine, die ich dir geben möchte, aber sie hat keinen Abort; vielleicht ist es möglich, sie gegen eine andere zu vertauschen.«

Ich gab meinen Leuten die entsprechenden Anordnungen. Sie luden, was ich an Habseligkeiten bei mir hatte, auf das Schiff, und Sklaven und Sklavinnen bestiegen die Junke. Dies geschah an einem Donnerstag. Ich blieb auf dem Lande, um das Freitagsgebet zu verrichten und mich ihnen dann anzuschließen. Melik Sumbul und Zahir ed-Din bestiegen mit dem Geschenk des Sultans das Schiff. Da kam ein Eunuche, der mir gehörte, namens Hilal, am Freitag morgen zu mir und sagte: »Herr, die Kabine, die wir auf der Junke gemietet haben, ist zu eng und paßt nicht.« – Der Schiffsführer bedauerte: »Dagegen gibt es kein Mittel. Würdest du es aber vorziehen, auf dem Kakam zu sein, auf ihm gibt es Kabinen nach deiner Wahl.« – »Gut so«, sagte ich und gab meinen Leuten die entsprechenden Befehle. Sie überführten die Sklavinnen und die Waren auf den Kakam und richteten sich auf ihm vor der Stunde des Freitagsgebetes ein. Im allgemeinen schwellen auf diesem Meer die Wogen regelmäßig nach vier Uhr nachmittags an, so daß sich niemand einschiffen kann. Die übrigen Junken waren schon abgefahren, und es blieb nur diejenige übrig, auf der sich das Geschenk des Sultans befand, ferner eine Junke, deren Besitzer beschlossen hatte, in Fandaraina zu überwintern, und endlich der genannte Kakam.

Wir verbrachten die Nacht zum Samstag am Ufer, ohne auf den Kakam gelangen zu können, während die Leute auf ihm nicht zu uns kommen konnten. Als Nachtlager hatte ich nur einen Teppich bei mir. Am Samstag morgen waren die Junke und der Kakam weit aus dem Hafen heraus auf hoher See. Das Meer zerschellte die Junke, deren Leute nach Fandaraina wollten. Sie ging in Trümmer, ein Teil der Mannschaft ertrank, ein anderer konnte sich retten. Darunter befand sich auch ein Mädchen, das einem der Kaufleute gehörte und ihm sehr teuer war. Er wollte demjenigen zehn Golddinare geben, der sie retten würde. Sie hatte sich an ein Stück Holz am Hinterteil der Junke angeklammert. Einer der Matrosen aus Hormuz hörte sie rufen und rettete sie, wollte jedoch die Goldstücke nicht annehmen, vielmehr sagte er: »Ich habe dies nur um Gottes willen getan.« Als es Nacht geworden war, zerschmetterte das Meer auch noch die Junke, auf der sich das Geschenk des Sultans für den König von China befand, und alle, die darauf waren, fanden den Tod.

Am nächsten Morgen betrachteten wir uns die Stelle am Ufer, wo ihre Leichname angespült worden waren. Ich sah, daß das Unglück Zahir ed-Din den Schädel gespalten hatte, daß sein Gehirn ausgeflossen war und daß bei Melik Sumbul ein Nagel bei der einen Schläfe eingedrungen und bei der anderen wieder herausgekommen war. Über ihren Leichen verrichteten wir die Gebete und begruben die Toten.

Bei dieser Gelegenheit sah ich den heidnischen Sultan von Kalikut, der um seine Körpermitte, vom Nabel bis zu den Knien, ein großes Stück weißen Stoffes trug. Auf seinem Haupt hatte er einen kleinen Turban. Er war barfuß; ein Sonnenschirm wurde von einem jungen Sklaven über seinem Kopf getragen. Vor ihm hatte man an der Küste ein Feuer angezündet, und seine Trabanten schlugen auf die Leute ein, damit sie das nicht plünderten, was das Meer angeschwemmt hatte. In Malabar ist es Landessitte, daß, so ein Schiff zerschellt, das angeschwemmte Gut dem Staat zufällt. – Nur in dieser Stadt gilt der Brauch nicht. Hier sammeln nämlich die rechtmäßigen Eigentümer die Trümmer ein, weshalb die Stadt auch gern von Schiffen angelaufen wird.

Als die Mannschaft des Kakam sah, was der Junke zugestoßen war, setzten sie die Segel und fuhren fort, mit ihnen all meine Habseligkeiten, meine Sklaven und Sklavinnen. Ich blieb allein an der Küste zurück und hatte nur noch einen Sklaven bei mir, den ich freigelassen hatte. Als dieser nun bemerkte, wie es um mich stand, ging er von mir fort, und so blieben mir nur die zehn Dinare, die mir der Jogi gegeben hatte, und der Teppich, auf dem ich mich lagern konnte. Die Leute beruhigten mich mit dem Hinweis, daß der Kakam unbedingt den Hafen von Kaulem anlaufen müsse. So beschloß ich also, nach dieser Stadt zu reisen, die, sowohl zu Lande als auch auf dem Wasser, zehn Tagesreisen von Kalikut entfernt ist. Ich entschied mich für den Wasserweg und mietete einen Muslim, der mir den Teppich tragen sollte. Die Inder pflegen nachts an Land zu gehen und in den Dörfern zu bleiben, die am Ufer liegen. In der Frühe kehren sie dann wieder auf das Schiff zurück; wir machten es ebenso. Auf dem Schiff war außer dem von mir gemieteten Mann kein Muslim. Er trank mit den Heiden zusammen Wein, wenn wir an Land gingen, und benahm sich mir gegenüber recht streitsüchtig, so daß meine Abneigung stetig zunahm. Am fünften Tag unserer Reise kamen wir nach

Kunji-Kari. Es liegt hoch oben auf einem Berg und wird vornehmlich von Juden bewohnt, die einen Emir aus ihrer Mitte haben und dem Sultan von Kaulem die Steuer bezahlen.

Wir erreichten auch tatsächlich am zehnten Tag die Stadt Kaulem. Sie zählt zu den schönsten des Landes Malabar, ihre Basare sind prächtig, und ihre Kaufleute werden Suli genannt. Da Kaulem China am nächsten liegt, wird es auch stets von chinesischen Kaufleuten angelaufen. Die Muslime sind dort sehr geachtet und verehrt. In der Stadt hielt ich mich einige Zeit in dem Hospiz des Scheichs Fahr ed-Din auf. Über den Kakam bekam ich jedoch keine Nachricht. Während meines Aufenthaltes kamen auch die Gesandten des Königs von China, die uns begleitet und sich auf einer Junke eingeschifft hatten. Auch ihr Schiff war gekentert. Die chinesischen Händler in Kaulem rüsteten sie mit Kleidern aus, so daß sie in ihre Heimat zurückkehren konnten, wo ich sie später dann auch treffen sollte.

Von Kaulem aus wollte ich zum Sultan von Indien zurückkehren, um ihm mitzuteilen, was seinem Geschenk zugestoßen sei. Dann aber fürchtete ich mich, daß er an meinem Verhalten Kritik üben und sagen könnte, warum ich mich von seinem Geschenk getrennt hätte. Deshalb beschloß ich, zum Sultan Jemal ed-Din von Hinaur zurückzukehren und bei ihm zu bleiben, bis ich eine Nachricht über den Kakam erhielt. Deshalb reiste ich nach Kalikut zurück, wo ich einige Schiffe des Sultans von Delhi traf, mit denen er einen arabischen Emir namens Sayyid Abu-l-Hasan entsandt hatte. Dieser war einer der Geheimen Türhüter, den der Sultan mit Geldern ausgeschickt hatte, um möglichst viele Araber aus den Gebieten von Hormuz und El-Katif anzuwerben, da der Sultan eine besondere Liebe für Araber hatte. Als ich mich mit diesem Emir unterhielt, erfuhr ich, daß er

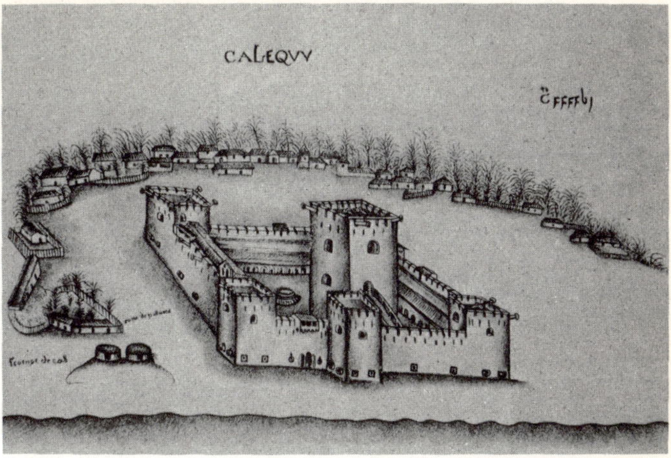

Kalikut, Hafenstadt an der indischen Malabarküste, wie es 150 Jahre nach Ibn Battuta von Vasco da Gama erreicht wurde

beschlossen hatte, in Kalikut zu überwintern, um dann erst nach Arabien zu reisen. In der mich sehr bewegenden Frage einer Rückkehr zum Sultan erkundigte ich mich bei ihm nach seiner Meinung. Er aber gab seine Zustimmung dazu nicht und riet mir ab. So reiste ich denn von Kalikut aus mit ihm zur See. Es war dies am Schluß der Reisezeit auf diesem Meer. Wir pflegten während der ersten Hälfte des Tages zu fahren, dann lagen wir bis zum nächsten Morgen vor Anker. Unterwegs trafen wir vier Kriegsschiffe, vor denen wir Angst hatten; sie aber legten uns nichts Böses in den Weg. In Hinaur angekommen, begab ich mich zum Sultan und brachte ihm meinen Gruß dar. Er quartierte mich in einem Hause ein, wo ich keinen Diener hatte, und ordnete an, mit ihm die Gebete zu verrichten. So saß ich meistenteils in der Moschee und las täglich den Koran vom Anfang bis zum Ende. Ohne aufzuhören, tat ich dies drei Monate lang, wobei ich sogar einmal vierzig Tage lang ununterbrochen in der Moschee betete.

Sultan Jemal ed-Din hatte zweiundfünfzig Schiffe ausgerüstet, um mit ihnen den Glaubenskrieg gegen Sindapur zu führen. Zwischen dem dortigen Sultan und seinem Sohn war ein Konflikt ausgebrochen. Dieser hatte Sultan Jemal ed-Din geschrieben, er möge Sindapur erobern, ihn selbst zum Muslim machen und ihm seine, des Sultans, Schwester zur Frau geben. Als die Schiffe zum Aufbruch fertig waren, schien es mir löblich, mich mit ihnen in den Heiligen Krieg zu begeben. Ich schlug also den Koran auf und las auf der ersten Seite die Worte: »Der Name Gottes wird oft angerufen. Gewiß, Gott wird denen helfen, die ihm helfen«. Dieser Satz beruhigte mich sehr, so daß ich zum Sultan beim Nachmittagsgebet sagte: »Ich will mitreisen.« – »So wirst du dann der Anführer sein«, sagte er. – Ich teilte ihm nun mit, was mir auf der ersten aufgeschlagenen Seite des Korans ins Auge gefallen war. Darüber freute er sich sehr, weshalb er beschloß, in eigener Person den Kriegszug mitzumachen, obwohl es ihm vorher nicht in seine Angelegenheit gepaßt hatte. Er bestieg eines der Schiffe, und ich begleitete ihn. Dies geschah an einem Samstag. Am Abend des nächsten Montags kamen wir nach Sindapur und fuhren in die Bucht der Stadt ein, wo wir die Bevölkerung kampfgerüstet vorfanden; denn sie hatten bereits die Kriegsmaschinen aufgestellt.

Wir verbrachten die Nacht vor der Stadt. Als es Morgen wurde, erschallten die Trompeten, die Hörner und die Trommelschläge, und die Schiffe fuhren vorwärts. Die Stadtbewohner beschossen sie mit ihren Kriegsmaschinen. Ich sah, wie ein Stein einige Leute traf, die ganz in der Nähe des Sultans standen. Die Besatzung der Schiffe sprang ins Wasser, Schild und Schwert in den Händen. Der Sultan bestieg eine kleine Barke. Ich selbst warf mich in der ganzen Soldatenmenge ins Wasser. Wir hatten bei uns zwei Jachtschiffe, die rückwärts offen waren und in denen sich die Pferde befanden. Sie sind derart gebaut, daß der Reiter im Innern sein Pferd besteigen und sich rüsten kann und dann erst herauszukommen braucht. So wurde es auch gemacht.

Gott war mit uns. Er schenkte den Muslimen den Sieg, und Sindapur wurde erobert. Wir drangen mit dem Schwert ein. Der größte Teil der Heiden flüchtete in das Schloß ihres Sultans. Wir aber warfen Feuer hinein, so daß sie herauskamen und sich gefangennehmen ließen. Der Sultan ließ Gnade walten und gab ihnen ihre Frauen und Kinder zurück. Es waren rund zehntausend, denen er eine Vorstadt von Sindapur als Wohnsitz zuwies. Der Sultan selbst nahm Wohnung im Palast und gab seinen Hofleuten die Häuser in der Nähe. Mir schenkte er eine junge Gefangene namens Lemki, die ich Mubaraka nannte. Ihr Mann wollte sie loskaufen, ich aber weigerte mich. Der Sultan schenkte mir ein ägyptisches Übergewand, das unter den Schätzen des ungläubigen Herrschers gefunden worden war. Ich blieb bei ihm in Sindapur vom Tag der Eroberung an, dem dreizehnten Tag des Jumuda bis zur Mitte des Schaban (15. Oktober 1342 bis Mitte Januar 1343). Dann erbat ich von ihm die Erlaubnis, abreisen zu dürfen, und er nahm mir das bindende Versprechen ab, wieder zu ihm zurückzukehren.

Über die zahlreichen schon genannten Städte reiste ich nach Schaliyat, einem sehr schönen Platz, in dem die Stoffe gewebt werden, die seinen Namen tragen. Dort hielt ich mich lange auf. Schließlich kehrte ich nach Kalikut zurück, wo ich zwei meiner Sklaven, die mit mir an Bord des Kakam gewesen waren, traf. Sie teilten mir mit, daß die

Sklavin, die schwanger und deretwegen ich sehr besorgt gewesen war, gestorben sei. Der Herrscher von Java hatte die übrigen Sklavinnen an sich genommen. Fremde Hände hatten sich meiner Habseligkeiten bemächtigt, und meine Gefährten waren über China, Java und Bengalen zerstreut. Als ich dies erfahren hatte, kehrte ich nach Hinaur und von da nach Sindapur zurück, wo ich am letzten Tag des Moharrem ankam und bis zum zweiten Rabi blieb (24. Juni bis 24. August 1343). Der heidnische Sultan der Stadt, die wir ihm abgenommen hatten, rückte mit großer Heeresmacht heran, in der Absicht, sie wieder zu erobern. Alle Heiden liefen zu ihm über. Die Truppen des Sultans von Hinaur waren in den Dörfern ringsum zerstreut und verließen uns, während die Heiden uns belagerten und sehr bedrängten. Als die Lage kritisch wurde, ging ich aus der Stadt weg und kehrte nach Kalikut zurück.

AUF DEN MALEDIVEN

Lebensweise der Bewohner

Viele Erzählungen über die Malediven hatten mein Interesse geweckt, so daß ich beschloß, sie zu besuchen. Zehn Tage, nachdem wir uns in Kalikut eingeschifft hatten, kamen wir zu den Inseln Dibat el-Mahal. Sie gehören zu den Weltwundern. Es sind rund 2000, von denen etwa 100 wie ein Ring beieinanderliegen und eine Einfahrt wie eine Pforte haben, durch die allein die Schiffe segeln können. Will ein Schiff diese Inseln anlaufen, so benötigt es unbedingt einen einheimischen Lotsen, um unter dessen Leitung die übrigen Inseln zu erreichen. Sie liegen derart nahe zusammen, daß die Kronen der Palmen von Insel zu Insel zu sehen sind. Verfehlt ein Schiff seine Richtung, kann es in die Inselgruppe nicht einfahren und wird nach Mabar oder Ceylon verschlagen.

Alle Bewohner dieser Inseln sind Muslime, fromme und rechtschaffene Menschen. Die Inseln sind in Regionen aufgeteilt, die jeweils von einem Gouverneur, Kordui genannt, verwaltet werden. Die einzelnen Regionen sind: Palipur, Kanalus, Mahal, wonach die Inseln insgesamt benannt werden und wo ihre Herrscher wohnen, Taladib, Karaidu, et-Teim, Taladummati, Haladummati, Baraidu, Kandakal, Muluk und Suwaid, die entlegenste von allen. Auf keiner Insel wächst Getreide; nur in der Region Suwaid findet sich eine Getreideart, die der Negerhirse gleicht und nach Mahal ausgeführt wird. Die Hauptnahrung der Bewohner ist ein Fisch, rot und ohne den starken Fischgeruch. Vielmehr riecht er wie Schaffleisch. Hat man ihn gefangen, so wird er in vier Stücke geschnitten, ein wenig gekocht, in Körbe mit Palmblättern gelegt und über dem Rauch aufgehängt. Ist er völlig getrocknet, so wird er gegessen. Von den Malediven wird er nach Indien, China und Jemen ausgeführt. Sein Name ist Kulb el-Mas.

Die meisten Bäume der Inseln sind Kokosnüsse. Sie liefern, zusammen mit dem Fisch, die Hauptnahrung der Einwohner. Die Natur der Kokosnußbäume ist sehr bemerkenswert. Ein solcher Baum trägt jährlich zwölf Kokosnußbüschel, von denen jeden Monat eines hervorkommt. Einige dieser Büschel sind klein, andere schon groß, einige trocken, andere noch grün, ohne daß eine Unterbrechung im Wachstum und in der Reife einträte. Aus der Frucht stellt man Milch, Öl und Honig her. Aus dem Honig fertigt man süße Backwaren, die man zu den getrockneten Kokosnüssen ißt. Von dieser Nahrung, auch von den Fischen, erhalten die Bewohner eine merkwürdige und unvergleichliche Kraft bei der Ausübung des Beischlafs. Die Insulaner leisten darin Erstaunliches. Ich selbst hatte in diesem Land vier rechtmäßige Frauen, von den Konkubinen ganz abgesehen. Jeden Tag war ich für alle potent und brachte außerdem die ganze Nacht bei der zu, die gerade an der Reihe war. In dieser Art lebte ich dort eineinhalb Jahre.

Zu den Gewächsen des Archipels gehören auch der Jumun, die Orange, die Zitrone und die Colocasia. Aus ihrer Wurzel bereitet man ein Mehl, aus dem man eine Art Nudeln herstellt, die mit Kokosmilch gekocht werden. Sie ergeben eine der besten Speisen; ich fand sie ausgezeichnet und aß sie gern.

Die Bewohner der Malediven sind rechtschaffene, fromme, orthodoxe und geradlinige Menschen. Ihre Nahrung entspricht den Gesetzen der Religion, und ihre Gebete finden Gehör bei Gott. Begegnet ein Mensch einem anderen, so sagt er: »Gott ist mein Herr, Mohammed mein Prophet, und ich bin ein armer Unwissender.« Ihr Körperbau ist schwach; sie sind kampf- und kriegsuntüchtig – ihre Waffe ist das Gebet. In meiner Richterzeit ordnete ich dort einmal an, einem Dieb die Hand abzuhacken, worauf mehrere Einwohner, die im Gerichtssaal anwesend waren, in Ohnmacht fielen. Von indischen Räubern werden sie nicht überfallen; denn es wurde die Erfahrung gemacht, daß jeden, der ihnen etwas wegnimmt, ein schweres Unheil trifft. Wenn einer der Ungläubigen etwas stiehlt, und sei es auch nur eine Limone, so bestraft ihn der Emir der Ungläubigen mit schmerzhaften Schlägen aus Furcht vor den Folgen, die diese Tat nach sich ziehen könnte. Wäre nicht diese Furcht, so würden sie wegen ihrer körperlichen Schwäche für ihre Gegner ein leicht zu besiegender Feind. Auf jeder Insel gibt es schöne Moscheen, die größtenteils aus Holz errichtet sind.

Die Bewohner sind reinlich und geben sich nicht mit schmutzigen Dingen ab. Die meisten waschen sich zweimal am Tag, um sich sauber zu halten, aber auch im Hinblick auf die starke Hitze und die dadurch hervorgerufene übermäßige Schweißabsonderung. Sie verwenden viel parfümiertes Salböl und reiben sich mit einer Art Moschusparfüm ein, das aus Makdaschau eingeführt wird. Es ist bei ihnen üblich, daß nach dem Morgengebet jede Frau zu ihrem Mann oder Sohn kommt, der dann seine Augenbraue mit dem mitgebrachten Kollyrium einreibt, sich mit Rosenwasser und Moschusparfüm salbt, so daß seine Haut wie poliert erscheint und jede Unreinheit seines Gesichts verschwindet.

Ihre Kleidung besteht aus Schürzen. Anstatt der Beinkleider binden sie einen solchen Schurz um ihre Mitte und legen um ihre Schultern ein Kleidungsstück, das sie

Wilyan nennen. Einige setzen einen Turban auf, andere tragen ein kleines Kopftuch. Wenn einer von ihnen dem Richter oder Prediger begegnet, so nimmt er sein Gewand von den Schultern, entblößt seinen Rücken und begleitet ihn bis zu seinem Haus.

Stoffe bilden auch einen wichtigen Bestandteil der Hochzeit. So ist es Sitte, wenn ein Mann heiratet und sich zum Haus seiner Braut begibt, daß diese ihm zu Ehren Baumwollstoffe von der Tür ihres Hauses bis zum Hochzeitsgemach ausbreitet, wobei sie beiderseits des Weges einige Handvoll Kauris streut, während sie ihren Bräutigam an der Tür des Hochzeitsgemaches erwartet. Erscheint er nun vor ihr, so wirft sie ihm ein Kleidungsstück vor die Füße, das seine Diener aufheben. Ist es umgekehrt, daß sich die Braut in die Wohnung ihres Mannes begibt, so wird sein Haus mit Stoffen ausgestattet, die man mit Kaurimuscheln bestreut. Trifft die Braut ein, so wirft sie ebenfalls das Kleidungsstück vor ihm hin. In gleicher Weise wird der Sultan begrüßt. Zu allem ist auf jeden Fall ein Kleidungsstück notwendig.

Die Gebäude der Einwohner sind aus Holz. Zum Schutz vor Feuchtigkeit legen sie den Fußboden ihrer Häuser hoch über dem Boden an. Zu dieser Bauweise behauen sie Steinblöcke, die etwa zwei bis drei Ellen lang sind, setzen sie in Reihen übereinander und legen darauf Balken aus Kokospalmenholz. Auf dieser Unterlage errichten sie die Holzwände. Sie zeigen dabei eine bemerkenswerte Geschicklichkeit. Im Vorraum des Hauses wird ein Gemach angelegt, in dem der Hausherr mit seinen Freunden zu sitzen pflegt. Es hat zwei Türen, eine ins Freie für die Besucher und eine in das Innere des Hauses. Bei diesem Gemach befindet sich ein Krug mit Wasser, zu dem ein Schöpflöffel gehört, der aus der Schale der Kokosnuß gefertigt ist. Er hat einen langen Stiel, mit dem man das Wasser aus den Brunnen, die gar nicht tief sind, schöpfen kann.

Ob hoch oder niedrig, alle Bewohner der Malediven gehen barfuß. Die Gassen sind sauber, Bäume beschatten sie, und der Spaziergänger fühlt sich wie in einem Park. Trotzdem muß sich jeder, der ein Haus betritt, zuvor die Füße waschen und sie mit einem groben Gewebe, das am Hauseingang bereitliegt, abtrocknen. Erst dann darf er sich in das Haus begeben. Ebenso verfährt jeder, der eine Moschee aufsucht.

Auf den Malediven ist es Sitte, mit Kanadirs, kleinen Booten, zu den Schiffen hinauszufahren, die die Inseln anlaufen. In ihren Booten haben die Bewohner Betel und grüne Kokosnüsse geladen, die sie nach Belieben einem Mitglied der Schiffsmannschaft anbieten, der damit ihr Gast wird und seine Handelsware in das Haus bringen kann, als sei er ein Verwandter des Besitzers. Wer sich von den Ankömmlingen verheiraten will, kann es tun. Kommt jedoch der Tag seiner Abreise, so entläßt er seine Frau, da Frauen ihre Heimat nicht verlassen. Wer sich nicht verheiraten will, wird von der Frau des Hausbesitzers mit Essen versorgt, auch erhält er von ihr Proviant, wenn er wieder die Insel verläßt. Sie begnügt sich dafür mit einem kleinen Gegengeschenk. Die Einnahmen des Staates bestehen darin, daß er das Recht hat, von jedem Handelsartikel auf einem Schiff eine gewisse Menge zu einem festgesetzten Preis zu kaufen, gleichgültig ob dieser Artikel diesen Preis oder mehr wert ist. Dies nennt man das »Gesetz des Bandar«, wobei Bandar das Wort für Staat ist. Auf jeder Insel besitzt der Bandar ein Holzhaus, das Bajansar, in dem der Gouverneur, der Korduweri, die Waren stapelt, verkauft oder tauscht.

Vornehmlich kaufen die Eingeborenen der Malediven eingeführte Töpferwaren. Für einen irdenen Kochtopf geben sie fünf bis sechs Hühner. Ausgeführt werden der bereits genannte Fisch, Kokosnüsse, Schürzen, Wilyan, Turbane aus Baumwolle, Kupfergefäße, von denen es sehr viele auf den Inseln gibt, Kaurimuscheln und Kambar, die faserige Schale der Kokosnuß. An der Küste wird diese Faser in Löchern gegerbt, dann mit einem Schlagholz bearbeitet und von den Frauen versponnen. Man macht daraus Stricke, wie man sie zum Zusammenfügen der Schiffsbalken benötigt, und bringt sie besonders nach China, Indien und Jemen. Die Kokosnußfaser ist besser als der Hanf und erweist sich vor allem bei den vielen Klippen des Indischen Ozeans als sehr vorteilhaft. Stößt nämlich ein mit Eisennägeln gebautes Schiff auf eine solche Klippe, so muß es zerschellen. Ist es aber mit Stricken zusammengehalten, so besitzt es große Beweglichkeit und bricht nicht auseinander.

Das Zahlungsmittel auf dem Archipel ist die Kaurischnecke. Das im Meer lebende Tier wird gesammelt und in Gruben an der Küste niedergelegt, wo sein Fleisch verschwindet und nur das weiße Gehäuse übrigbleibt. Hundert Kaurischnecken nennt man Siyah, 700 Fal, 12 000 Kutta und 100 000 Bostu. Vier Bostu haben den Wert eines Golddinars. Oft sinken die Kaurischnecken im Preis, so daß bisweilen zwölf Bostu für einen Dinar zu haben sind. Man verkauft sie an die Bewohner von Bengalen um Reis, der wiederum dort diesen Münzwert hat, und an die Bevölkerung von Jemen, wo sie als Ballast anstelle des Sandes in den Schiffen verwendet werden. Die Kaurischnecke ist auch die kleine Münze der Schwarzen in ihrer Heimat. In Malli und Juju (Melli und Gao-Gao im Sudan) sah ich, wie 1150 Stück um einen Golddinar verkauft wurden.

Die Frauen und ihr Liebesleben

Die Frauen der Malediven verschleiern sich nicht; auch ihre Herrscherin tut es nicht. Sie kämmen ihr Haar und stecken es an einer Stelle zusammen. Die meisten tragen nur einen Schurz, der sie vom Nabel bis zum Boden bedeckt, während der übrige Teil des Körpers unverhüllt bleibt. So erscheinen sie in den Basaren und überall in der Öffentlichkeit. Als ich das Richteramt auf den Malediven erhielt, bemühte ich mich, dieser Gewohnheit ein Ende zu bereiten, und befahl den Frauen, sich anzuziehen. Aber ich konnte mich nicht durchsetzen. Keine Frau wurde bei mir zu einer Gerichtsverhandlung zugelassen, wenn nicht ihr Körper ganz bekleidet war. Über diese Anordnung hinaus hatte ich jedoch keinen weiteren Einfluß mehr. Einige tragen neben dem Schurz noch Hemden mit kurzen und weiten Ärmeln. Ich hatte Sklavinnen, die mit Gewändern von Delhi angezogen und verschleiert waren. Aber dies verunstaltete sie mehr, als sie zu zieren, da sie einfach nicht daran gewöhnt waren.

Hauptschmuck der Frauen sind silberne Armringe, von denen jede eine ganze Anzahl um ihre Vorderarme legt, so daß bis zu den Ellenbogen alles mit ihnen bedeckt ist. Goldene Ringe tragen nur die Frauen des Sultans und seiner Verwandten. Sie tragen auch Fußringe, die Ba'il heißen, und Goldketten, Besdered genannt, die sie um die Brust legen.

Ein merkwürdiges Verhalten ist die Tatsache, daß sie sich um einen bestimmten Betrag, fünf Dinare oder auch weniger, als Dienstboten vermieten. Ihren Lebensunterhalt muß ihr Mieter tragen. Sie halten dies nicht für eine Schande. Die meisten Töchter der Familien handeln so. Im Haus eines reichen Mannes findet man zehn bis zwanzig solcher gemieteten Frauen. Der Preis aller Gefäße, die eine

Dienerin zerschlägt, wird ihr auf die Entlohnung angerechnet. Will eine Frau von einem Haus in ein anderes überwechseln, so geben ihr die Leute des Hauses, in das sie eintritt, die Summe, zu der sie verpflichtet worden ist. Sie zahlt das Geld wiederum den Leuten, die sie verläßt und die es zu Gunsten des neuen Herrn verwahren. Die Hauptbeschäftigung dieser Dienerinnen ist das Spinnen der Kokosnußfaser.

Es ist sehr einfach, sich auf dieser Inselgruppe zu verheiraten, sowohl wegen des kleinen Geschenks an die Eltern der Braut als auch der Annehmlichkeit wegen, den der Verkehr mit den dortigen Frauen bietet. In den meisten Fällen spricht man auch nicht von einem Hochzeitsgeschenk. Nur das Glaubensbekenntnis wird abgelegt und ein vom Gesetz vorgeschriebenes Geschenk gegeben. Wenn Schiffe anlegen, so verheiratet sich die Besatzung. Wenn die Seeleute wieder abreisen, so entlassen sie ihre Frauen, was eben eine Art Ehe auf Zeit ist.

Ich habe nirgends Frauen kennengelernt, mit denen der Verkehr angenehmer als mit ihnen gewesen wäre. Die Frau behält sich die alleinige Bedienung ihres Mannes vor. Sie ist es, die ihm die Speisen aufträgt und wieder abräumt, was übriggeblieben ist. Sie wäscht ihm die Hände, besorgt ihm Wasser für die religiösen Waschungen und deckt ihm zum Schlafen die Füße zu. Eine Landessitte ist, daß die Frau nie gemeinsam mit ihrem Mann speist. So weiß auch der Gatte nicht, was seine Frau ißt. Ich hatte auf den Malediven mehrere Frauen geheiratet; einige von ihnen speisten mit mir zusammen, nachdem ich sie dazu aufgefordert hatte, andere aber lehnten mein Ansinnen rundweg ab. Ich war nicht in der Lage, sie beim Essen zu beobachten, auch keine List verhalf mir dazu.

Dämonenglaube und Bekehrung zum Islam

Vertrauenswürdige Männer unter den Bewohnern der Inseln, unter ihnen der Rechtsgelehrte Isa aus Jemen, der Rechtsgelehrte und Lehrer Ali, der Richter Abdallah und noch andere haben mir berichtet, daß die Einwohner der Inseln Ungläubige waren, und daß ihnen jeden Monat ein Dämon erschien, der wie ein Schiff mit vielen Lampen vom Meer her kam. Wenn sie ihn erblickten, pflegten die Inselbewohner eine Jungfrau zu nehmen, sie zu schmücken und in einen an der Küste erbauten Götzentempel zu bringen. Man ließ dort das junge Mädchen über Nacht allein. Wenn man bei Tagesanbruch wieder zu ihr kam, fand man sie ihrer Jungfernschaft beraubt und tot. Monat für Monat warfen sie unter sich das Los. Wen es traf, der gab seine Tochter her.

Da tauchte eines Tages ein Marokkaner namens Abu-l-Barakat, der Berber, bei ihnen auf, der den erhabenen Koran auswendig kannte. Er stieg im Haus einer alten Inderin auf der Insel Mahal ab. Einige Zeit später bemerkte er, wie sie ihre Familie zusammengerufen hatte, wobei alle Frauen wie bei einer Leichenfeier weinten. Er fragte sie nach dem Grund der Trauer, erhielt aber keine Antwort. Da erschien ein Dragoman, der ihm berichtete, daß das Los auf die alte Frau gefallen sei, und nun ihre einzige Tochter von dem Dämon getötet werde. Da sprach Abu-l-Barakat zu ihr: »Ich werde mich in dieser Nacht anstelle deiner Tochter dort hinbegeben.« Er war völlig bartlos. Man erlaubte ihm sein Vorhaben für diese Nacht und führte ihn, nachdem er seine Waschungen verrichtet hatte, in den Götzentempel. Dort begann er sogleich, den Koran zu rezitieren. Während der Dämon auf dem Balkon des Tempels auftauchte, setzte er seine Rezitation fort. Als der Dämon nahe genug war, um die

Gebete zu hören, entfloh er und tauchte im Meer unter. Immer wieder den Koran hersagend, erwartete der Marokkaner den Morgen.

Die alte Frau, ihre Familie und die Inselbewohner kamen, als es Tag geworden war, zum Götzentempel, um gewohnheitsgemäß das tote Mädchen abzuholen und zu verbrennen. Dagegen fanden sie den Marokkaner, der den Koran betete. Sie brachten ihn zu ihrem König Schenuraza und erzählten ihm das Geschehen. Erstaunt über das Wunder, ließ sich der König über den Islam berichten und sagte ihm: »Bleibe bei uns bis zum nächsten Monat. Verhältst du dich dann ebenso wie jetzt und entkommst du dem Dämon, so werde ich den Islam annehmen.« Abu-l-Barakat blieb bei den Insulanern, und Gott öffnete das Herz des Königs für die Heilslehren des Islam, so daß er, seine Frauen und Kinder, aber auch die Hofleute, noch vor Ende des Monats den rechten Glauben annahmen.

Bei Beginn des neuen Monats brachte man den Marokkaner erneut in den Götzentempel, wo er wieder den Koran bis zum Morgen las, ohne daß der Dämon erschienen war. Mit seinem Volk kam der Sultan am Morgen und fand Abu-l-Barakat mit der Koranlektüre beschäftigt. Da zerstörten sie die Götzenbilder und machten den Tempel dem Erdboden gleich. Die Einwohner der Insel bekehrten sich und sandten Missionare zu den übrigen Inseln, wo die Bevölkerung ebenfalls den Islam annahm. Als hochgeehrter Mann blieb der Marokkaner bei ihnen. Er errichtete eine Moschee, die nach seinem Namen benannt ist. Ich selbst las in der Hauptmoschee die in Holz geschnittene Inschrift: »Der Sultan Ahmed Schenuraza hat in die Hände des Marokkaners Abu-l-Barakat, des Berbers, das Glaubensbekenntnis abgelegt«. Dieser Sultan hat ein Drittel der Einkünfte der Inseln als Almosen für die Fremden festgesetzt, da durch sie seine Bekehrung erfolgte.

Viele Inseln wurden, ehe sie sich zum Islam bekehrten, von diesem Dämon entvölkert. Als wir dorthin kamen, wußte ich noch nichts von dieser Geschichte. Eines Nachts, inmitten einer meiner Beschäftigungen, hörte ich plötzlich, wie die Leute mit lauter Stimme die Gebetsformeln ausriefen: »Es gibt keinen Gott außer Gott. Gott ist groß!« Die Kinder trugen auf ihren Köpfen Korane, und die Frauen schlugen kupferne Tassen und Kessel. Ich wunderte mich über ihr Verhalten und erkundigte mich: »Was treibt ihr denn?« – »Siehst du denn nicht das Meer?« antwortete man mir. Ich blickte hinaus und sah eine Art großes Schiff, das mit Lampen und Pechpfannen angefüllt schien. »Das ist der Dämon«, rief man mir zu. »Einmal im Monat zeigt er sich. Aber wenn wir das tun, was du siehst, dann geht er wieder weg und schadet uns nicht.«

Eine Frau herrscht über die Inseln

Eine Besonderheit dieser Inselgruppe ist die Tatsache, daß sie von einer Frau regiert wird. Es ist Chadija, die Tochter des Sultans Jelal ed-Din Omar, des Sohnes des Sultans Salah ed-Din Salih, des »Bengalen«.

Die Herrschaft übte zunächst ihr Großvater aus, dem dann ihr Vater folgte. Als dieser starb, wurde ihr Bruder Schihab ed-Din König. Er war noch jung, und der Wesir Abdallah, Sohn des Mohammed el-Hadrami, heiratete seine Mutter und entriß ihm die Herrschaft. Er war es auch, der die Sultanin Chadija nach dem Tode ihres Gemahls, des Wesirs Jemal ed-Din, zur Frau nahm. Als

Schihab ed-Din großjährig geworden war, verjagte er seinen Stiefvater, den Wesir Abdallah, verbannte ihn auf die Inselgruppe Suwaid und wurde Alleinherrscher. Er nahm sich einen seiner Freigelassenen, Ali Kalaki, zum Minister, den er aber nach drei Jahren absetzte und ebenfalls nach Suwaid verbannte. Von Sultan Schihab ed-Din erzählte man sich, daß er nachts häufig widerrechtlich die Harems seiner Würdenträger und Höflinge aufsuchte. Deshalb wurde er abgesetzt, in den Bezirk von Haladuteni verbannt und von einem Mann, den man ihm nachgeschickt hatte, dort getötet.

Vom Herrscherhaus blieben somit die Schwestern des Ermordeten, Chadija als älteste, Miryam und Fatima, übrig. Die Einwohner der Malediven machten Chadija zur Sultanin. Sie war mit Jemal ed-Din verheiratet, der nun Wesir wurde. Da er Prediger des Landes war, verschaffte er seinem Sohn Mohammed nun die Predigerstelle und übernahm selbst die Herrschaft. Aber alle Befchle werden nur im Auftrag der Chadija erlassen. Man schreibt die Verordnungen mit einem krummen Eisen, das einem Messer ähnlich ist, auf Palmblätter. Papier wird nur für die Niederschrift von Koranen und wissenschaftlichen Büchern verwendet. Im Freitagsgebet und auch in anderen Gebeten wird die Sultanin vom Prediger genannt: »Mein Gott, hilf deiner Dienerin, die du in deiner Weisheit vor allen Geschöpfen auserwählt und zum Werkzeug deiner Gnade für alle Muslime gemacht hast – hört, nämlich die Sultanin Chadija, Tochter des Sultans Jelal ed-Din, Sohn des Sultans Salah ed-Din.«

Das Zeremoniell schreibt dem Fremden, der ins Land kommt, vor, daß er beim Betreten des Audienzsaales unbedingt zwei Gewänder mitbringen muß. Er macht seine Verbeugung zur Sultanin hin und wirft ein Gewand auf den Boden. Dann verneigt er sich vor dem Wesir, ihrem

Gemahl, und wirft das zweite. Die Truppen rekrutieren sich hauptsächlich aus Fremden. Sie erscheinen täglich im Audienzsaal, grüßen und entfernen sich wieder. Ihr Sold besteht aus Reis, der ihnen monatlich vom Bandar geliefert wird. Ist der Monat zu Ende, so kommen die Soldaten in den Audienzsaal, grüßen und sprechen zum Wesir: »Übermittle der Herrscherin unsere Huldigung und lasse sie wissen, daß wir gekommen sind, unseren Lohn zu fordern.« Auch die Richter und Beamten, die dort Wesire heißen, erscheinen täglich im Audienzsaal und bringen der Herrscherin ihre Huldigung dar, die von den Eunuchen an die Sultanin weitergeleitet werden.

Als Richter auf den Malediven

Als ich auf den Malediven ankam, stieg ich auf der Insel Kanalus ab, die zahlreiche Moscheen besitzt. Ich nahm im Haus des sehr frommen Rechtsgelehrten Ali Quartier, der besonders gastfreundlich zu mir war. Er war ein trefflicher Mann, dessen Söhne die Wissenschaften studierten. Außerdem traf ich Mohammed aus Zafar el-Homud, der mich sehr freundlich bewirtete und mir sagte: »Wenn du die Insel Mahal betrittst, so wird dich der Wesir dort mit Gewalt zurückhalten; denn man hat dort keinen Richter.« Und in Wirklichkeit hatte ich doch vor, nach Mabar, Ceylon, Bengalen und schließlich nach China zu reisen.

Auf dem Schiff des Kapitäns Omar aus Hinaur, eines tugendhaften Mekkapilgers, war ich auf den Malediven an Land gegangen. Nach unserer Ankunft in Kanalus blieb er dort zehn Tage, worauf er eine Kundura, eine Barke, mietete, um sich mit einem Geschenk für die Sultanin und ihren Gemahl zur Insel Mahal zu begeben. Ich wollte gerne mit ihm reisen, aber er sagte: »Die Barke faßt dich und deine Gefährten nicht; willst du aber allein und ohne sie reisen, so steht es dir frei mitzukommen.« Dies wiederum wollte ich nicht, so daß er abfuhr. Der Wind jedoch trieb sein launenhaftes Spiel mit ihm und blies ihn nach vier Tagen wieder zu uns zurück, nachdem er genug Unannehmlichkeiten durchgemacht hatte. Er entschuldigte sich bei mir und beschwor mich, ihn nun in Gesellschaft meiner Gefährten zu begleiten.

Wir fuhren am Morgen ab und landeten gegen Mittag auf einer Insel, um schließlich die nächste aufzusuchen, auf der wir übernachteten. Vier Tage später erreichten wir das Gebiet von et-Teim, dessen Gouverneur Hilal hieß. Er begrüßte mich, gab mir zu Ehren ein Festmahl und besuchte mich anschließend mit vier Männern, von denen zwei an Stöcken über ihren Schultern vier Hühner trugen. Die anderen beiden brachten zehn Kokosnüsse. Ich war erstaunt, welchen Wert sie dieser armseligen Gabe beimessen, ließ mich aber belehren, daß sie dies nur aus Verehrung und Hochachtung tun.

Nach unserer Weiterfahrt landeten wir am sechsten Tag auf der Insel des Otman, eines trefflichen Mannes, der uns gastlich bewirten ließ. Nachdem wir noch auf einer Insel, die einem Wesir mit Namen Telemdi gehörte, eine Zwischenstation eingelegt hatten, kamen wir endlich am zehnten Tag auf der Insel Mahal an, wo die Sultanin und ihr Gemahl residierten. Im Hafen warfen wir Anker. Dort ist es üblich, daß man nur mit Erlaubnis der Einwohner vom Ankerplatz an Land steigen darf. Dies wurde uns gestattet. Ich wollte mich in eine Moschee begeben, als mich die Sklaven des Wesirs am Ufer anhielten und mir mitteilten: »Du mußt unbedingt den Wesir besuchen!« Ich hatte dem Kapitän befohlen, jedem, der sich über mich erkundigen wollte, zu sagen, daß er mich nicht kenne. Aber ein indiskreter Mann hatte geschrieben, daß ich Kadi in Delhi gewesen wäre.

Im Audienzsaal ließen wir uns an der dritten Eingangstür nieder. Kadi Isa el-Yemeni kam herbei und begrüßte mich. Ich wiederum begrüßte den Wesir. Der Schiffskapitän brachte zehn Gewänder, verneigte sich in Richtung der Sultanin und warf ein Kleidungsstück vor sie hin, worauf er dem Wesir die Ehrenbezeigung erwies und ihm ebenfalls ein Gewand hinwarf. Dies tat er mit allen wichtigen Personen des Hofes. Man befragte ihn über mich, aber er antwortete, daß er mich nicht kenne. Dann brachte man uns Betel und Rosenwasser, was eine besondere Ehrung bedeutet.

Der Wesir quartierte uns in seinem Haus ein und schickte uns ein Mahl, das aus einer großen Schüssel mit Reis bestand, umgeben von anderen Gefäßen mit getrocknetem Fleisch, Hühnern, Butterschmalz und Fisch. Am nächsten Morgen ging ich mit dem Kapitän und dem Richter Isa el-Yemeni fort, um ein Hospiz am anderen Ende der Insel zu besuchen, das der fromme Scheich Najib erbaut hatte. In der Nacht kehrten wir wieder zurück. Am darauffolgenden Morgen schickte mir der Wesir ein Gewand und ein Mahl, das aus Reis, Butterschmalz, getrocknetem Fleisch, Kokosnüssen und Honig bestand, der aus Früchten hergestellt wird und den die Bewohner der Malediven Zuckerwasser nennen. Außerdem überbrachte man mir 100 000 Stück Kauris für meine Ausgaben.

Nach zehn Tagen legte ein Schiff aus Ceylon an, auf dem sich arabische und persische Bettelmönche befanden, die mich kannten und die Diener des Wesirs über meine Person und meine Verhältnisse aufklärten. Somit empfand er noch mehr Genugtuung über meine Gegenwart. Bei Beginn des Ramadan (17. Januar 1344) ließ er mich zu sich holen, wo bereits Emire und Wesire an der Tafel Platz genommen hatten. Ich mußte mich an die Seite des Wesirs setzen. Zur Gesellschaft gehörten der Richter Isa, der Wesir Fameldari und der Wesir Omar Deherd, der General der Truppen. Das Mahl bestand aus Reis, Hühnern, Butterschmalz, Fisch, getrocknetem Fleisch und gekochten Bananen. Zum Abschluß gab es Kokosnußhonig, der mit aromatischen Substanzen versetzt ist und die Verdauung der Speisen fördert.

Am neunten Tag des Monats Ramadan starb der Schwiegersohn des Wesirs, dessen Tochter, die junge Witwe, schon zuvor mit Sultan Schihab ed-Din verheiratet gewesen war. Wegen ihrer allzu großen Jugend hatte jedoch keiner ihrer Ehemänner bis dahin die Ehe wirklich mit ihr vollzogen. Ihr Vater nahm sie in sein Haus zurück und schenkte mir ihr Haus, das zu den schönsten der Insel zählte. Ich bat ihn um Erlaubnis, die Bettelmönche bewirten zu dürfen, die vom Besuch des Adamsfußes auf Ceylon zurückgekehrt waren. Er gestattete es mir und schickte mir dazu fünf Hammel, die dort sehr selten sind, da sie von Mabar, Malabar und Makdaschau eingeführt werden müssen. Ebenso sandte er mir Reis, Hühner, Butterschmalz und Grüngewürz. Alles dies ließ ich ins Haus des Wesirs Suleiman Manayak bringen, der es mir – und zwar ganz vorzüglich – kochen ließ, noch Vorräte hinzufügte und mit Teppichen und Kupfergefäßen zurückschickte. Wir wollten das Fastenbrechen nach der im Palast der Sultanin üblichen Sitte feiern. Ich bat den Wesir um Erlaubnis, einige Wesire zum Gastmahl mit den Bettelmönchen einladen zu dürfen. Er erklärte, daß auch er kommen werde.

In einem erhöhten Holzpavillon meines Hauses nahm er Platz. Jeder Emir oder Wesir, der nun eintraf, begrüßte ihn und warf ein ungenähtes Gewand hin, bis rund hundert Kleider beieinander waren, die dann den Bettelmönchen übergeben wurden. Das Mahl wurde aufgetragen, und man speiste. Zum Abschluß sangen die Mönche zunächst mit schönen Stimmen Koranverse, um dann zu tanzen. Ich ließ ein Feuer anzünden; die Fakire liefen hindurch, einige von ihnen aßen von der Glut, wie andere Menschen Süßigkeiten essen.

Als die Nacht zu Ende war, begleitete ich den Wesir nach Hause. Dabei gingen wir an einem Garten vorüber, der dem Staat gehörte. »Der Garten gehört dir«, erklärte der Wesir, »ich werde darin als Wohnung für dich ein Haus bauen lassen.« Ich bedankte mich und wünschte ihm alles Gute. Am nächsten Morgen schickte er mir eine junge Sklavin. Der Diener, der sie mir überbrachte, sprach zu mir: »Der Wesir läßt dir sagen, daß dir diese Sklavin gehört, falls sie dir gefällt. Sollte dies nicht der Fall sein, so wird er dir eine junge Mahratin schicken.« Da mir die mahratischen Mädchen besonders gefallen, wünschte ich mir eine solche. Der Wesir sandte mir eine, deren Name Gulistan, Blumengarten, war. Sie verstand Persisch und gefiel mir sehr. Die Bewohner der Malediven sprechen nämlich eine Sprache, die mir unbekannt war. Am Tag darauf schickte mir der Wesir eine weitere junge Sklavin aus dem Land Mabar, deren Name Ambari, die Ambrafarbene, war.

In der gleichen Nacht, nach dem Abendgebet, besuchte mich der Wesir, begleitet von einer kleinen Gruppe Gefährten und zwei jungen Sklaven. Ich begrüßte ihn und bedankte mich bei ihm. Einer der beiden Sklaven warf ein seidenes Tuch vor mich hin, dem er Seidenstoffe und eine Schachtel entnahm, in der sich Perlen und Schmuck befanden. Der Wesir schenkte mir alles und meinte: »Hätte ich dir diese Sachen mit der Sklavin übergeben, so hätte sie wohl gesagt, daß ihr diese Dinge gehören und sie alles aus dem Haus ihres Herrn mitgebracht habe. Jetzt sind diese Sachen dein Eigentum.« Ich wünschte ihm alles Gute und sprach ihm einen solchen Dank aus, dessen er würdig war.

Wesir Suleiman Manayak hatte mir den Vorschlag gemacht, seine Tochter zur Frau zu nehmen. So richtete ich an Wesir Jemal ed-Din die Bitte, seine Zustimmung zu dieser Heirat zu geben. Der Bote kam zurück und meldete mir: »Dies gefällt ihm nicht; denn er möchte dir seine Tochter zur Frau geben, wenn sie ihre Witwenzeit beendet hat.« Dies wiederum gefiel mir gar nicht; denn ich faßte es als schlimmes Vorzeichen auf, daß ihr bereits zwei Gatten verstorben waren, ohne mit ihr die Ehe vollzogen zu haben.

Inzwischen erkrankte ich und lag mit einem Fieber darnieder, das jeder bekommt, der diese Insel betritt. Mein Entschluß stand auf jeden Fall fest, diese Insel und ihre Bewohner zu verlassen. Deshalb verkaufte ich einen Teil des Schmuckes für Kauris und mietete ein Schiff, mit dem ich nach Bengalen segeln wollte. Als ich mich daher vom Wesir verabschieden wollte, kam mir der Kadi entgegen und sprach: »Der Wesir läßt dir sagen: willst du abreisen, so gib uns erst zurück, was wir dir geschenkt haben.« – Ich entgegnete ihm: »Für einen Teil des Schmuckes habe ich Kauris gekauft; sie stehen euch zur Verfügung.«

Kurz darauf kam er mit dem Bescheid zu mir zurück: »Wir haben dir Gold und keine Kauris gegeben.« – »Gut, so werde ich sie verkaufen!« Ich schickte darauf zu den Kaufleuten, damit sie mir die Kauris abkauften. Aber der Wesir hatte ihnen bereits befohlen, es nicht zu tun. Seine ganze Absicht war klar: Meine Abreise sollte auf jeden Fall verhindert werden.

Etwas später erschien bei mir ein Vertrauter des Wesirs: »Der Wesir läßt dir sagen: Bleibe bei uns, und du sollst alles haben, was du nur willst.«

Die Lage war für mich klar. Ich befand mich in ihrer Gewalt, bliebe ich nicht aus freiem Willen, so würden sie mich zwingen, hierzubleiben. Somit war die Freiwilligkeit vorzuziehen. So teilte ich dem Boten mit: »Gut, ich werde hierbleiben!« – Hocherfreut ließ mich daraufhin der Wesir zu sich rufen: »Wir wollen deine Nähe, und du willst das Weite suchen.« – Ich brachte ihm eine Reihe von Gründen und Entschuldigungen vor, die er auch annahm, und stellte meine Bedingungen: »Wollt ihr, daß ich hierbleibe, so werde ich euch meine Forderungen stellen.« – »Wir nehmen sie an, stelle sie nur«, erklärte er. – »Ich kann nicht zu Fuß gehen«, meinte ich. Es ist dort nämlich Brauch, daß außer dem Wesir niemand reitet. So kam es auch, daß mir, nachdem ich ein Pferd erhalten hatte, die Leute, Männer wie Kinder, voll Erstaunen folgten, bis ich mich beim Wesir beklagte. Dann schlug man eine Donkora, eine Art Kupferkessel, deren Ton weit zu hören ist, und verkündete, daß man mich beim Ausreiten in Ruhe lassen sollte.

Zu meiner Forderung stellte der Wesir fest: »Willst du eine Sänfte besteigen – gut. Wenn nicht, so haben wir einen Hengst und eine Stute. Wähle, welches von beiden Tieren du möchtest!« Ich entschied mich für die Stute, die man mir sofort brachte. Ebenso erhielt ich Gewänder. Außerdem fragte ich den Wesir: »Was soll ich mit den Kauris machen, die ich gekauft habe?« – Er riet mir, einen meiner Gefährten nach Bengalen zu schicken und sie dort verkaufen zu lassen. – »Unter der Bedingung«, meinte ich, »daß du jemanden mitschickst, der ihn dabei unterstützt.« – »Das soll geschehen«, bekräftigte der Wesir.

So übertrug ich meinem Kameraden, Abu Mohammed Ibn Ferhan, diesen Auftrag, während ihm der Wesir einen Mann mit Namen Hajj Ali zur Seite gab. Nun traf es sich, daß das Meer sehr stürmisch wurde. Man mußte die ganze Ladung über Bord werfen, selbst den Proviant, das Wasser, die Masten und die Lederschläuche für das Wasser. Die Reisenden blieben 16 Tage ohne Segel und Steuer. Nachdem sie Hunger, Durst und viele Nöte erduldet hatten, landeten sie endlich auf der Insel Ceylon. Ein Jahr später kam mein Gefährte Abu Mohammed zu mir zurück. Er hatte den Adamsfuß besucht und erlebte ihn dann ein zweites Mal in meiner Gesellschaft.

Als der Monat Ramadan zu Ende war, schickte mir der Wesir ein Gewand, und wir begaben uns zum Betplatz. Man hatte den Weg, den der Wesir von seiner Wohnung bis zum Betplatz zu gehen hatte, geschmückt, Stoffe ausgebreitet und Kauris auf beiden Seiten aufgehäuft. Jeder Emir und Würdenträger, der an diesem Weg ein Haus besaß, hatte vor ihm kleine Kokosbäume, Betelgewächse und Bananen eingesetzt. Von Baum zu Baum hatte man Stricke gespannt und an ihnen grüne Nüsse befestigt. Der Hausherr stand an der Tür und warf, wenn der Minister vorbeischritt, ihm einen Seiden- oder Baumwollstoff vor die Füße. Die Sklaven des Wesirs nahmen die Stoffe und die am Weg aufgehäuften Kauris mit. Der Minister trug ein ägyptisches Oberkleid aus feiner Ziegenwolle und einen großen Turban. Er war mit einer Seidenschärpe gegürtet; über seinem Haupt wurden vier Sonnenschirme getragen. An den Füßen hatte er Sandalen, während alle anderen Leute barfuß gingen. Vor ihm wurden Trompeten, Hörner und Pauken gespielt, und Soldaten, die immer »Gott ist groß« riefen, umgaben ihn von allen Seiten, bis man zum Betplatz gelangt war.

Nach dem Gebet hielt der Sohn des Wesirs die Predigt. Anschließend bestieg der Minister eine Sänfte. Die Emire und Wesire verneigten sich und warfen nach Landessitte Kleiderstoffe. Nachdem sich die Sänftenträger erhoben hatten, bestieg ich mein Pferd und ritt zum Palast. Dort nahm der Wesir auf einem erhöhten Sitz Platz, während die übrigen Würdenträger in seiner Nähe saßen. Rundum standen Sklaven mit Schilden, Schwertern und Stöcken. Nach dem Mahl gab es Areka und Betel, schließlich eine kleine Schüssel mit Sandal-Aroma, mit dem man sich als Abschluß einrieb. An diesem Tag lernte ich auch eine Art von Sardinen kennen, die an der Küste von Malabar sehr häufig vorkommt und die gesalzen, aber nicht gekocht genossen wird.

Am zweiten Tag des Monats Schawwal (17. Februar 1344) kam ich mit Wesir Suleiman Manayak überein, seine Tochter zur Frau zu nehmen. Ich wandte mich an Wesir Jemal ed-Din mit der Bitte, die Trauung in seiner Gegenwart im Palast vorzunehmen. Er stimmte diesem Wunsch zu und ließ nach Landessitte Betel und Sandal bringen. Auch die Bevölkerung war der Einladung gefolgt. Wesir Suleiman erschien jedoch nicht zur Trauung. Als zum zweitenmal nach ihm gerufen wurde, entschuldigte er sich mit einer Erkrankung seiner Tochter. Der Minister aber sprach heimlich zu mir: »Seine Tochter weigert sich zu heiraten; sie ist Herrin ihrer Handlungen und läßt sich nicht zwingen. Das Volk ist nun schon beisammen. Willst du die Stiefmutter der Sultanin, die Gattin ihres verstorbenen Vaters heiraten?«

Es war jene Frau, mit deren Tochter der Sohn des Wesirs verheiratet war.

»Ja«, antwortete ich. Daraufhin wurden der Kadi und die Zeugen gerufen, das Glaubensbekenntnis gesprochen, während der Wesir das Geschenk an die Eltern der Braut erledigte. Nach einigen Tagen wurde mir meine Neuvermählte zugeführt. Sie war eine der besten Frauen; ihre Güte ging so weit, daß sie mich mit wohlriechenden Salben einrieb und meine Kleider parfümierte, wobei sie stets freundlich lachte und sich nie eine Verstimmung anmerken ließ.

Nach meiner Verheiratung mit dieser Frau zwang mich der Wesir gegen meine Neigung dazu, das Amt eines Richters zu übernehmen. Ursache dazu war meine Kritik am Verhalten des bisherigen Kadi, der den zehnten Teil einer Erbschaft an sich nahm, wenn er sie unter die berechtigten Nachkommen aufteilte. »Du hast nur Anspruch auf ein fixes Honorar«, erklärte ich ihm, »über das du dich mit den Erben einigen mußt.« Dieser Mann tat überhaupt wenig Gutes.

Als ich das Richteramt übernommen hatte, bemühte ich mich mit allen Kräften, den Grundsätzen des Religionsgesetzes Geltung zu verschaffen; denn die Streitsachen werden dort nicht wie in unserer Heimat geführt. Als erste schlechte Gewohnheit änderte ich das Verbleiben der geschiedenen Frauen im Haus ihres ehemaligen Mannes ab. Es war nämlich so üblich, daß jede Frau nach der Scheidung so lange im Haus desjenigen blieb, der sie entlassen hatte, bis sich ein anderer Mann mit ihr verheiratete. Ich ließ keinen Einwand gelten. Als man mir rund 25 Männer vorführte, die so verfahren waren, ließ ich sie auspeitschen und öffentlich in den Basaren herumführen. Die Frauen ließ ich rücksichtslos aus den Häusern entfernen. Weiterhin bemühte ich mich, daß das Gebet entsprechend gefeiert wurde, Männer mußten kurz vor dem Freitagsgebet die Gassen und Basare durcheilen und Ausschau halten. Jeden, den sie nicht beim Gebet entdeckten, ließ ich auspeitschen und an den Pranger stellen. Ich verpflichtete die Vorbeter und Muezzins, die ja Gehaltsempfänger waren, zur unbedingten Erfüllung ihrer Aufgaben und sandte eine Verordnung mit entsprechendem Inhalt an alle Inseln. Was mir jedoch nicht gelang, war, die Frauen zu zwingen, entsprechende Kleidung zu tragen.

Von Sultan Schihab ed-Din war der Wesir Abdallah Ibn Mohammed el-Hadrami nach Suwaid verbannt worden. Ich hatte seine Stieftochter, die Tochter seiner Gemahlin, geheiratet, die ich sehr liebte. Als nun der Wesir vom Minister aus der Verbannung nach Mahal zurückgerufen worden war, schickte ich ihm Geschenke, ging ihm entgegen und begleitete ihn zum Palast. Er begrüßte den Minister, der ihm ein prächtiges Haus zugewiesen hatte, wo ich ihn dann auch besuchte.

Nun geschah es, daß ich im Monat Ramadan in Abgeschlossenheit meine Gebete verrichtete und von allen Leuten mit Ausnahme von Abdallah besucht wurde. Zwischen ihm und mir entwickelte sich eine Abneigung. Als ich meine Zurückgezogenheit verließ, beklagten sich die Onkel meiner Frau über ihn. Ihr Vater hatte ihnen den Wesir Abdallah testamentarisch zum Vormund bestellt, und ihr Vermögen befand sich noch in seiner Hand, obwohl sie nach dem Gesetz der Vormundschaft nicht mehr unterlagen. So verlangten sie seine Vorladung vor das Gericht. Ich hatte es eingeführt, einem Prozeßgegner stets eine schriftliche Einladung zu senden, was ihn zwang, sofort vor das Gerichtstribunal zu eilen, wenn er nicht bestraft werden wollte. Auch bei Abdallah machte ich keine Ausnahme. Darüber wurde er zornig und steigerte sich in einen noch größeren Groll gegen mich. Er verbarg jedoch seine Feindschaft und schickte jemanden mit seiner Vertretung vor Gericht. Mir waren aber schon zahlreiche häßliche Reden, die er gegen mich ausgesprochen hatte, zu Ohren gekommen.

Alle Leute, hohen wie niedrigen Standes, erwiesen ihm eine gleiche Ehrenbezeigung wie Wesir Jemal ed-Din. Ihr Gruß besteht darin, den Zeigefinger zur Erde zu führen, ihn dann zu küssen und auf ihren Kopf zu legen. Ich gab dem öffentlichen Ausrufer den Befehl, der im Sultanspalast vor den Anwesenden als Zeugen verkündete, daß jeder, der Wesir Abdallab ebenso wie den Großwesir grüße, ab sofort streng bestraft werde. Ich nahm Abdallah das Versprechen ab, so etwas bei den Leuten nicht mehr zuzulassen, was seinen Haß gegen mich nur noch vergrößerte.

Frauen und Intrigen

Ich nahm mir eine weitere Frau, nämlich die Tochter eines bei den Einwohnern in hohem Ansehen stehenden Wesirs, dessen Großvater der Sultan Da'ud, ein Enkel des Sultans Ahmed Schenuraza, war. Darauf heiratete ich eine Frau, die eine Nebenfrau Sultan Schihab ed-Dins gewesen war. In dem Garten, den mir der Wesir geschenkt hatte, baute ich drei Häuser. Meine vierte Frau, nämlich die Stieftochter des Wesirs Abdallah, bewohnte ihr eigenes Haus. Sie war mir die liebste von allen. Nachdem ich mich mit diesen bekannten Persönlichkeiten verschwägert hatte, fürchteten mich der Großwesir und die Bewohner der Insel und hatten Angst, weil sie sich mir gegenüber schwach fühlten. Zwischen mir und dem Minister kam es zu Intrigen, woran besonders Wesir Abdallah beteiligt war. Schließlich war die endgültige Entfremdung nicht mehr aufzuhalten.

Eines Tages geschah es, daß sich eine Frau über ihren Mann, einen Diener des Sultans Jelal ed-Din, beim Wesir beschwerte, daß sich ihr Mann bei einer der Konkubinen des Sultans befinde und mit ihr ein ehebrecherisches Verhältnis habe. Der Wesir schickte Zeugen los, die in das Haus der Konkubine eindrangen, den Burschen mit ihr auf einem Teppich schlafend vorfanden und beide festnahmen. Als ich am Morgen aufgestanden war und von der Geschichte gehört hatte, begab ich mich in den Audienzsaal, wo ich auf meinem Sitz Platz nahm, ohne mich irgendwie über den Fall der beiden zu äußern. Ein Höfling des Ministers kam zu mir und sagte: »Der Wesir läßt dich fragen, ob du ein Anliegen hast.« – »Nein!« Es war nämlich seine Absicht, in dieser Angelegenheit eine Stellungnahme von mir zu erfahren. So tat ich nichts und kehrte in mein Haus zurück. Recht bald erschien aber dort ein Wesir und sagte zu mir: »Der Minister läßt dir mitteilen, daß gestern diese Sache mit der Konkubine und dem Sklaven vorgefallen ist. Entscheide darüber dem Gesetz nach.« – »Das ist ein Fall«, erklärte ich, »über den nur im Sultanspalast Recht gesprochen werden darf.« So kehrte ich in den Audienzsaal zurück, wo sich bereits das Volk versammelt hatte. Ich ließ die Konkubine und den Diener kommen und befahl, sie wegen ihres intimen Beisammenseins auszupeitschen. Die Frau entließ ich in die Freiheit, während ich den Sklaven einsperren ließ. Als ich nach Hause gekommen war, schickte der Wesir eine Reihe von Würdenträgern zu mir, um die Freilassung des Sklaven zu erwirken. Ich antwortete ihnen: »Man legt bei mir Fürsprache für einen Negersklaven ein, der den Harem seines Herrn entehrt hat, und doch habt ihr eben erst den Sultan Schihab ed-Din abgesetzt und umgebracht, weil er in das Haus eines seiner Sklaven eingedrungen war.«

Vielmehr traf ich weitere Anordnungen. Der Sklave wurde mit Bambusruten geschlagen, was weit schmerzhafter als mit der Peitsche ist, und mit einem Strick um den Hals öffentlich auf der Insel umhergeführt. Dies teilten die Leute dem Wesir mit. Er war wütend, sprang immer wieder von seinem Sitz hoch, befahl die Wesire und die Armeeführer zu sich, um dann mich kommen zu lassen.

Während ich ihm sonst die gleiche Ehrerbietung wie einem Herrscher erwiesen hatte, sprach ich diesmal nur: »Heil über euch!« Dann wandte ich mich an alle Anwesenden: »Ihr seid mir Zeugen, daß ich hiermit mein Amt als Kadi niederlege, da ich nicht mehr in der Lage bin, es richtig auszufüllen.«

Inzwischen verkündete der Muezzin das Abendgebet, so daß der Minister zu seinem Haus zurückkehrte. Kurz darauf ließ er mich, den abgesetzten Kadi, wieder rufen. »Unser Herr«, sprach er zu mir, »läßt dich fragen, warum du den Respekt vor ihm vor Zeugen verletzt und ihm nicht den einem Herrscher gebührenden Gruß erwiesen hast?« – Ich entgegnete ihm: »Das tat ich nur, solange es mir gefiel. Als nun eine Entfremdung eintrat, unterließ ich es. Die Grußformel der Muslime ist das Wort as-Salam – Heil – und so habe ich gegrüßt.«

Wieder sandte er mir einen Boten mit den Worten: »Dein Verlangen geht nur dahin, uns zu verlassen. So zahle also die Hochzeitsgeschenke deiner Frauen und deine Schulden an die Leute und reise ab, wann du willst.« Der Minister hatte alles gegeben, was ich von ihm verlangte, hatte mich gern gehabt und mich hoch geschätzt. Aber dann änderte er seinen Sinn, nachdem man ihm vor mir Furcht eingejagt hatte.

Als er jedoch erfahren hatte, daß ich nach Tilgung meiner Schulden fest entschlossen war, die Insel zu verlassen, empfand er Reue über das, was gesagt worden war, und verzögerte die Erlaubnis der Abreise für mich. Ich schwor furchtbare Eide, daß ich abreisen müßte, und überbrachte meine Habseligkeiten in eine Moschee am Meer. Eine meiner Frauen entließ ich; eine zweite war guter Hoffnung, und ich setzte ihr einen Termin von neun Monaten, zu dem ich zurückkehren würde oder sie nach ihrem eigenen Belieben handeln könnte. Mit mir nahm ich die beiden übrigen Frauen, nämlich die ich zuerst geheiratet hatte, und die andere, um sie ihrem Vater, der auf der Insel Muluk lebte, zu übergeben.

Mit Wesir Omar, dem General der Armee, und Wesir Hasan, dem Admiral, war ich übereingekommen, daß ich mich in das Land Mabar begeben, dessen König mein Schwager war, und von dort mit Truppen zurückkehren würde, um die Inseln unter seine Herrschaft zu bringen und mich selbst zum Statthalter zu machen. Als Signal verabredete ich zwischen ihnen und mir das Hissen von weißen Flaggen auf den Schiffen. Sobald sie dieses Zeichen erblicken würden, sollten sie sich an Land erheben. Niemals hatte ich mich mit solchen Dingen befaßt. Erst die Entfremdung zwischen mir und dem Großwesir hatte mein Verhalten ausgelöst. Der Wesir fürchtete sich vor mir und sprach zum Volk: »Gewiß wird sich dieser Mensch des Wesirats bemächtigen, sei es nun zu meinen Lebzeiten oder erst nach meinem Tod.« Er erkundigte sich häufig über mich; so kam er auch zu der Behauptung: »Ich habe gehört, daß der König von Indien ihm Gelder geschickt hat, um damit einen Aufstand anzuzetteln.« Er fürchtete meine Abreise aus Angst, ich würde mit Truppen von Mabar zurückkommen. So schickte er zu mir und ließ mir vorschlagen, im Land zu bleiben, bis er für mich ein Schiff ausgerüstet habe. Ich ging jedoch nicht darauf ein.

Bei der Sultanin beklagte sich ihre Halbschwester, daß ihre Mutter mit mir abreisen wolle. Die Sultanin wollte es verhindern, vermochte es aber nicht. So ließ sie sich wenigstens den Schmuck zurückgeben. Die Wesire und Würdenträger kamen zu mir, als ich mich in der Moschee aufhielt, und baten mich dringend, wiederzukommen. »Hätte ich nicht geschworen«, entgegnete ich, »würde ich mit Sicherheit zurückkehren.« – Sie meinten: »Gehe auf eine der Inseln, damit dein Eid wahr werde, und komme dann zurück.« – »Gut!« sagte ich, nur um sie zu beruhigen.

Als nun der Tag kam, der zur Abreise vorgesehen war, ging ich zum Wesir, um mich zu verabschieden. Er umarmte mich und weinte, daß seine Tränen auf meine Füße tropften, brachte aber die Nacht damit zu, die Insel persönlich zu überwachen, aus Furcht, daß sich meine Schwäger und Gefährten erheben könnten.

Endlich reiste ich ab und kam zur Insel des Wesirs Ali. Meine Frau befiel dort ein großes Heimweh. Da sie unbedingt heimkehren wollte, entließ ich sie. Ich teilte dies dem Wesir mit, da sie die Mutter seiner Schwiegertochter war. Ich schied mich auch von jener Frau, der ich einen Termin gesetzt hatte, und ließ mir nur eine junge Sklavin nachkommen, die ich besonders liebhatte. Auf diesem Archipel reisten wir nun von einer Inselgruppe zur anderen.

Auf einer dieser Inseln sah ich eine Frau, die nur eine einzige Brust hatte. Auch eine ihrer Töchter hatte nur eine Brust, während bei der zweiten die eine Brust groß und die andere winzig klein war. Auch hatte die kleine keine Milch. Die körperliche Beschaffenheit dieser Frauen setzte mich in Erstaunen.

Eine Insel liefen wir an, die sehr klein war und nur ein Haus trug. Ein Weber bewohnte es mit Frau und Kindern. Mit einem Boot fuhr er zum Fischfang aus oder zu einer der benachbarten Inseln. Bananenbäume und Kokospalmen standen ihm zur Verfügung. Bei Gott, ich beneidete diesen Mann und hätte gewünscht, die Insel gehörte mir, wo ich mich ganz hätte zurückziehen können, um hier meine letzte Stunde abzuwarten.

Dann erreichten wir die Insel Muluk, wo das Schiff von Kapitän Ibrahim lag, mit dem ich nach Mabar reisen wollte. Mit seinen Gefährten gab er mir ein schönes Fest.

Der Wesir hatte einen sehr freundlichen Brief über mich geschrieben, in dem er befahl, mir auf dieser Insel täglich 120 000 Kauris, 20 Becher Kokoshonig und eine bestimmte Menge Betel, Arekanüsse und Fische zur Verfügung zu stellen. Ich blieb auf dieser Insel 70 Tage und heiratete dort zwei Frauen. Zu den Merkwürdigkeiten gehört ein Zweig, der von einem der dort wachsenden Bäume abgeschnitten und in die Erde gesteckt wird, Blätter treibt und selbst ein Baum wird. Überhaupt erfreut die Insel durch ihr frisches Grün.

Die Bewohner fürchteten, daß sie der Schiffskapitän bei seiner Abfahrt ausplündern könnte, und wollten daher bis zu diesem Zeitpunkt die Waffen an Bord beschlagnahmen. Aus diesem Grund kam es zu einem Streit, so daß wir nach Mahal segelten, ohne dort jedoch an Land zu gehen. Ich schrieb dem Minister einen Brief, in dem ich ihm diesen Fall erklärte, worauf er eine Anordnung traf, daß kein Anlaß zu einer Beschlagnahmung der Waffen bestünde. Wir kehrten nach Muluk zurück und verließen es Mitte des Rabi 745 (ca. 26. August 1344). Rund vier Monate später starb der Wesir Jemal ed-Din. Die Sultanin erwartete von ihm ein Kind, das auch nach dem Tod des Vaters geboren wurde. Der Wesir Abdallah nahm sie dann zur Frau.

Ohne einen erfahrenen Lotsen bei uns zu haben, reisten wir weiter. Die Entfernung zwischen den Malediven und der Küste von Mabar beträgt drei Tage. Wir segelten jedoch neun Tage und landeten auf der Insel Ceylon.

CEYLON

Rubine, Affen und fliegende Blutegel

Vom Meer aus erblickten wir den Berg Serendib (Adam's Peak), der wie eine Rauchsäule zum Himmel steigt. Als wir uns der Insel näherten, sagten die Matrosen: »Der Hafen liegt nicht im Land eines Sultans, dessen Gebiet die Kaufleute in Sicherheit betreten können, sondern befindet sich im Herrschaftsbereich des Sultans Airi Schakarvati, der ein übermütiger Verbrecher ist und seine Schiffe Seeräuberei betreiben läßt.« So fürchteten wir uns, diesen Hafen anzulaufen.

Da kam aber ein Sturm auf, so daß wir fürchten mußten, Schiffbruch zu erleiden. Deshalb erklärte ich dem Kapitän: »Setze mich an der Küste ab, und ich werde dir ein sicheres Geleit bei diesem Sultan erwirken.« Dies tat er auch. Die Ungläubigen näherten sich uns und fragten, wer wir seien. Ich erklärte ihnen, daß ich der Schwager des Sultans von Mabar und sein Freund sei, daß ich ihn besuchen käme und daß wir für ihn ein Geschenk an Bord hätten. Die Leute gingen zu ihrem Sultan und berichteten ihm von unserer Ankunft, worauf er mich holen ließ. Ich begab mich also in die Stadt Battala (Puttelam), seine Residenz, eine kleine, hübsche Stadt, die von Holzmauern und Holztürmen umgeben ist.

Die ganzen Küsten des Landes sind mit Stämmen der Zimtbäume bedeckt, die von den Bergflüssen herabgeschwemmt werden und sich zu Hügeln auftürmen. Die Bewohner tragen dieses Holz davon, ohne dafür etwas zahlen zu müssen. Allerdings beschenken sie dafür den Sultan als Ausgleich mit Kleiderstoffen. Zwischen dem

Land Mabar und der Insel Ceylon liegt eine Entfernung von einem Tag und einer Nacht. Auf Ceylon wächst auch viel Brasilienholz, dazu indische Aloe, die unter dem Namen el-Kalachi bekannt ist.

Sultan Airi Schakarvati ist ein mächtiger Beherrscher der See. Als ich mich noch in Mabar befand, sah ich dort im Hafen allein hundert Schiffe, die ihm gehörten. Wie ich nun vor ihm erschien, stand er auf, ging mir entgegen, wies mir einen Platz an seiner Seite zu und sagte: »Deine Gefährten mögen in Frieden an Land gehen und meine Gäste sein, bis sie abreisen; denn zwischen dem Sultan von Mabar und mir herrscht Freundschaft.« Dann befahl er, mir eine Wohnung anzuweisen.

Ich blieb bei ihm drei Tage lang und fand eine äußerst gastliche Aufnahme. Er verstand die persische Sprache und hörte gerne zu, wenn ich ihm über Herrscher und Länder erzählte. Eines Tages kam ich zu ihm, während vor ihm eine Menge Perlen lag, die ihm als Ertrag der Perlenfischerei gebracht worden war. Seine Leute hatten die kostbaren Perlen von den weniger wertvollen getrennt. Da fragte mich der Sultan: »Hast du Perlenfischerei in den Ländern gesehen, aus denen du gekommen bist?« – »Ja«, antwortete ich, »ich habe sie auf der Insel Kais gesehen, die dem Ibn as-Sawameli gehört.« – »Auch ich habe davon gehört«, meinte er und nahm einige Perlen aus der Menge. »Gibt es auf jener Insel solche wie diese hier?« – »Nein«, erklärte ich, »dort habe ich nur welche von geringerem Wert gesehen.« – Diese Antwort gefiel ihm, und er sprach: »Sie gehören dir. Geniere dich nicht und verlange von mir, was du willst.« – Ich meinte: »Ich habe keinen anderen Wunsch, seit ich auf diese Insel gekommen bin, als den ehrwürdigen Adamsfuß zu besuchen.« Die Bewohner Ceylons nennen Adam »Baba« und Eva »Mama«. – »Das ist sehr einfach«, sagte er, »wir werden jemanden mit dir schicken, der dich führen soll.« – »Das wünsche ich mir«, fuhr ich fort, »das Schiff, mit dem ich gekommen bin, wird bei freiem Geleit nach Mabar reisen können, und, wenn ich zurückgekommen bin, wirst du mich auf deinen Schiffen wegfahren lassen.« – Er sagte mir dies zu.

Als ich dies dem Kapitän mitteilte, meinte er: »Ich werde nicht absegeln, bevor du gekommen bist, und wenn ich ein ganzes Jahr warten sollte.« Als ich dies dem Sultan überbrachte, stellte er fest: »Der Kapitän wird bis zu deiner Rückkehr mein Gast sein.« Er stellte mir eine Sänfte zur Verfügung, die von seinen Sklaven auf den Schultern getragen wurde, und schickte vier Jogis mit mir, die alljährlich die Reise zum Adamsfuß durchführen. Außerdem erhielt ich drei Brahmanen, zehn weitere Leute und 15 Männer, die den Reiseproviant zu tragen hatten. Um Wasser brauchten wir uns nicht zu sorgen, da es unterwegs genügend davon gibt.

An diesem Tag lagerten wir an einem Fluß, den wir dann auf einem Floß aus Bambusrohr überquerten. Von dort zogen wir nach Menar Mendeli (Minnera Mandel), einer schönen Stadt an der äußersten Grenze des Herrschaftsbereichs des Sultans. Die Bewohner gaben uns ein schönes Gastmahl aus Fleisch von Büffelkälbern, die sie in einem Dschungel erlegt hatten. Außerdem bewirteten sie uns mit Reis, Butterschmalz, Fisch, Hühnern und Milch. In dieser Stadt trafen wir keinen Muslim, außer einem Mann aus Chorasan, der einer Krankheit wegen seine Reise unterbrochen hatte und sich nun uns anschloß. Nachdem wir das Städtchen Salawat (Chilaw) passiert hatten, zogen wir durch eine schwer gangbare, wasserreiche Gegend. Dort gibt es zahlreiche Elefanten, die aber weder den Pilgern noch den Fremden gefährlich sind. Daß man diesen Weg überhaupt gehen kann und von den Elefanten nicht belästigt wird, ist allein der Gnade des Scheichs Abu Abdallah Ibn Chafif zu verdanken, der als erster diesen Weg zum »Fuß« zugänglich machte. Zuvor hinderten nämlich die Heiden die Muslime daran, fügten ihnen Schaden zu, aßen nicht mit ihnen und verkauften ihnen nichts. Als aber die Gefährten des Scheichs von Elefanten getötet worden waren, während ihn selbst ein Elefant auf seinem Rücken heil davontrug, begannen die Heiden mit der Verehrung der Muslime, erlaubten ihnen den Zutritt zu ihren Häusern, mit ihnen zu speisen und ihnen Vertrauen zu schenken. Bis jetzt genießt der Scheich höchste Verehrung und wird der »Große Scheich« genannt.

Wir erreichten die Stadt Konakar (Gampola oder Kurunaigalla), die Residenz des Groß-Sultans. Sie liegt in einem schluchtartigen Tal zwischen zwei Bergen an einer großen Flußschleife, die die Rubinbucht heißt, nachdem dort dieser Edelstein gefunden wird. Vor der Stadt liegt die Moschee des Scheichs Otman esch-Schirazi, gewöhnlich Scha'usch genannt. Der Sultan und die Einwohner der Stadt pilgern zu ihm und verehren ihn; denn er war der Führer zum »Adamsfuß«. Als ihm aber eine Hand und ein Fuß abgehauen worden waren, übernahmen seine Söhne und seine Sklaven die Führeraufgabe. Der Grund für diese Bestrafung war, daß er eine Kuh schlachtete. Nach dem Gesetz der heidnischen Inder wird jeder, der eine Kuh tötet, ebenso wie sie umgebracht oder in ihre Haut gesteckt und verbrannt. Da Scheich Otman dort jedoch sehr angesehen war, wurden ihm nur eine Hand und ein Fuß abgeschnitten. Dafür erhielt er – sozusagen als Entschädigung – den Steuerertrag eines Basars.

Sultan Kunar hält an seinem Hof einen weißen Elefanten. Auf der ganzen Welt sah ich sonst kein solches Tier in weißer Farbe. Der Herrscher reitet ihn an Festtagen, wozu die Stirn des Elefanten mit großen Rubinen geschmückt wird.

Der wunderbare Rubin, el-Bahraman, wird nur bei dieser Stadt gefunden. Zum Teil wird er aus der Bucht gefischt, wo man die wertvolleren Stücke findet, zum anderen Teil gräbt man ihn aus der Erde. Auf der Insel Ceylon findet sich der Rubin überall. Die Ausbeute ist rein privat. So kauft zum Beispiel ein Mann ein Stück Land und gräbt nach den Edelsteinen. Fast immer findet er weiße, zweigförmig gespaltene Steine, in denen sich der Edelstein befindet. Er übergibt sie den Steinschleifern, die sie reiben und bearbeiten, bis sich der Edelstein von dem unedlen Material trennt. Es gibt rote, gelbe und blaue Edelsteine, die man Nellem nennt. In Ceylon ist es üblich, daß Edelsteine mit einem Wert von hundert Fanem für den Sultan bestimmt sind, der diesen Preis bezahlt. Was unter diesem Wert liegt, verbleibt dem Eigentümer. Hundert Fanem entsprechen etwa sechs Golddinaren. Alle Frauen auf Ceylon tragen anstelle von Armbändern und Fußringen Ketten aus farbigen Edelsteinen. Die Sklavinnen des Sultans besitzen ein Kopfnetz aus Edelsteinen. Auf der Stirn des weißen Elefanten zählte ich sieben Steine, die größer als Hühnereier waren, während Sultan Airi Schakarvati mit einem Löffel von der Größe einer Handfläche aus Edelstein sein Aloeöl hielt. Als ich ihm darüber mein Erstaunen ausdrückte, sagte er mir: »Wir besitzen derlei Dinge, die noch größer sind.«

Von Konakar aus stiegen wir bei der Grotte ab, die unter dem Namen Usta Mahmud el-Luri bekannt ist. El-Luri ist ein frommer Mann, der sich diese Grotte an einem Berghang bei einem Teich gegraben hat. Als nächstes erreichten wir einen Teich, der den Namen Chaur-i Buzineh, »Affenteich«, trägt.

Diese Berggegend wird von außerordentlich vielen Affen bevölkert. Sie sind schwarz und haben lange Schwänze. Ihre Männchen tragen einen Bart wie die Menschen. Scheich Otman, sein Sohn und andere haben mir erzählt, daß diese Affen einen Anführer haben, der um seinen Kopf eine Binde aus Baumblättern trägt und sich auf einen Stock stützt. Die Tiere gehorchen ihm wie einem Sultan. Zu seiner Rechten und zu seiner Linken halten sich stets vier Affen auf, die ebenfalls mit Stöcken ausgerüstet sind. Sobald sich der Anführer niedersetzt, treten die vier Affen hinter ihn. Sein Weibchen und seine Kinder suchen ihn täglich auf und nehmen bei ihm Platz, ebenso die anderen Affen, die sich in gebührender Entfernung vor ihm niederlassen. Nachdem einer der vier Trabantenaffen etwas zu ihnen gesagt hat, entfernen sie sich und kommen wieder zurück, wobei jeder eine Banane, eine Limone oder eine ähnliche Frucht mitbringt und sie abliefert. Nun essen der Anführer, seine Familie und die vier Trabanten. Ein Jogi hat mir berichtet, daß er beobachtet habe, wie die vier Trabanten einen Affen mit Stöcken schlugen und ihm dann noch die Haare ausrupften.

Vertrauenswürdige Männer erzählten mir, daß ein junges Mädchen nicht in der Lage sei, sich des Angriffs eines solchen Affen zu erwehren. Ein Bewohner dieser Insel hatte sich einen Affen in seinem Haus gehalten. Eine seiner Töchter betrat ein Zimmer, wohin ihr der Affe folgte. Plötzlich schrie sie um Hilfe. Als man herbeieilte, fand man den Affen dabei, dem Mädchen Gewalt anzutun. Das Tier wurde auf der Stelle getötet.

Am »Bambusteich« vorbei kamen wir zu einem Ort, der »Haus der alten Frau« heißt und an der Grenze der kultivierten Zone liegt. Nächstes Ziel war die Grotte des Baba Tahir, eines frommen Mannes. Eine weitere Grotte bewohnte Sebik, ein Heidensultan, der sich dorthin zurückgezogen hatte, um sich ausschließlich der Gottesverehrung zu widmen.

In dieser Gegend sahen wir den fliegenden Blutegel, den die Eingeborenen Zulu nennen. Er lebt vornehmlich in solchen Bäumen und Gräsern, die nahe am Wasser stehen. Nähert sich ein Mensch, so stürzt er sich auf ihn. Jede Stelle des Körpers, auf die er fällt, verströmt eine Menge Blut. Für den Fall seines Angriffs halten die Leute eine Limone bereit, die sie auf das Tier drücken, das dann von der Haut abfällt. Die von dem Blutegel befallene Stelle schaben sie mit einem Holzmesser, das eigens für diesen Fall bestimmt ist. Man berichtet, daß ein Pilger durch diese Gegend zog, den viele Blutegel überfielen und sich in seiner Haut verbissen. Er ertrug sie mit Geduld, ohne sie mit der Limone zu beseitigen. Dabei verlor er sein ganzes Blut und starb. Er hieß Baba Chuzi. Nach ihm ist dort eine Höhle benannt.

Der Fuß des Stammvaters

Nach den Sieben Grotten kamen wir zum Alexanderhügel, dann zur Grotte des el-Isfahani, einer Quelle und einem unbewohnten Schloß, das oberhalb des Teiches »Taufplatz der Heiligen« liegt. Dort liegen auch die Orangengrotte und die Sultansgrotte, die den Zugang zum Berg darstellt.

Der Berg Serendib (Adam's Peak) ist einer der höchsten Berge der Welt. Wir erblickten ihn bereits vom Meer aus, obwohl zwischen ihm und uns noch eine Entfernung von neun Tagen lag. Als wir ihn bestiegen, sahen wir die Wolken unter uns, so daß wir bisweilen nicht in die Tiefe schauen konnten. Auf ihm gibt es eine Menge Bäume, die ihre Blätter nicht verlieren, vielfarbige Blumen und eine rote Rosenart von der Größe einer Hand. Es wird behauptet, daß sich auf dieser Rose eine Schrift zeigt, aus der die Namen des allerhöchsten Gottes und seiner Propheten herausgelesen werden können. Auf dem Berg gibt es zwei Wege zum »Fuß«, den Weg des »Baba« und den der »Mama«, worunter die Eingeborenen Adam und Eva verstehen. Der Weg der »Mama« ist recht leicht, so daß ihn die Pilger für ihren Abstieg benutzen. Wer ihn aber zum Aufstieg begehen würde, hätte kein großes Ansehen über seine Pilgerfahrt zu erwarten. Der Weg des »Baba« hingegen ist beschwerlich. Die Alten haben in den Berg so etwas wie Stufen geschlagen, Eisenpfähle in die Felsen getrieben und an ihnen Ketten befestigt, an denen sich der Kletterer halten kann. Insgesamt gibt es am Berg zehn Ketten: zwei am Fuß des Serendib, wo sich die Sultansgrotte befindet, dann sieben hintereinander und schließlich die zehnte, die »Kette des Glaubensbekenntnisses«, weil der Pilger, wenn er sie erreicht hat und in die Tiefe schaut, so von Schwindel erfaßt wird, daß er aus Furcht vor einem Sturz das Glaubensbekenntnis hersagt: »Es ist kein Gott außer Gott, und Mohammed ist sein Prophet.« Ist man an diesen Ketten vorbei, so kommt man auf einen etwas vernachlässigten Pfad. Von der zehnten Kette bis zur Chidr-Grotte sind es noch sieben Meilen. Dort befindet sich eine Quelle, die auch nach Chidr benannt und voll von Fischen ist, die aber niemand fängt. In der Nähe der Grotte befinden sich beiderseits des Weges zwei Zisternen, die in die Felsen eingemeißelt sind. Bei der Chidr-Grotte lassen die Pilger ihre Habseligkeiten zurück und ersteigen über zwei Meilen hinweg den Gipfel des Berges, auf dem sich der »Fuß« befindet.

Die Spur des verehrungswürdigen Fußes unseres Vaters

Adam liegt auf einem schwarzen, hohen Felsen. Der Fuß drang in den Felsen ein, so daß die Stelle vertieft blieb. Seine Länge beträgt elf Spannen. In früherer Zeit kamen Leute aus China dorthin. Sie brachen aus dem Felsen das Stück der großen Zehe heraus und legten es in einen Tempel von Zaitun, der ebenfalls zu einem vielbesuchten Wallfahrtsort für große Teile Chinas wurde.

In den Felsen des Fußes sind neun Löcher gemeißelt, in die von den heidnischen Pilgern Gold, Edelsteine und Perlen gelegt werden. Es ist recht seltsam anzuschauen, wie die Fakire, wenn sie an der Chidr-Grotte angelangt sind, auf dem letzten Stück des Weges versuchen, einander zu überholen, um zuerst zu den Löchern zu kommen und sich deren Inhalt zu nehmen. Außer ein paar kleinen Edelsteinen und ein wenig Gold, das wir dem Führer gaben, fanden wir nichts vor. Es ist üblich, daß sich die Pilger drei Tage lang in der Chidr-Grotte aufhalten und in dieser Zeit morgens und abends den »Fuß« besuchen. Dies taten auch wir.

Als die drei Tage vorüber waren, kehrten wir auf dem Weg der »Mama« zurück und lagerten an der Grotte des Scheim, des Seth, des Sohnes Adams. Von da ging es am Fischteich vorbei zu den Dörfern Kurmula, Jabarkawan, Dil-Dinawa und At-Kalanja, wo Scheich Abu Abdallah den Winter über zu bleiben pflegte. Diese Dörfer und Stationen liegen alle am Berg. An seinem Ende steht der Direcht rewan, der »wandelnde Baum«, ein uraltes Exemplar, von dem kein Laub abfällt. Ich habe niemanden getroffen, der jemals dort am Boden ein Blatt gefunden hätte. Am Fuß des Berges erblickte ich eine ganze Anzahl von Jogis, die den Platz nicht verließen, weil sie auf ein fallendes Blatt warteten. Der Baum selbst steht an einem völlig unzugänglichen Ort. Bei den Bewohnern des Landes wird ein Märchen verbreitet, in dem es heißt, daß derjenige, der von den Blättern ißt, wieder seine Jugend erhält, auch wenn er ein Greis sei. Dies ist aber ein dummes Geschwätz. Unterhalb des Berges Serendib liegt ein großer Teich, aus dem Edelsteine gewonnen werden. Er hat ein außerordentlich blaues Wasser.

Von hier aus reisten wir zwei Tage weiter und kamen nach Dinawer (Dewandera), einer großen Stadt, die hauptsächlich von Kaufleuten bewohnt wird. Den gleichen Namen trägt ein sich dort befindendes Götzenbild, das in einem herrlichen Tempel steht, in dem etwa 1000 Brahmanen und Jogis und etwa 500 Hindumädchen leben, die Nacht für Nacht vor dem Götzenbild singen und tanzen. Das Götzenbild ist aus Gold in der Größe eines Menschen. Anstelle der beiden Augen trägt es zwei große Edelsteine. Sie sollen nachts wie zwei Lampen leuchten.

Sechs Parasangen von Dinawer entfernt erreichten wir die Stadt Kali (Galle, Point de Galle). Der Reeder Ibrahim, der dort zu Hause ist, bewirtete uns in seiner Wohnung. Wir reisten weiter nach Kalambu (Colombo), einer der größten und schönsten Städte von Ceylon, in der der Wesir und »Gouverneur des Meeres«, Jalasti, residiert, der allein 500 Äthiopier unter seinen Truppen hat. Drei Tage später besuchten wir den Sultan in Battala. Wir trafen dort den Reeder Ibrahim, der bereits auf mich gewartet hatte, und reisten mit Bestimmung Mabar ab.

MABAR UND BENGALEN

Als Schiffbrüchiger an Land

Es war Sturm aufgekommen, und das Wasser war nahe daran, ins Schiff einzudringen. Zu dieser gefährlichen Situation kam noch hinzu, daß wir keinen erfahrenen Lotsen hatten. Mit Mühe konnten wir Felsen und Riffe umfahren und schließlich in seichtes Wasser gelangen, so daß das Schiff aufsaß. Wir sahen den Tod vor Augen. Die Seeleute warfen ins Meer, was sie bei sich hatten, und sagten einander Lebewohl. Wir kappten den Schiffsmast und warfen ihn ins Wasser. Die Matrosen bauten aus Brettern ein Floß. Zwischen uns und dem Festland lag eine Entfernung von zwei Parasangen (etwa zwölf Kilometer). Ich wollte aufs Floß steigen. Bei mir hatte ich zwei Sklavinnen und zwei meiner Gefährten, die zu mir sprachen: »Du steigst hinab und verläßt uns?« – Da hatte ich das Gefühl, sie lieber als mich selbst zu haben. Deshalb sagte ich zu ihnen: »Steigt ihr beide hinab und das Mädchen, das ich liebe!« – Das andere Mädchen meinte nämlich: »Ich kann gut schwimmen; ich will mich an einen der Stricke des Floßes anhängen und hinterherschwimmen.« So bestiegen meine beiden Kameraden das Floß, deren einer Mohammed Ibn Ferhan at-Tauzeri, der andere ein Ägypter war. Das eine Mädchen war bei ihnen, während das andere hinterherschwamm. Auch die Matrosen befestigten Stricke am Floß und schwammen mit. Ich gab ihnen mit, was mir wert schien, mit an Land zu nehmen: Edelsteine und Ambra. Da ihnen der Wind half, gelangten sie wohlbehalten ans Festland. Ich selbst blieb auf dem Schiff; der Kapitän steuerte es auf dem abgebrochenen Ruder an Land. Die

Matrosen bauten vier Flöße, aber die Nacht brach herein, bevor sie vollendet waren. Das Wasser drang ins Schiff ein, und so stieg ich auf das Hinterteil des Fahrzeugs, wo ich bis zum Morgen blieb. Da kamen einige Heiden in einem Boot zu uns und nahmen uns mit an die Küste des Landes Mabar. Wir erklärten ihnen, daß wir Freunde des Sultans seien, unter dessen Schutz sie standen. Man unterrichtete ihn über diesen Vorfall; er befand sich gerade in einer Entfernung von zwei Tagen auf einem Kriegszug gegen die Ungläubigen. Ich schrieb ihm einen Brief und teilte ihm mit, was mir zugestoßen war.

Jene Heiden führten uns in ein großes Dickicht und brachten uns eine Frucht, die der Melone ähnlich ist und die der Muklbaum trägt. In ihrem Inneren befindet sich eine Art Baumwolle, die eine Honigsubstanz enthält, die man daraus gewinnen und ein süßes Gericht namens Tall verfertigen kann, das wie Zucker aussieht.

Nach drei Tagen kam aus dem Gefolge des Sultans der Emir Kamar ed-Din, der bei sich eine Anzahl Reiter und Fußtruppen hatte. Sie brachten eine Sänfte und zehn Pferde. Ich, meine Kameraden, der Kapitän und eines der beiden Mädchen setzten sich auf Pferde, während das andere Mädchen in der Sänfte getragen wurde. In der kleinen Festung Harkatu (Arkote) übernachteten wir, und ich ließ die Mädchen, einige meiner Sklaven und meine Gefährten zurück. Am zweiten Tag erreichten wir das Lager des Sultans.

Als wir in die Nähe des Lagers kamen, schickte uns Sultan Giyat ed-Din ed-Damegani einige seiner Kämmerer entgegen. Er selbst saß in einem Holzturm. Nun ist es in ganz Indien üblich, daß niemand ohne Stiefel vor dem Sultan erscheinen darf. Ich aber hatte keine, doch ein Heide gab mir ein Paar, obwohl es dort einige Muslime gab. Ich war über das Benehmen des Ungläubigen überrascht, der mehr Humanität bewies als die Muslime. Ich trat vor den Sultan, der mich Platz nehmen ließ und den Kadi und Mekkapilger Sadr ez-Zeman Beha ed-Din rufen ließ. Dieser brachte mich in drei Zelten seiner Nachbarschaft unter und schickte mir Teppiche und die landesübliche Kost, also Reis und Fleisch. Man pflegt in Mabar nach der Mahlzeit saure Milch zu reichen, wie man es auch in unserer Heimat tut.

Anschließend hatte ich eine Unterredung mit dem Sultan. Ich weckte sein Interesse für die Malediven und schlug ihm vor, eine Armee dorthin zu schicken. Er kam auch gleich zu einem festen Entschluß und bestimmte die Flotte dafür. Für die Sultanin suchte er ein Geschenk aus, für die Wesire und Emire Ehrengewänder und weitere Geschenke. Mir übertrug er die Vollmacht, einen Heiratsvertrag in seinem Namen mit der Schwester der Sultanin abzuschließen, und befahl, drei Schiffe mit Almosen für die Armen der Inseln zu beladen. Zu mir sagte er: »Du sollst nach fünf Tagen zurückkehren.« – Aber Admiral Chodscha Serlek meinte: »Die Expedition nach den Malediven ist erst in drei Monaten möglich.« – Da sagte der Sultan zu mir: »Wenn sich die Sache so verhält, so komm nach Fattan, auf daß wir diesen Feldzug beenden und in unsere Hauptstadt Mutra zurückkehren können. Von dort aus soll dann die Expedition stattfinden.« So blieb ich bei ihm und schickte mittlerweile jemanden, meine Sklaven und Kameraden zu holen.

Die Grausamkeiten des Sultans

Das Gebiet, das wir nun zu durchqueren hatten, war ein einziges Dickicht aus Bäumen und Schilfrohr, so daß es eigentlich niemand betreten konnte. Der Sultan befahl, daß jeder Mann im Heer, hoch wie niedrig, eine Axt mitführen sollte, um sich durch das Dickicht Bahn zu brechen. Wenn das Lager aufgeschlagen war, ritt er selbst in Begleitung seiner Leute umher, um die Bäume des Dschungels rundum niederhauen zu lassen. Dann brachte man die Mahlzeit, und alle Soldaten aßen, Truppe für Truppe. Dann wurden wieder Bäume bis zum Einbruch der Dunkelheit gefällt. Alle Heiden, die man im Dschungel fand, nahm man gefangen. Man fertigte an beiden Enden zugespitzte Pfähle an und legte sie den Gefangenen als Traglast auf. Jeder Gefangene hatte Frau und Kinder bei sich, und man brachte alle in das Lager.

Um das Lager wird ein Holzwall mit vier Toren errichtet. Die Behausung des Sultans wird durch einen zweiten Wall abgesichert. Außerhalb des Hauptwalls legt man Plattformen an, die etwas erhöht sind und auf denen man nachts Feuer anzündet. Sklaven und Soldaten halten dort die Nachtwache. Jeder von ihnen hat ein Bündel Spanholz bei sich. Kommen nun Heiden, um das Lager nachts zu überfallen, so zündet jeder von ihnen das Bündel an, das er in der Hand hält, so daß die Nacht schließlich zum Tag wird und die Reiterei zur Verfolgung der Heiden aufbrechen kann. Wurde es Morgen, so teilte man die am Tag zuvor gefangengenommenen Heiden in vier Parteien auf, und jede Partei wurde zu einem Tor des Walles gebracht. Die Pfähle, die sie tags zuvor getragen hatten, mußten dort eingerammt werden, und schließlich wurden die Gefangenen darauf aufgespießt, so daß die Pfähle sie durchdrangen. Ihre Frauen wurden erwürgt und mit den Haaren an diesen Pfählen aufgeknüpft, die kleinen Kinder am Busen der Mutter erschlagen und dort liegengelassen.

Das Lager wurde neu errichtet, und man beschäftigte

sich damit, ein weiteres Dickicht zu durchhauen. Mit erneut gefangengenommenen Heiden verfuhr man ebenso. Das war ein abscheuliches Vorgehen, das ich von keinem einzigen Fürsten sonst irgendwie in Erfahrung gebracht habe. Deshalb beschleunigte auch Gott das Verderben des Giyat ed-Din.

Eines Tages – der Kadi saß zur Rechten des Sultans, ich zu seiner Linken, und er speiste mit uns – sah ich, wie man einen Heiden herbeischleppte, bei dem sich dessen Frau und sein siebenjähriger Sohn befanden. Der Sultan winkte den Scharfrichtern mit der Hand, jedem das Haupt abzuschlagen, und rief in persischer Sprache: »Und auch seiner Frau und seinem Sohn.« Dies geschah auch sofort. Ich wandte meinen Blick von den Opfern ab; als ich aber aufstand, fand ich ihre Köpfe vor mir am Boden herumliegen. Eines anderen Tages befand ich mich beim Sultan. Da brachte man ihm einen Heiden. Der Sultan sprach einige Worte, die ich nicht verstand, und sofort zogen mehrere seiner Trabanten ihre Messer. Eilends stand ich auf. »Wohin?« fragte er mich. – »Ich will das Nachmittagsgebet verrichten«, erwiderte ich. Er verstand mich, lächelte und befahl, jenem Hände und Füße abzuschneiden. Als ich zurückkehrte, fand ich ihn sich in seinem Blute wälzend.

In der Nachbarschaft der Länder des Sultans Giyat ed-Din regierte ein heidnischer Fürst namens Bilal Diao, der einer der mächtigsten Hindusultane war. Seine Armee überstieg die Zahl von einhunderttausend Soldaten, und bei ihm befanden sich ungefähr zwanzigtausend Muslime: Taugenichtse, Verbrecher und entlaufene Sklaven. Dieser Fürst war ganz begierig, sich des Landes Mabar zu bemächtigen, wo die Armee der Muslime rund sechstausend Mann stark war. Von ihnen war die Hälfte von bester Kampfkraft, die andere Hälfte jedoch absolut unbrauchbar. In der unmittelbaren Umgebung der Stadt Kubban kam es zum Gefecht. Der Hindufürst schlug die Muslime in die Flucht, die sich in die Residenz Mutra zurückzogen. Der Heide lagerte vor Kubban, das eine der größten und bestbefestigten Städte des Landes ist, und schloß sie zehn Monate lang ein. Als die Belagerten schließlich nur noch für vierzehn Tage Proviant hatten, schickte ihnen der Hindufürst die Aufforderung, unter sicherem Geleit auszuziehen und ihm die Stadt zu übergeben. Die Garnison ließ ihn wissen, daß sie unbedingt ihrem Herrscher diesen Vorschlag unterbreiten müsse. Darauf gab er ihnen eine Frist von vierzehn Tagen. Die Besatzung schrieb dem Sultan Giyat ed-Din und schilderte ihm ihre Lage. Er las das Schreiben dem Volk im Freitagsgottesdienst vor. Die Leute weinten und riefen: »Wir wollen unser Leben Gott zum Opfer bringen. Denn wenn der Heide jene Stadt einnimmt, wird er auch vor unsere ziehen; der Tod durch das Schwert ist besser für uns.« Sie gelobten sich, zusammen zu sterben, zogen am nächsten Morgen aus, legten ihre Turbane ab und banden sie um die Hälse der Pferde, was ein Zeichen dafür ist, daß man den Tod sucht. Die tapfersten und besten Krieger wurden ins Vordertreffen gestellt. Es waren rund dreihundert. Den rechten Flügel kommandierte Seif ed-Din Bihadur, der ein frommer und tapferer Rechtsgelehrter war, während den linken el-Malik Mohammed as-Silahdar befehligte. Der Sultan selbst ritt im Zentrum und hatte bei sich dreitausend Mann. Die restlichen dreitausend gab er in die Nachhut des Heeres und ernannte Assad ed-Din Kelchosrau al-Farisi zu ihrem Kommandeur. Zur Zeit der Mittagsruhe wurde das Lager der Heiden angegriffen, während nämlich die Leute unaufmerksam und die Pferde auf der Weide waren. Die Muslime stürzten sich auf das Lager. Die Heiden jedoch glaubten, daß es sich nur um eine Räuberbande handele, traten ihnen also ohne Schlachtordnung entgegen und kämpften mit ihnen. Da fiel Sultan Giyat ed-Din über die Heiden her und brachte ihnen eine furchtbare Niederlage bei. Als ihr Herrscher, ein Mann von achtzig Jahren, zu Pferde steigen wollte, erreichte ihn Nasir ed-Din, der Neffe des Sultans. Er wollte den Mann töten, da er ihn nicht kannte. Aber einer seiner Sklaven sprach zu ihm, daß es der Sultan sei, worauf er ihn gefangennahm und zu seinem Onkel brachte. Dieser nahm ihn zunächst dem Anschein nach mit großer Ehrerbietung auf, bis er ihm seine Schätze, Elefanten und Pferde herausgepreßt hatte, indem er ihm die Freiheit versprach. Als er nun alles besaß, ließ er ihn erdrosseln und schinden. Seine Haut wurde mit Stroh ausgestopft und an der Stadtmauer von Mutra aufgehängt. Ich sah sie selbst noch dort hängen.

Aber wieder zurück zu unseren persönlichen Erlebnissen. Ich verließ das Lager und kam nach Fattan, einer großen und schönen Stadt am Meeresufer. Ihr Hafen ist bewundernswert. Man hat in ihm einen großen Holzturm errichtet, der auf starken Pfosten ruht und zu dem man auf einem ebenfalls aus Holz erbauten, gedeckten Weg emporsteigt. Wenn sich ein Feind nähert, versammelt man dort die Schiffe, die sich im Hafen befinden, während die Soldaten und Bogenschützen den Turm besetzen, so daß kein Feind Gelegenheit hat, einen Handstreich durchzuführen. In dieser Stadt gibt es eine prächtige, aus Stein erbaute Moschee; auch wachsen Wein und gute Granatäpfel. Ich traf dort den frommen Scheich Mohammed aus Nisapur, einen jener geistesgestörten Fakire, die ihre Haare über die Schultern herabhängen lassen. Bei sich hatte er einen Löwen, den er aufgezogen hatte und der mit den Fakiren aß und bei ihnen wohnte. In seiner Begleitung hatte der Scheich rund dreißig

Fakire, von denen einer eine Gazelle besaß, die mit dem Löwen an ein und demselben Ort zusammenlebte, ohne daß dieser ihr etwas antat.

Als Sultan Giyat ed-Din nach Fattan gekommen war, ging ich ihm zur Begrüßung entgegen und überreichte ihm ein Geschenk. Als der Sultan nun Quartier genommen hatte, ließ er Admiral Chodscha Serur kommen und befahl ihm: »Kümmere dich um nichts anderes als um die Schiffe, die für die Expedition nach den Malediven bestimmt sind!« Er wollte mir den Wert des Geschenkes ersetzen, aber ich weigerte mich, es anzunehmen. Später aber bereute ich es, denn er starb bald darauf, und ich erhielt nichts mehr. Der Sultan hielt sich einen halben Monat lang in Fattan auf. Dann reiste er nach seiner Residenz ab, während ich ebenfalls noch einen halben Monat nach seiner Abreise verblieb, worauf ich mich in seine Hauptstadt begab, nämlich Mutra, eine große Stadt mit breiten Straßen. Der erste, der diese Stadt zur Residenz machte, war mein Schwiegervater, der Sultan und Scherif Jelal ed-Din Ahsan Shah. Er wollte sie so prächtig wie Delhi ausstatten und schmückte sie mit wunderbaren Gebäuden.

Als ich dorthin kam, herrschte in der Stadt eine Seuche, an der die Leute plötzlich und zahlreich verstarben. Wer an dieser Seuche erkrankte, verschied am zweiten oder dritten Tag, und wenn sich sein Ende hinauszögerte, so war es höchstens nur noch um einen weiteren Tag. Wenn ich ausging, sah ich nur Kranke oder Tote. Ich kaufte in Mutra eine junge Sklavin unter der festen Zusicherung des Verkäufers, daß sie gesund sei; doch starb sie bereits am nächsten Tag. Einmal besuchte mich eine Frau, deren Gemahl einer der Wesire des Sultans Ahsan Shah gewesen war. In ihrer Begleitung war ihr achtjähriger Sohn, ein talentvolles, aufgewecktes und intelligentes Kind. Sie beklagte sich über ihre Armut, und ich gab ihr eine Summe

Geld. Es waren gesunde und wohlgewachsene Menschen. Aber bereits einen Tag später kam die Frau und verlangte ein Leichentuch für ihren Sohn, denn er war plötzlich gestorben. Im Audienzsaal des Sultans erlebte ich, wie er starb. Hunderte von Dienerinnen, die herbeigebracht worden waren, um den Reis zu zerstoßen, aus dem die Speisen für die Menschen am Hof hergestellt wurden, waren alle krank und hatten sich in der Sonne auf dem Boden niedergelegt. Als der Sultan in Mutra einzog, fand er seine Mutter, seine Frau und seinen Sohn von der Seuche ergriffen. Drei Tage lang blieb er in der Stadt, dann begab er sich zu einem Fluß, der etwa eine Parasange von hier entfernt war und bei dem sich ein Heidentempel befand. An einem Donnerstag begab ich mich zu ihm hinaus und er befahl, mich in der Nähe des Kadi unterzubringen. Gerade, als die Zelte für mich aufgeschlagen worden waren, sah ich, wie die Leute zusammenliefen und wirr durcheinandersprachen, daß der Sultan gestorben sei, während andere wieder behaupteten, sein Sohn sei tot. Später erfuhren wir die Wahrheit: Es war der Sohn, der gestorben war. Der Sultan hatte außer ihm keinen weiteren Sohn mehr. Sein Tod war eine der Ursachen, die die Krankheit, an der er litt, noch vermehrte. Am Donnerstag darauf starb auch die Mutter des Sultans.

Am dritten Donnerstag starb Sultan Giyat ed-Din. Ich erfuhr davon und kehrte eilends in die Stadt zurück aus Furcht vor inneren Unruhen. Dort begegnete ich seinem Neffen Nasir ed-Din, dem Thronfolger, der ins Lager hinauszog, wo man nach ihm geschickt hatte, denn der Sultan hatte keinen Sohn. Er bat mich, mit ihm umzukehren, doch schlug ich dieses Ansinnen ab. Nasir ed-Din war, bevor sein Onkel König wurde, Diener in Delhi gewesen. Als dieser nun an die Herrschaft gekommen war, floh er, als Fakir verkleidet, zu ihm. Es war der

Beschluß des Schicksals, daß er ihm in der Herrschaft nachfolgen sollte. Nachdem er den Huldigungseid empfangen hatte, machten die Dichter Lobgedichte auf ihn, und er spendete ihnen in freigebigster Weise Geschenke. Der erste, der als Dichter auftrat, war der Richter Sadr ez-Zeman, dem er fünfhundert Dinare und ein Ehrenkleid schenkte. Ihm folgte der Wesir, genannt el-Kadi, dem der Sultan zweitausend Silberstücke gab. Mir ließ er dreihundert Dinare und ein Ehrengewand überreichen. An die Armen und Notleidenden verteilte er Almosen. Als der Prediger die erste Ansprache hielt, bei der er den Namen des neuen Sultans in das Kanzelgebet einflocht, wurden Dinare und Dirhams in Gold- und Silberschüsseln über ihn ausgeschüttet.

Für den verstorbenen Sultan Giyat ed-Din wurde das Leichenbegängnis gefeiert. Jeden Tag las man über seinem Grab den Koran von Anfang bis zum Ende, worauf man Speisen brachte und dem Volk zu essen gab. Nach ihrem Rang wurden alle Leute mit Silberstücken beschenkt, was man vierzig Tage hindurch tat. Später verfuhr man ebenso jedes Jahr an seinem Todestag.

Die erste Regierungshandlung des Sultans Nasir ed-Din war, daß er den Wesir seines Onkels absetzte und ihm Gelder erpreßte. Mit der Stelle eines Wesirs bekleidete er den Melik Bedr ed-Din, den sein Onkel, als ich in Fattan war, zu meiner Begrüßung geschickt hatte. Er starb aber nach kurzer Frist, worauf der Sultan Chodscha Serur, den Admiral, zum Wesir machte, und befahl, daß man ihn mit Chodscha Jihan anspreche, geradeso wie den Wesir in Delhi. Wer ihn anders titulierte, sollte eine bestimmte Summe Geld als Strafe hinterlegen. Später ließ der Sultan Nasir ed-Din den Sohn seiner Vaterschwester, also seinen Vetter, der mit der Tochter des Sultans Giyat ed-Din verheiratet war, töten und nahm diese anschließend selbst zur

Frau. Ihm wurde hinterbracht, daß Melik Masud jenen, seinen Vetter, vor dem Tod im Gefängnis besucht habe, worauf er ebenfalls Masud umbringen ließ. Ebenso wie Melik Bahadur, der ein tapferer, edelmütiger und trefflicher Mann war.

Sultan Nasir ed-Din befahl, für mich die Schiffe zusammenzuziehen, die sein Onkel bestimmt hatte, um die Expedition nach den Malediven durchzuführen. Jetzt aber packte mich das Fieber, das dort tödlich ist, und ich glaubte, daß dies nun mein Ende wäre. Gott gab mir ein, die Tamarinde zu versuchen, die in jenem Land häufig vorkommt. Ich nahm etwa ein Pfund davon, das ich ins Wasser legte und dieses Wasser dann trank. Dadurch bekam ich drei Tage lang Durchfall, und Gott machte mich wieder gesund.

Nach alldem hatte ich eine solche Abneigung gegen die Stadt Mutra bekommen, daß ich den Sultan um Erlaubnis bat, abreisen zu dürfen. Er aber sprach zu mir: »Wie darfst du denn fort, da es doch nur noch ein Monat bis zu dem Augenblick der Abreise nach den Inseln ist? Bleibe hier, damit wir dir alles geben können, was dir zu schenken der Herr der Welt, der verstorbene Sultan, befohlen hat.« Ich aber hatte keine Lust mehr. So schrieb er einen Empfehlungsbrief für mich nach Fattan, damit ich in jedem mir angenehmen Schiff abreisen könne. Ich kehrte in diese Stadt zurück und fand dort acht Schiffe vor, die auf der Seereise nach Jemen waren. Auf einem dieser Schiffe stach ich in See. Wir begegneten unterwegs vier Kriegsschiffen. Nachdem sie sich kurze Zeit mit uns herumgeschlagen, dann aber von uns abgelassen hatten, kamen wir in Kaulem an. Ich verspürte in mir noch einen Rest von Krankheit, so daß ich in dieser Stadt drei Monate lang blieb. Dann ging ich wieder an Bord eines Schiffes in der Absicht, den Sultan Jemal ed-Din von Hinaur aufzusuchen, aber zwischen Hinaur und Fakanaur überfielen uns die Heiden.

Als wir bei einer kleinen Insel zwischen Hinaur und Fakanaur angelangt waren, umzingelten uns die Heiden mit zwölf Kriegsschiffen, kämpften sehr heftig mit uns und überwältigten uns schließlich. Sie nahmen alles, was ich besaß und für schlechte Zeiten zurückgelegt hatte. Sie raubten die Perlen und die Edelsteine, die mir der König von Ceylon geschenkt hatte, ebenso wie meine Kleider und den Reiseproviant, den ich mitführte, Sachen, die mir fromme und heilige Menschen gegeben hatten, und ließen mir keine Kleidungsstücke, die Beinkleider ausgenommen. Sie rafften auch das Eigentum der ganzen Schiffsmannschaft an sich und setzten uns an der Küste ab.

Völlig mittellos, wie ich nun war, kehrte ich nach Kalikut zurück und ging in eine der Moscheen. Ein Rechtsgelehrter schickte mir ein Gewand, der Kadi einen Turban, ein Kaufmann ein anderes Kleidungsstück. Dort erfuhr ich auch von der Vermählung des Wesirs Abdallah mit der Sultanin Chadischa nach dem Tode des Wesirs Jemal ed-Din, und daß meine Frau, die ich schwanger zurückgelassen hatte, mit einem Knaben niedergekommen war. Für Augenblicke hatte ich den Wunsch, nach den Malediven zu reisen, doch erinnerte ich mich der Feindschaft, die zwischen mir und dem Wesir Abdallah bestand. Daher schlug ich den Koran auf und las die Worte: »... zu denen steigen die Engel herab und sprechen: Fürchtet euch nicht und seid nicht traurig ...« So entschloß ich mich zu dieser Reise. Ich bat Gott um seinen Segen, reiste ab und kam nach zehn Tagen zu den Malediven und landete auf der Insel Kanalus. Der Gouverneur der Insel, Abd al-Aziz aus Makdaschau, nahm mich in Ehren auf, bewirtete mich reichlich und rüstete für mich eine Kundura aus. Dann kam ich nach Hululi, der Insel, wo sich die Sultanin und ihre Schwester aufzuhalten pflegen, wenn sie spazierengehen und baden wollen. Einen solchen Ausflug der Sultanin nennt man dort Tabahhur, Badereise. Man unterhält sich auf den Schiffen mit Spielen. Die Wesire und Emire schicken ihre Geschenke und andere Gaben, solange sie auf der Insel ist. Ich traf dort die Schwester der Sultanin und ihren Mann, den Prediger Mohammed, den Sohn des Wesirs Jemal ed-Din, und ihre Mutter, die meine Frau gewesen war. Der Prediger besuchte mich, und man brachte Speisen. Einige Bewohner der Insel begaben sich zum Wesir Abdallah und informierten ihn von meiner Ankunft. Er erkundigte sich nach meiner Lage und nach den Leuten, die mit mir angekommen seien. Man teilte ihm mit, daß ich gekommen sei, um meinen Sohn mitzunehmen, der rund zwei Jahre alt war. Die Mutter des Kindes sprach beim Wesir vor, um sich über meinen Plan zu beklagen. Er aber sagte zu ihr: »Ich werde ihn nicht daran hindern, seinen Sohn mitzunehmen.«

Der Wesir bat mich sehr eindringlich, auf die Insel Mahal zu kommen. Dort brachte er mich in einem Haus gegenüber dem Turm seines Palastes unter, wohl um meine Lage genau überblicken und kontrollieren zu können. Er schickte mir ein vollständiges Gewand, Betel und Rosenwasser nach Landessitte. Ich brachte zwei Stücke Seidenstoff mit, um sie beim Gruß hinzuwerfen, aber man nahm sie mir weg, und der Wesir kam mir auch diesen Tag nicht zur Begrüßung entgegen. Man brachte mir meinen Sohn, aber da hielt ich es doch für das beste, ihn im Lande zu lassen. So gab ich ihn den Leuten zurück und blieb noch fünf Tage. Es schien mir ratsam, meine Abreise nicht mehr hinauszuzögern. Ich bat deshalb um die Erlaubnis dazu, worauf der Wesir mich zu sich rufen ließ. Dies tat ich auch. Mir wurden die beiden Stücke Stoff übergeben, die man mir abgenommen hatte, so daß ich sie bei der Begrüßung nach der dort üblichen Sitte hinwerfen konnte. Der Wesir ließ mich an seiner Seite Platz nehmen und fragte mich über meine Lage aus. Ich speiste mit ihm und wusch meine Hände in der gleichen Schüssel wie er, etwas, was er sonst bei niemandem zulassen würde. Man brachte Betel, und ich verabschiedete mich. Der Wesir schickte mir Gewänder und Hunderttausende von Kauris, was ich kaum von ihm erwartet hätte.

Eine Hölle voll Glücksgüter

Wir reisten ab und blieben dreiundvierzig Nächte auf dem Meer, worauf wir nach Bengalen kamen, ein weitausgedehntes Land, das reich an Reis ist. Ich sah in der ganzen Welt kein Land mit niedrigeren Preisen, doch ist es ein Land des Unheils, wie die Chorasaner sagen »eine Hölle, voll von Glücksgütern«. Ich war dabei, als man den Reis auf den Märkten des Landes verkaufte: fünfundzwanzig Pfund nach dem Gewicht von Delhi um einen Silberdinar, wobei der Silberdinar acht Dirhams wert ist, und der indische Dirham einem Dirham in ungemünztem Silber gleichkommt. Das Pfund von Delhi ist aber soviel wie zwanzig Pfund in meiner Heimat. Dabei hörte ich die Leute sagen, daß diesmal ein außerordentlich hoher Preis für die dortigen Verhältnisse gezahlt würde. Der Marokkaner Mohammed al-Masmudi, ein rechtschaffener Mann, der früher in diesem Land gewohnt hatte und bei mir in Delhi gestorben war, hatte mir erzählt, daß er eine Frau und einen Diener hatte und den Lebensunterhalt für alle drei in einem Jahr mit acht Dirhams bestritt, wobei er den Reis in der Hülse, und zwar achtzig Pfund von Delhi um acht Dirhams, kaufte. Wenn er ihn gestoßen hatte, ergaben sich fünfzig Pfund Reingewicht.

In Bengalen erlebte ich, wie eine Milchkuh um drei Silberdinare verkauft wurde. Ich sah außerdem, wie gemästete Hühner, und zwar acht Stück, um einen einzigen Dirham weggegeben wurden. Fünfzehn junge Tauben kosteten einen Dirham. Ich war dabei, wie ein fetter Widder mit zwei Dirhams bezahlt wurde, ein Pfund Zucker mit vier Dirhams, wobei das Pfund nach dem Gewicht von Delhi gemeint ist, ein Pfund Sirup mit acht Dirhams, ein Pfund Butterschmalz mit vier und ein Pfund Sesamöl mit zwei Dirhams. Ich erlebte es auch, wie feiner Baumwollstoff von bester Qualität, der dreißig Ellen maß, für zwei Dinare verkauft wurde, wie eine anmutige junge Sklavin als Konkubine für einen einzigen Golddinar zu haben war, was soviel ist wie zweieinhalb marokkanische Dinare. Um etwa den gleichen Preis kaufte ich eine junge Sklavin namens Aschura, die von ausgezeichneter Schönheit war. Einer meiner Gefährten kaufte einen jungen, hübschen Sklaven namens Lulu, Perle, um zwei Dinare.

Die erste Stadt des Landes Bengalen, die wir betraten, war Sodkawan (entweder Satgaon oder Chittagong), eine sehr große Stadt am Ufer des Ozeans, bei der sich der Ganges, das indische Pilgerziel, und die Jumna vereinigen und ins Meer ergießen. Auf dem Strom sind viele Schiffe stationiert, mit denen die Bewohner das Land Laknauti bekämpfen.

Der Herrscher des Landes ist Sultan Fachr ed-Din mit dem Beinamen Fachra, ein vorzüglicher Fürst, der die Fremden, besonders die Fakire und die Sufis, gerne bei sich sieht. Die Herrschaft über dieses Land übte zunächst der Sultan Nasir ed-Din, Sohn des Sultans Giyat ed-Din Balaban, aus. Sein Sohn Muizz ed-Din war es, der die

Herrschaft in Delhi antrat, worauf sich Nasir ed-Din aufmachte, ihn zu bekämpfen. Die beiden trafen sich am Ganges, deren Begegnung man das »Zusammentreffen der beiden Glückssterne« bezeichnete. Nasir ed-Din zog sich jedoch nach Bengalen zurück und überließ seinem Sohn die Herrschaft. In Bengalen blieb er bis zu seinem Tod. Sein Sohn Schems ed-Din folgte ihm, worauf wiederum dessen Sohn Schihab ed-Din ihm in der Herrschaft folgte, bis ihn sein Bruder Giyat ed-Din Bahadur Bur überwältigte. In dieser Lage erbat sich Schihab ed-Din Hilfe beim Sultan Giyat ed-Din Togluk, der ihm auch beistand und Bahadur Bur gefangennahm. Später ließ ihn Togluks Sohn Mohammed, nachdem dieser König geworden war, unter der Bedingung frei, daß er die Herrschaft über Bengalen mit seinem Bruder teile. Er aber brach sein Wort, und Mohammed zog gegen ihn in den Krieg, bis er ihn besiegte und tötete. Zum Gouverneur des Landes ernannte er nun einen seiner Schwäger, der aber von den Truppen umgebracht wurde. Ali Shah, der sich um jene Zeit im Land Laknauti aufhielt, bemächtigte sich der Herrschaft. Als Fachr ed-Din erkannte, daß die Herrschaft den Nachkommen des Sultans Nasir ed-Din entrissen worden war, empörte er sich in Sodkawan und in Bengalen und erklärte sich für unabhängig. Zwischen ihm und Ali Shah entstand eine heftige Auseinandersetzung. Auf dem Flußweg drang Fachr ed-Din zur Winter- und Regenzeit in das Land Laknauti ein, das er auch größtenteils besetzte. Als aber die Trockenheit kam, eroberte Ali Shah auf dem Landweg Bengalen und behielt dort die Oberhand.

Die Vorliebe für die Fakire ging bei dem Sultan Fachr ed-Din so weit, daß er einen von ihnen namens Scheida als Vizekönig in Sodkawan einsetzte. Er selbst begab sich auf einen Kriegszug. In dieser Zeit empörte sich Scheida, wollte sich der Herrschaft bemächtigen und tötete den Sohn des Sultans Fachr ed-Din, der sonst kein weiteres Kind mehr hatte. Dem Sultan wurde dies mitgeteilt, so daß er sofort in seine Residenz zurückkehrte, worauf Scheida und seine Parteigänger in die stark befestigte Stadt Sonorkawan entflohen. Der Sultan entsandte Truppen, sie zu belagern. Aber die Einwohner fürchteten um ihr Leben, ergriffen Scheida und lieferten ihn dem Heer des Sultans aus. Man benachrichtigte den Herrscher von der Situation, worauf er befahl, ihm das Haupt des Aufrührers zu schicken, was auch geschah. Auf Grund dieses Vorfalls ließ der Sultan dann eine große Anzahl von Fakiren hinrichten.

Als ich nach Sodkawan kam, sah ich weder den Sultan, noch hatte ich eine Unterredung mit ihm, da er sich gegen den König von Indien empört hatte. Ich fürchtete nämlich die bösen Folgen, die ein anderes Vorgehen von mir hätte haben können. Von Sodkawan reiste ich ab, um die Kamaruberge zu erreichen, die von dieser Stadt ungefähr einen Reisemonat entfernt sind. Es handelt sich dabei um ein ausgedehntes Bergland, das an China grenzt und auch mit dem Land Tibet zusammenhängt, wo die Moschusgazellen leben. Die Bewohner dieser Berge sehen den Türken sehr ähnlich. Sie sind kräftige Dienstboten, und ein Sklave aus ihrem Stamm ist ein Mehrfaches wert als ein Sklave aus einem anderen Volk. Durch ihre Kenntnis und Beschäftigung mit der Zauberei sind sie überall bekannt. Die Absicht, in der ich mich in diese Berge begab, war, einen Heiligen dort aufzusuchen, nämlich den Scheich Jelal ed-Din et-Tibrizi.

Dieser Scheich war ein großer Heiliger und einzigartiger Mensch, der berühmte Wunder und große Taten verrichtet hatte. Er war ein hochbetagter Mann und erzählte mir, daß er den Kalifen al-Mustasim Billah, den Abbasiden, in Bagdad gesehen habe, wo er sich zur Zeit dessen Ermordung aufgehalten hatte. Später berichteten mir seine Schüler, daß er im Alter von einhundertfünfzig Jahren gestorben sei, daß er durch rund vierzig Jahre ununterbrochen gefastet und das Fasten immer nur nach zehn aufeinanderfolgenden Tagen unterbrochen habe. Er besaß eine Kuh, mit deren Milch er sich während des Fastens ernährte; er stand die ganze Nacht hindurch. Er war groß, mager und hatte einen schütteren Backenbart. Die Einwohner dieses Berglandes legten das Glaubensbekenntnis in seine Hände ab; deshalb wohnte er unter ihnen.

Einer seiner Schüler hat mir erzählt, daß er sie einen Tag vor seinem Tod zusammengerufen hatte, ihnen empfahl, Gott zu fürchten, und zu ihnen sprach: »Ich werde euch morgen verlassen, wenn Gott will. Mein Nachfolger bei euch wird Gott selbst sein, außer dem es keinen anderen Gott gibt.« Nachdem er am nächsten Tag das erste Mittagsgebet verrichtet hatte, nahm ihn Gott bei der letzten Niederwerfung zu sich. An der Seite der Höhle, die er bewohnt hatte, fand man ein aufgeworfenes Grab, in dem sich ein Leichentuch und wohlriechende Kräuter befanden. Man wusch ihn, hüllte ihn in das Todeslaken, verrichtete das Gebet über ihn und begrub ihn dort.

Als ich diesen Scheich besuchen wollte, begegneten mir unterwegs, zwei Tagesreisen von seinem Aufenthaltsort entfernt, vier seiner Schüler und teilten mir mit, daß der Scheich zu den Fakiren, die sich bei ihm befanden, gesagt habe: »Der Reisende des Westens kommt zu euch; geht ihm entgegen!«, worauf sie ausgezogen seien. Er konnte in keiner Weise etwas von dem wissen, was mich betraf – es war ihm von Gott geoffenbart worden. Ich ging mit ihnen zum Scheich und kam zu seiner Klause, die vor der Grotte liegt. Dort gibt es kein angebautes Land, vielmehr besuchen ihn die Leute dieser Gegend, Muslime wie Heiden, und bringen Geschenke und andere Gaben, von denen die Fakire und Pilger leben. Der Scheich jedoch begnügt sich mit einer Kuh, deren Milch er immer nach zehn Tagen Fasten zu sich nimmt. Als ich bei ihm eintrat, stand er auf, ging mir entgegen, umarmte mich und befragte mich über meine Heimat und meine Reisen. Ich erzählte ihm ausführlich darüber. Dann sagte er zu mir: »Du bist der Reisende der Araber.« – »Und der Perser auch, o Herr«, sprachen seine anwesenden Schüler. – »Und der Perser auch«, erwiderte er. »Behandelt ihn also mit Respekt!« Man brachte mich in die Einsiedelei und verpflegte mich drei Tage lang.

Am Tag meiner Ankunft beim Scheich sah ich, daß er einen Überrock aus Ziegenwolle trug, der mir sehr gefiel. Ich sagte so zu mir selbst: »Wollte Gott, der Scheich würde ihn mir schenken.« Als ich nun zu ihm kam, um Abschied von ihm zu nehmen, stand er auf, ging in einen Winkel der Höhle, legte den Rock ab und bekleidete mich damit, ebenso mit einer Kopfbinde, die er vom Haupt nahm, während er selbst ein geflicktes Kleid anzog. Die Fakire berichteten mir, daß der Scheich diesen Rock niemals anzuziehen pflegte, ihn jedoch bei meiner Ankunft angelegt und zu ihnen gesagt habe: »Der Marokkaner wird diesen Rock verlangen; ein Heidenfürst wird ihn ihm wieder abnehmen und unserem Bruder Burhan ed-Din aus Sagarj schenken, dem er gehört und für den er bestimmt ist.« Als mir die Fakire dies erzählten, sagte ich zu ihnen: »Der Segen des Scheichs ist zu mir gekommen, dadurch, daß er mich in seinem Gewand bekleidet hat. Ich werde mit diesem Gewand weder zu einem Heidensultan noch zu einem muslimischen gehen.«

Ich verließ den Scheich, und lange Zeit später traf es sich, daß ich nach China kam und die Stadt Chansa (Hangtschou-fu) aufsuchte. Wegen des großen Gedränges in ihren Straßen wurden meine Gefährten von mir getrennt. Ich aber hatte den Rock an. Während ich mich in einer der Gassen befand, kam der Wesir inmitten einer großen Reiterkavalkade daher. Sein Blick fiel auf mich; er ließ mich rufen, nahm mich bei der Hand und befragte mich über meine Ankunft und ließ mich nicht los, bis ich mit ihm vor dem Haus des Sultans angelangt war. Da wollte ich mich von ihm trennen, aber er hinderte mich daran und führte mich vor den Sultan, der mich über die Herrscher des Islam befragte. Während ich ihm Auskunft gab, fiel sein Blick auf meinen Rock, den er sehr schön fand, so daß der Wesir zu mir sprach: »Ziehe ihn aus!« Es war mir nicht möglich, dagegen Widerspruch zu erheben. Der Sultan nahm das Kleid an sich und befahl, mir zehn Ehrengewänder, ein gesatteltes und gezäumtes Pferd und eine bestimmte Summe Geld zu geben. Ich war darüber gar nicht erfreut, dann aber erinnerte ich mich der Worte des Scheichs: »Ein Heidenfürst wird ihm den Rock abnehmen«, und ich war über das Eintreffen der Weissagung sehr verwundert. Ein Jahr später betrat ich den Palast des Kaisers von China in Han Balik (Peking) und begab mich zur Einsiedelei des Scheichs Burhan ed-Din aus Sagarj. Ich fand den Scheich beim Lesen, wobei er genau den gleichen Rock trug. Darüber wunderte ich mich und wendete das Kleid in meiner Hand hin und her. »Warum tust du das«, sprach er zu mir, »kennst du denn diesen Rock?« – »Gewiß«, erwiderte ich, »es ist derselbe, den mir der Sultan von Chansa genommen hat.« – »Diesen Rock«, sprach jener, »hat mein Bruder Jelal ed-Din für mich machen lassen; er hat mir geschrieben. Der Rock wird dir durch Vermittlung des Marokkaners zukommen.« Dann zeigte er mir den Brief; ich las ihn und war über das unfehlbare Wissen des Scheichs erstaunt. Ich teilte jenem den Anfang der

Geschichte mit, und er sagte zu mir: »Mein Bruder Jelal ed-Din war größer als das alles; er war unbeschränkter Herr über die Gesetze der Natur. Aber er ist nun nach den Gefilden der himmlischen Barmherzigkeit ausgewandert. Man hat mir erzählt«, fuhr er fort, »daß er jeden Tag das Morgengebet in Mekka verrichtete, und daß er alljährlich die Pilgerfahrt vornahm, da er an den beiden Tagen von Arafa und am großen Feste vor den Augen der Leute verschwand und niemand wußte, wohin er gegangen war.«

Nachdem ich dem Scheich Jelal ed-Din Lebewohl gesagt hatte, reiste ich nach der Stadt Habank, einem sehr großen und schönen Platz, der von einem Fluß durchströmt wird. Das Wasser kommt von den Kamarubergen herab und wird der »Blaue Fluß« genannt. Auf ihm reist man nach Bengalen und in das Land Laknauti. An seinen Ufern findet man Wasserräder, Gärten und Dörfer, ebenso wie an beiden Ufern des Nils. Die Bewohner des Landes sind Heiden, die den Muslimen untertan sind. Man zieht von ihnen die Hälfte der Ernte ein und verlangt außerdem noch die Einhaltung der gesetzlichen Auflagen. Auf diesem Fluß reisten wir 15 Tage lang zwischen Gärten und Häusern hindurch, als ob wir in einem prächtigen Basar wandeln würden, um links und rechts die feilgebotenen Schönheiten bewundern zu können. In unzähliger Menge verkehren dort die Schiffe. Auf jedem Schiff befindet sich eine Pauke. Begegnen sich nun zwei Schiffe, so rührt die Mannschaft diese Pauken und grüßt auf diese Weise einander. Sultan Fachr ed-Din, von dem wir schon viel erzählt haben, hat befohlen, daß man auf diesem Fluß von den Fakiren keinen Zoll erheben dürfe und daß jedem Reisenden, der keinen Proviant bei sich habe, eine Verpflegung gegeben werde. Kommt hier nun ein Fakir in eine Stadt, so erhält er als Geschenk einen halben Dinar.

Nach 15 Tagen Fahrt kamen wir in die Stadt Sonorkawan. In diesem Ort hatten die Bewohner den Fakir Scheida festgenommen, als er in ihren Mauern Zuflucht suchen wollte. Kurz nach unserer Ankunft fanden wir dort eine Dschunke, die nach Java (Sumatra) abfahren sollte, das von Bengalen im allgemeinen in 40 Tagen erreicht werden kann.

HINTERINDIEN UND DER INDISCHE ARCHIPEL

Massenvergewaltigungen für Ehebrecherinnen

Wir bestiegen die Dschunke und kamen nach 15 Tagen in das Land Barahnagar, das von Menschen bewohnt wird, deren Mund wie eine Hundeschnauze aussieht. Sie sind ein Volk von Barbaren, das sich weder zur Religion der Hindus noch zu irgendeiner anderen bekennt. Ihre Behausungen sind Hütten aus Bambusrohr, die mit trockenem Gras eingedeckt sind und am Meeresstrand liegen. Dort gibt es viele Bananen-, Areka- und Betelbäume.

Die Männer haben ein Aussehen wie unsereiner, nur ist ihr Mund – wie gesagt – ähnlich einer Hundeschnauze beschaffen. Die Frauen jedoch sind von ausgesuchter Schönheit. Die Männer sind nackt, wenn man davon absieht, daß der eine oder andere sein Glied und seine Hoden in ein bemaltes Rohrstück steckt, das an seinem Bauch angebunden ist. Die Frauen bekleiden sich mit Baumblättern.

Unter diesem Volk lebt auch eine Anzahl von Muslimen, Leute aus Bengalen und Java, die ein eigenes Viertel für sich bewohnen. Sie erzählten uns, daß sich die Eingeborenen wie Tiere begatten und sich dabei auch vor niemandem verbergen. Jeder Mann habe 30 Frauen, mal weniger, mal mehr. Im allgemeinen begehen sie keinen Ehebruch. Macht sich doch einer von ihnen des Ehebruchs schuldig, so erwarten ihn fürchterliche Strafen. Der Mann wird ans Kreuz geschlagen, bis der Tod eintritt, es sei denn, daß sich sein Waffenbruder oder Sklave zur Verfügung stellt, der dann diesen Tod erleiden muß, während der

Ehebrecher frei ausgeht. Die Strafe für die Frau wird vom Sultan bestimmt, der seinen Leuten befiehlt, sie nacheinander zu vergewaltigen und zum Opfer ihrer sinnlichen Lüste zu machen, bis sie an dieser Massenvergewaltigung stirbt. Dies hat alles in Gegenwart des Sultans zu geschehen. Ist die Ehebrecherin gestorben, so wirft man ihren Leichnam ins Meer.

Dies ist ein wesentlicher Grund, warum diese Eingeborenen keinem Seefahrer erlauben, bei ihnen zu wohnen, es sei denn, er möchte ständig bei ihnen ansässig werden. So betreiben sie ihre Handelsgeschäfte mit den Fremden nur an der Meeresküste und versorgen sie durch ihre Elefanten mit Wasser, das es nur weit im Landesinneren gibt. Sie gestatten es ihrer Frauen wegen den Seeleuten nicht, sich selbst mit Wasser einzudecken. Sie haben nämlich Angst um ihre Frauen, die sehr begierig nach schönen Männern sind.

Es gibt sehr viele Elefanten, doch kann nur ihr Herrscher darüber verfügen. Erst nach seiner Genehmigung kann man sie ihm gegen Kleiderstoffe abkaufen. Die Eingeborenen haben eine seltsame Sprache, die nur derjenige versteht, der bei ihnen wohnt und laufend mit ihnen zu tun hat. Als wir an ihrer Küste anlegten, kamen sie auf kleinen Booten, die aus ausgehöhlten Baumstämmen bestehen, zu uns gefahren und brachten uns Bananen, Reis, Betel, Arekanüsse und Fische.

Auf einem Elefanten reitend und auf einer Satteldecke aus Häuten sitzend, kam uns der Herrscher dieses Volkes entgegen. Seine Kleidung bestand aus einem Ziegenfellgewand. Auf dem Haupt trug er drei Seidenbinden in verschiedenen Farben und hielt in der Hand eine Rohrlanze. In seiner Gesellschaft befanden sich rund zwanzig seiner Verwandten, die ebenfalls auf Elefanten ritten. Wir schickten ihm ein Geschenk, das aus Pfeffer, Ingwer, Zimt, dem

Malediven-Fisch und Stoffen aus Bengalen bestand. Solche Stoffe ziehen die Eingeborenen zwar nicht an, doch bedecken sie damit ihre Elefanten an Festtagen. Dem Herrscher steht jedem Schiff gegenüber, das an seiner Küste anlegt, das Recht zu, einen weiblichen und einen männlichen Sklaven, Stoffe für den Elefantenschmuck und Gold, das seine Gemahlin an ihrem Gürtel und an den Zehen trägt, zu fordern. Wer diese Abgabe nicht freiwillig leistet, den belegen die Eingeborenen mit einem Zauber, durch den das Meer aufgewühlt wird, so daß der Betreffende zugrunde geht oder kaum mit dem Leben davonkommt.

In einer der Nächte, die wir dort im Hafen zubrachten, begab sich ein Sklave unseres Kapitäns, ein Mann, der sehr viel bei diesem Volk aus- und einging, an Land und hatte in einer Höhle nahe dem Ufer mit der Frau eines Häuptlings ein Rendezvous. Ihr Mann bekam von diesem Stelldichein Kenntnis, erschien mit einer Anzahl seiner Leute an der Höhle, fand die beiden dort und ließ sie zum Herrscher bringen. Dieser befahl, daß dem Burschen sofort die Hoden abzuschneiden seien und er ans Kreuz geschlagen werde. Was auch umgehend geschah. Die Ehebrecherin erhielt ebenfalls die ihr zukommende Strafe; sie wurde von den Männern so lange vergewaltigt, bis sie tot war. Anschließend traf der Herrscher bei uns an der Küste ein und entschuldigte sich wegen dieses Vorfalls: »Wir haben keine anderen Mittel, unsere Gesetze wirksam werden zu lassen.« Für den ans Kreuz geschlagenen Mann gab er dem Kapitän einen anderen Sklaven als Ausgleich.

Zwei Wochen beim Sultan von Java

Dann verließen wir dieses Volk und erreichten nach einer Seefahrt von 25 Tagen die Insel Java (Sumatra), die dem Land den Namen Luban Jawi (Benzoegummi) gegeben hat. Noch eine halbe Tagesreise entfernt, erblickten wir bereits die Insel.

Sie prangt in frischem Grün. An Bäumen herrschen Kokosnuß, Areka, Gewürznelken, indische Aloe, der Schaki, der Barki, der Mangobaum, der Jumun, die Apfelsine und das Kampferrohr vor. Zum Kauf und Verkauf verwendet das Volk als Zahlungsmittel Zinnstücke und chinesisches, aus Bergwerken stammendes, ungeschmolzenes Gold. Die meisten der aromatischen Essenzen, die dort vorkommen, finden sich in dem von Ungläubigen bewohnten Teil der Insel, während das von den Muslimen beherrschte Land nicht so reich ist.

Als wir vor der Küste Anker warfen, fuhren uns die Einwohner in kleinen Booten entgegen und brachten Kokosnüsse, Bananen, Mangofrüchte und Fische mit. Sie pflegen dies den Kaufleuten zu geben, wofür sie, je nach Vermögen des Händlers, wieder mit anderen Dingen beschenkt werden. Auch der Vizeadmiral des Landes kam zu uns an Bord, erkundigte sich, welche Kaufleute bei uns wären, und erlaubte uns, an Land zu gehen. Wir landeten in Bandar-»Hafen«, einem großen Dorf an der Küste mit zahlreichen Lagerhallen. Zwischen dem Hafen und der Stadt liegen vier Meilen. Vizeadmiral Bohruz schrieb an den Sultan und teilte ihm unsere Ankunft mit, worauf dieser dem Emir Daulesa befahl, mir mit dem Richter und Scherif Emir Sayyid aus Schiraz, dem Taj ed-Din aus Isfahan und anderen Rechtsgelehrten entgegenzugehen. Sie brachten ein Pferd aus dem Stall des Sultans und noch andere Pferde, die meine Gefährten und ich bestiegen. Bald darauf hielten wir unseren Einzug in die Residenz des Sultans, die Stadt Sumutra, einen großen und schönen Platz, der von Holzwällen und Holztürmen umgeben ist.

Herrscher von Java ist Sultan el-Melik az-Zahir, ein trefflicher und hochsinniger Fürst, der sich zur Schule Schafi'is bekennt und die Freundschaft der Gelehrten pflegt, die seine Halle aufsuchen, um den Koran zu lesen und darüber Gespräche zu führen. Er führt viele Kriege und Raubzüge gegen die Ungläubigen, ist sehr demütig und begibt sich zu Fuß in den Freitagsgottesdienst. Die Bewohner seines Landes sind ebenfalls Schafi'iten; sie lieben den Krieg mit den Ungläubigen und ziehen mit ihrem Herrscher gern ins Feld. Sie haben die Heiden des Landes unterworfen und erhalten von ihnen die Kopfsteuer.

Als wir auf dem Weg zum Sultanspalast waren, sahen wir zu beiden Seiten Lanzen in den Boden gesteckt. Sie sind ein Zeichen dafür, daß man an dieser Stelle vom Pferd zu steigen hat; denn niemand darf an diesen Lanzen vorbeireiten. So stiegen wir von den Pferden und gingen in den Audienzsaal, wo uns der Statthalter des Sultans erwartete. Er wird Umdat el-Mulk, »Pfeiler des Reiches«, genannt. Er kam uns entgegen und begrüßte uns mit Handschlag, wie es der Gruß bei diesem Volk vorschreibt. Wir nahmen mit ihm Platz, und er schrieb dem Sultan eine Notiz, in der er dem Herrscher unsere Anwesenheit mitteilte, und übergab den versiegelten Zettel einem Pagen. Die Antwort, die wir dann erhielten, war auf der Rückseite zu lesen. Darauf erschien ein Sklave mit einem Tuch, in das Kleider eingewickelt waren. Der Statthalter ergriff sie und führte mich in ein kleines Haus, das man dort Ferdchaneh, »Einmannhaus«, nennt. Es ist der Platz, wo er sich tagsüber etwas ausruht, da es Pflicht ist, daß der Statthalter kurz nach Morgengrauen in den Audienzsaal kommt und ihn erst in später Nacht wieder verläßt. Auch die Wesire und hohen Emire halten es so. Dem Tuch entnahm der Statthalter drei Schurze, einen aus Seide, den zweiten aus Seide und Baumwolle und den dritten aus Seide und Leinen, weiterhin drei Gewänder, die von den Bewohnern »Unterkleider« genannt werden, ferner drei Gewänder in der Art von Leinenkitteln und schließlich drei Turbane. Ich zog einen Schurz anstelle der Hose an, wie es in diesem Land Sitte ist, und von den anderen ebenfalls je ein Kleidungsstück. Meine Gefährten nahmen die übrigen. Dann trug man Gerichte auf, die hauptsächlich aus Reis bestanden, dazu gab es eine Art Bier. Zum Schluß brachte man Betel als Zeichen, daß wir uns verabschieden sollten. Wir nahmen ihn und erhoben uns.

Wir verließen den Audienzsaal, stiegen zu Pferd, wobei uns der Statthalter begleitete. Man führte uns in einen Baumgarten, der von einem Holzzaun umgeben war und in dessen Mitte sich ein aus Holz errichtetes Haus befand. Es war mit Teppichen aus Baumwollsamt ausgelegt. Einige waren gefärbt, andere nicht. In dieser Wohnung gab es Ruhebetten aus Bambusrohr, auf denen seidene Steppdecken, leichte Überdecken und Polster lagen. Zusammen mit dem Statthalter ließen wir uns nieder. Dann erschien Emir Daulesa, der zwei Sklavinnen und zwei Sklaven brachte und mir sagte: »Der Sultan läßt dir bestellen, daß dieses Geschenk unseren Mitteln entspricht, nicht denen des Sultans Mohammed.« Nun entfernte sich der Statthalter, während uns Emir Daulesa Gesellschaft leistete.

Wir beide kannten uns bereits, da der Emir zu meiner Zeit in Delhi nach dort als Gesandter gekommen war. »Wann ist der Sultan für mich zu sprechen?« fragte ich ihn. – Er erklärte mir: »Es ist bei uns üblich, daß der

Ankömmling den Sultan erst nach drei Tagen begrüßen darf, damit er bis dahin seine Müdigkeit von der Reise abgelegt hat und wieder ganz im Besitz seiner geistigen Frische ist.«

So warteten wir also drei Tage, an denen man uns dreimal täglich die Mahlzeiten servierte und uns morgens und abends Obst und Süßspeisen brachte. Am vierten Tag, der ein Freitag war, suchte mich Emir Daulesa auf und sprach zu mir: »Du kannst den Sultan in der Hauptmoschee nach dem Gebet begrüßen.« Ich begab mich daher in die Moschee, wo ich das Gebet mit dem Kammerherrn des Sultans, Kairan, verrichtete. Hierauf machte ich dem Sultan meine Aufwartung, der von Richter Emir Sayyid und anderen Gelehrten umgeben war. Zur Begrüßung gab mir der Sultan die Hand und ließ mich an seiner linken Seite Platz nehmen. Ich mußte ihm über Sultan Mohammed und meine bisherige Reise berichten. Dann nahm er die Diskussion, die sich um Rechtstheorien drehte, wieder auf und setzte sie bis zum Nachmittagsgebet fort. Nachdem er es gesprochen hatte, ging er dort in einen Raum und legte die Gewänder ab. Es war die Tracht der Gelehrten, in der er sich freitags zu Fuß in die Hauptmoschee begibt. Dann legte er seine königliche Kleidung an, kaftanartige Oberkleider aus Seide und Baumwolle.

Als er die Moschee verließ, standen Elefanten und Pferde am Eingang. Dort ist es Sitte, daß, wenn der Sultan einen Elefanten reitet, sein Gefolge zu Pferd steigt, und wenn er ein Pferd benutzt, seine Leute sich mit Elefanten fortbewegen. An jenem Tag ritt er einen Elefanten, so daß wir Pferde nahmen und ihn zum Audienzsaal begleiteten, jedoch an der Stelle der Lanzen absaßen, wie es die Vorschrift erfordert. Der Sultan ritt weiter.

Im Audienzsaal hatten sich bereits in mehreren Reihen

die Wesire, Emire, Sekretäre, die Vornehmsten des Landes und die Kommandeure der Truppen aufgestellt. Die erste Reihe bildeten die Wesire, vier an der Zahl, und die Sekretäre. Zur Begrüßung des Sultans traten sie etwas vor. Ebenso taten es dann nacheinander die Emire, die Scherife, die Rechtsgelehrten, die Vertrauten des Herrschers, die Dichter, die Truppenkommandeure, Pagen und Mamelukken. Gegenüber der Saalkuppel des Sitzungsraumes hatte der Sultan auf seinem Elefanten angehalten. Über seinem Haupt wurde ein mit Gold und Juwelen ausgelegter Sonnenschirm aufgespannt. Rechts und links von ihm waren je 50 geschmückte Elefanten und je 100 Pferde aufgestellt. Vor dem Herrscher standen die Leibkämmerer. Nachdem Musiker aufgetreten waren und etwas vorgesungen hatten, führte man mit seidenen Decken belegte Pferde herein, die goldene Fußringe und Halfter aus goldbestickter Seide trugen. Sie tanzten vor dem Sultan und boten damit ein Schauspiel, das mich in Entzücken versetzte, obwohl ich schon eine ähnliche Vorstellung beim Sultan von Indien gesehen hatte. Als es Abend wurde, begab sich der Sultan in seinen Palast, und alle Teilnehmer kehrten nach Hause zurück.

Der Sultan hatte einen Neffen, einen Sohn seines Bruders, der mit seiner Tochter verheiratet war und dem er eine Provinz zur Verwaltung gegeben hatte. Der junge Mann verliebte sich in die Tochter eines Emirs und wollte sie heiraten. Nun ist es dort Sitte, daß jeder Mann, ob Emir, Kaufmann oder sonstwer, der eine Tochter im heiratsfähigen Alter besitzt, sich im Hinblick auf das Mädchen dem Befehl des Sultans zu beugen hat. Gefällt ihm nämlich die Beschreibung, die man ihm von ihr gibt, so heiratet er sie selbst. Sonst überläßt er es ihren Verwandten, sie zu verheiraten, wie und an wen sie wollen. Die Bewohner des Landes sehen es sehr gerne, wenn der Sultan eine ihrer

Töchter heiratet, weil sie dadurch selbst zu Macht und Adel kommen.

Als nun der Vater des Mädchens, in das sich der Neffe des Sultans verliebt hatte, den Befehl des Sultans einholen wollte, sandte der Herrscher eine Frau, die sie sehr günstig beurteilte, so daß sie sich der Sultan selbst zur Frau nahm. Liebe, Leidenschaft und Verzweiflung des jungen Mannes kannten keine Grenzen, doch fand er keine Möglichkeit, das Mädchen zu gewinnen. Eines Tages zog der Sultan zu einem Kriegszug gegen die Heiden, die einen Monat Marsch entfernt lebten. Da schien für den Neffen die richtige Stunde gekommen zu sein. Er empörte sich, zog gegen Sumutra und besetzte die Hauptstadt, die damals noch keine Befestigungsanlagen besaß. Er riß die Herrschaft an sich und nahm die Huldigung eines Teiles des Volkes entgegen, während der andere Teil damit nicht einverstanden war. Sein Onkel hörte davon und kehrte sofort in die Residenz zurück. Da raffte sein Neffe alles erreichbare Hab und Gut zusammen, nahm das geliebte Mädchen und floh in das Heidenland Mul-Jawa. Dies bildete den Anlaß für seinen Onkel, die Stadt mit Mauern und Türmen zu umgeben.

Mein Aufenthalt beim Herrscher von Sumutra dauerte 15 Tage. Dann bat ich ihn, abreisen zu dürfen, da der richtige Augenblick gekommen war. Man kann nämlich nicht zu jeder Jahreszeit eine Reise nach China antreten.

Merkwürdigkeiten in Kambodscha

Der Sultan ließ eine Dschunke für uns ausrüsten, versah sie mit ausreichend Proviant, überhäufte uns mit Wohltaten und war uns bis zum letzten Augenblick wohlgesinnt – Gott möge ihn dafür aufs beste belohnen! Mit uns schickte er einen seiner Vertrauten, der uns auf der Dschunke bewirten sollte. Einundzwanzig Nächte lang reisten wir an seinem Land entlang. Dann kamen wir nach Mul-Jawa (Kambodscha). Es ist ein Heidenland, dessen Länge zwei Reisemonate beträgt und das viele aromatische Essenzen und das wohlriechende Aloeholz in Kakula und Kumara, zwei Distrikten des Landes, erzeugt. Im Land des Sultans az-Zahir auf Java gibt es nur Benzoe, Kampfer, wenig Gewürznelken und indische Aloe. Diese Produkte kommen hauptsächlich in Mul-Jawa vor. Wir wollen nun aber erzählen, was wir mit eigenen Augen gesehen, wovon wir uns überzeugt und was wir als sicher erkundet haben.

Zu den wichtigen Landesprodukten gehört der Benzoebaum. Er ist nur von Mannesgröße, oft noch etwas kleiner. Seine Zweige sind der Artischocke ähnlich, seine Blätter klein und zart. Oft fallen sie ab, und der Baum bleibt unbelaubt. Das Benzoe ist eine harzige Substanz, die sich in seinen Zweigen findet. Der Baum ist im Gebiet der Muslime mehr als bei den Heiden vertreten.

Der Kampferbaum ist ein Rohr, wie wir es auch in unserer Heimat haben, doch sind diese Rohrstücke zwischen zwei Knoten länger und dicker. Der Kampfer selbst ist im Inneren der Rohrstücke. Zerbricht man das Rohr, so findet man ein Stück gleichgeformten Kampfers. Es geht dabei das merkwürdige Gerede, daß sich in diesem Rohr der Kampfer nur dann bildet, wenn man an seinen Wurzeln irgendein Tier geschlachtet hat. Der beste Kampfer, der die beste Kälte erzielt, ist derjenige, von dem das Gewicht einer Drachme tödlich wirkt, indem er den Atem zum Gefrieren bringt. Er heißt dort al-Hardala und ist der Kampfer, an dessen Wurzeln ein menschliches Wesen geschlachtet worden ist. Anstelle eines Menschen verwendet man zu diesem Zweck auch junge Elefanten.

Die indische Aloe ist ein Baum, der der Eiche sehr ähnlich ist, nur besitzt sie eine dünne Rinde, während die Blätter fast wie die der Eiche aussehen. Die Aloe trägt keine Frucht und erreicht auch nicht die Höhe einer Eiche. Ihre Wurzeln sind weit verzweigt; in ihnen befindet sich das Aroma, während Holz und Blätter keinen Wohlgeruch enthalten. Jeder Baum im Gebiet der Muslime ist in Privatbesitz, während die im Heidenland stehenden herrenlos sind. Das beste Aloeholz kommt aus Kakula und Kumara; die dortigen Bäume sind Privateigentum. Man verkauft sie den Bewohnern von Java und erhält dafür Stoffe. In das Holz einer gewissen Art Aloe aus Kumara kann man Eindrücke wie auf Wachs machen. Bei der Gattung, die Atas genannt wird, schneidet man die Wurzeln ab und bedeckt sie einige Monate lang mit Erde, wobei die aromatische Kraft erhalten bleibt.

Die Gewürznelkenbäume sind von langer Lebensdauer. Sie wachsen im Heidenland viel zahlreicher als in der Gegend der Muslime und sind wegen der Häufigkeit ihres Vorkommens Allgemeingut. Was davon bei uns eingeführt wird, ist das Holz. Das, was man bei uns »Gewürznelken« nennt, ist ein Teil der Blüte, der abfällt und der Orangenblüte ähnlich sieht. Die Frucht des Gewürznelkenbaumes ist die Muskatnuß, die in unserer Heimat als »Parfüm-Nuß« bezeichnet wird.

Als wir in den Hafen von Kakula einfuhren, erblickten wir dort eine Anzahl von Dschunken, die für den Seeraub ausgerüstet und einsatzbereit waren, jeden Widerstand anderer Dschunken zu brechen; denn die Bewohner des Landes legen jedem Schiff eine Abgabe auf. Wir begaben uns in die Stadt, die von Mauern aus behauenen Steinen geschützt wird. Sie sind so breit, daß auf ihnen drei Elefanten nebeneinander marschieren können. Als erstes sahen wir Elefanten, die Lasten mit indischem Aloeholz trugen, das die Einwohner in ihren Häusern verbrennen, da es dort nicht teurer als bei uns Brennholz ist, manchmal sogar noch billiger. Im Handel der Kaufleute wird ein Baumwollstoff für eine Traglast Aloeholz gegeben. Allerdings ist die Baumwolle dort wertvoller als Seide. Die Elefanten sind dort sehr zahlreich. Sie werden als Reit- und Tragtiere benutzt. Jedermann bindet seinen Elefanten an seinem Haustor an, so auch der Kaufmann an seinem Laden, um mit ihm nach Hause reiten zu können. Außerdem hat der Elefant natürlich Lasten zu tragen. Auch die Bewohner von China und Chita (Cathay) verwenden den Elefanten in ähnlicher Weise.

Der Sultan von Mul-Jawa ist ein Heide. Ich sah ihn vor seinem Schloß bei einem Zelt sitzen, ohne Teppich zwischen sich und dem Erdboden. In seiner Gesellschaft waren die hohen Würdenträger seines Reiches. An ihm zogen die Truppen vorüber – zu Fuß, da sich dort kein Pferd vorfindet, außer im Besitz des Sultans. Die Eingeborenen reiten nur auf Elefanten und kämpfen auch auf ihnen. Der Sultan erfuhr von meiner Anwesenheit und ließ mich zu sich rufen. Ich trat vor ihn hin und rief: »Heil über den, der der wahren Religion folgt!« Die Leute verstanden davon nur das Wort »Heil«. Der Sultan hieß mich willkommen und befahl, mir ein Stück Stoff auf dem Boden auszubreiten, damit ich darauf Platz nehmen könne. Da meinte ich zum Dolmetscher: »Wie soll ich mich auf den Stoff setzen, wo doch der Herrscher auf der bloßen Erde sitzt?« – »Das ist seine Gewohnheit«, erklärte er mir. »Er sitzt aus Demut auf der Erde. Doch du bist ein Gast und kommst von einem großen Fürsten; so gehört es sich, dich zu ehren.« – Ich ließ mich also nieder und mußte dem Herrscher vom König von Indien erzählen. Endlich sagte er mir: »Du bleibst drei Tage als Gast bei uns. Dann kannst du wieder abreisen.«

Bei der Audienz, die mir der Sultan gab, sah ich einen Mann, der in seiner Hand ein Messer hielt. Er legte es an seinen Hals und sprach sehr viel, was ich jedoch nicht verstand. Plötzlich erfaßte er das Messer mit beiden Händen und schnitt sich selbst den Hals durch. Sein Kopf fiel zur Erde, so scharf war das Messer gewesen und so heftig hatte er zugepackt. Ich war über das Geschehen zutiefst erschrocken. Der Sultan fragte mich: »Tut das jemand bei euch?« – »So etwas habe ich noch nie gesehen«, gestand ich. – Da lächelte er und meinte: »So sind unsere Sklaven. Sie bringen sich aus Liebe zu uns um.« Er befahl, ihn fortzutragen und zu verbrennen. Seine Offiziere, die Würdenträger des Reiches, die Truppen und die Untertanen zogen hinaus, um an der Verbrennung teilzunehmen. Den Kindern, der Frau und den Brüdern des Toten wies der Sultan eine großzügige Pension an. Sie werden dieser Tat wegen hoch in Ehren gehalten. Ein Mann, der mit mir an dieser Audienz teilgenommen hatte, klärte mich auf, daß die Rede, die jener gehalten hatte, ein Bekenntnis seiner Zuneigung zum Sultan gewesen sei. Er habe sich aus Liebe für seinen Herrscher umgebracht, wie es vor ihm schon sein Vater für den Vater des Herrschers und sein Großvater für den Großvater des Sultans getan hatten.

Nachdem ich die Audienz verlassen hatte, ließ mir der Sultan für die drei Tage, die ich als Gast bei ihm weilte, Lebensmittel zukommen. Wir reisten zur See weiter und kamen nach 34 Tagen in das Stille Meer, das ein ruhiges Wasser ist und auf dem sich eine rötliche Farbe zeigt. Man glaubt, daß sie vom Staub des benachbarten Landes herrührt. Trotz seiner Größe gibt es auf diesem Meer keinen Wind, keine Wellen und keine Bewegung irgendwelcher Art. Deshalb wird jede chinesische Dschunke von drei Ruderfahrzeugen begleitet, von denen sie geschleppt wird. Auf der Dschunke gibt es 20 Ruder, so groß wie Schiffsmasten. Rund 30 Mann bedienen ein solches Ruder, wobei sie sich aufrecht in zwei Reihen gegenüberstehen. Am Ruder sind zwei kräftige Seile befestigt, die die Stärke einer Holzkeule haben. Eine der beiden Gruppen zieht am Seil; darauf läßt sie es los, und die andere Gruppe zieht. Dabei singen die Männer mit heller Stimme, und zwar meistens die einfachen Worte: La, la, la, la! Auf diesem Meer waren wir 37 Tage lang unterwegs. Die Matrosen waren von der recht leichten Überfahrt angenehm überrascht; denn im allgemeinen mußten sie durchschnittlich 40 bis 50 Tage auf diesem Meer verbringen, was sie bereits als günstige Verhältnisse bezeichneten.

Fürstin und Amazone zugleich

Nach dieser Fahrt auf dem völlig windstillen Meer erreichten wir das Land Tawalisi – so nach seinem König benannt. Es ist sehr groß, und sein König genießt ein ähnliches Ansehen wie der Herrscher von China. Er besitzt viele Dschunken, mit denen er die Chinesen bekämpft, bis sie unter gewissen Bedingungen zu einem Frieden bereit sind. Die Bewohner des Landes sind Götzenanbeter, aber von schöner Gestalt und in ihrem Äußeren den Türken sehr ähnlich. Sie haben eine etwas rötliche Hautfarbe. Sie sind tapfer und kühn. Auch ihre Frauen verstehen trefflich zu kämpfen und wie ihre Männer zu schießen.

Bei der Stadt Kailukari, einem der schönsten und größten Orte, gingen wir in einem Hafen vor Anker. Dort sollte eigentlich der Sohn ihres Herrschers residieren. Als wir im Hafen festgemacht hatten, erschienen Soldaten, zu denen der Kapitän an Land ging. Er hatte ein Geschenk für den Prinzen bei sich und zog bei den Truppen Erkundigungen über ihn ein. Da wurde er davon unterrichtet, daß ihn sein Vater zum Gouverneur eines anderen Bezirks gemacht und seine Tochter Urduja mit der Regierung dieser Stadt beauftragt habe.

Am zweiten Tag nach unserer Ankunft im Hafen von Kailukari lud die Prinzessin den Schiffseigentümer, den Schreiber, die Kaufleute, den Steuermann, den Anführer der Mannschaft und den Anführer der Bogenschützen nach ihrer Gewohnheit zu einem Gastmahl ein. Der Schiffsherr setzte mir heftig zu, ihn doch zu diesem Bankett zu begleiten und daran teilzunehmen. Ich aber weigerte mich, da die Eingeborenen Heiden sind und es nicht gestattet ist, von ihren Gerichten zu essen. Als die Geladenen nun bei der Fürstin waren, fragte sie: »Ist etwa jemand von euch nicht mitgekommen?« – »Nur einer nicht«, antwortete der Schiffsbesitzer, »er ist nicht anwesend, der Bachschi«, was in der Sprache dieses Volkes soviel wie »Richter« bedeutet. »Er ißt von euren Gerichten nicht.« – »Laßt ihn holen«, befahl sie, worauf ihre Leute und die Gefährten des Schiffsherrn zu mir kamen und mir befahlen: »Gehorche der Fürstin!« – Ich begab mich also zu ihr.

Sie saß auf ihrem Staatsthron im großen Sitzungssaal. Vor ihr standen Frauen, um sie herum Matronen, die ihre Ratgeberinnen waren. Einige saßen zu ihren Füßen auf Stühlen aus Sandelholz. Vor der Prinzessin hielten sich die Männer auf. Ihr Thron war mit Seidenstoffen belegt, über ihm befanden sich Seidenvorhänge, und sein Holz war aus mit Goldplatten belegtem Sandelholz. Auf Estraden aus bunt bemaltem Holz standen viele Goldgefäße in allen Größen, Amphoren, Krüge und Pokale. Der Schiffsbesitzer sagte mir, daß sie mit einem Getränk gefüllt seien, das aus mit Wohlgerüchen getränktem Zucker bereitet wurde. Man trinkt es nach der Mahlzeit; es habe einen aromatischen Geruch und einen milden Geschmack, erheitere die

Menschen, schenke einen angenehmen Atem, fördere die Verdauung und rege zum Liebesgenuß an.

Nachdem ich die Fürstin begrüßt hatte, sagte sie in türkischer Sprache zu mir: »Wie geht es dir?« und ließ mich in ihrer Nähe Platz nehmen. Sie konnte sehr gut arabisch schreiben und befahl einem Diener, ihr Papier und Tintenfaß zu bringen. Als er es gebracht hatte, schrieb sie: »Im Namen Gottes, des gnädigen Erbarmers.« Dann fragte sie mich: »Was ist das?« – Ich antwortete: »Der Name Gottes.« – Dann erkundigte sie sich, aus welchem Land ich gekommen sei. Ich erzählte ihr, daß ich mich lange in Indien aufgehalten hätte. Da fragte sie mich nach Einzelheiten über dieses Land und seine Geschichte. Nachdem ich ihr ausführlich meine Erlebnisse geschildert hatte, meinte sie: »Ich muß unbedingt dieses Land angreifen und es in meinen Besitz bringen; denn die Fülle seiner Schätze und Truppen gefällt mir.« – »Tue das«, ermunterte ich sie.

Zum Geschenk machte sie mir darauf: Gewänder, zwei Elefantenlasten Reis, zwei Büffelkühe, zehn Schafe, vier Pfund Sirup, vier Martabans, nämlich große Porzellan-Gefäße von Ingwer, Pfeffer, Zitronen und Mangofrüchten, die alle in Salz eingelegt und für die Seefahrt vorbereitet waren.

Der Schiffseigentümer versicherte mir, daß die Fürstin in ihrem Heer freie Frauen, Dienerinnen und Sklavinnen habe, die wie Männer kämpfen, daß sie mit ihren Truppen, die aus Männern und Frauen bestehen, selbst ins Feld ziehe, ihre Feinde in deren eigenen Ländern überfalle, persönlich am Kampf teilnehme und sich im Zweikampf mit tapferen Männern messe. Er erzählte mir auch, daß einmal zwischen der Fürstin und einem ihrer Feinde eine schwere Schlacht entbrannt gewesen sei, in der ihre Truppen große Verluste erlitten und die Soldaten nahe daran waren, vor dem Gegner zu fliehen. Da stürzte sie selbst vorwärts und durchbrach die Front, bis sie zu dem König kam, gegen den sie Krieg führte. Sie versetzte ihm einen Lanzenstich, so daß er tödlich getroffen zusammenbrach. Als dies seine Truppen sahen, ergriffen sie die Flucht. Mit dem Kopf ihres Feindes auf der Lanzenspitze kam die Fürstin aus dem Krieg nach Hause, wo dann die Verwandten des Getöteten dessen sterbliche Überreste um viel Geld auslösten. Nachdem sie bei ihrem Vater eingetroffen war, verlieh er ihr die Stadt Kailukari, die zuvor ihr Bruder verwaltet hatte.

Der Schiffsherr erzählte mir weiter, daß sich viele Söhne von Fürsten und Königen für diese Frau interessierten und um sie warben. Sie ließ jedoch jedem den Bescheid zukommen: »Ich werde nur den Mann heiraten, der sich mit mir im Zweikampf mißt und mich dabei überwinden kann.« Da aber schon überall ihre Stärke, Tapferkeit und Waffenkunst hinlänglich bekannt waren, hatten alle Bewerber Angst vor einem Zweikampf mit ihr und fürchteten sich außerdem vor der Schande, vielleicht von einer Frau besiegt zu werden. So war sie bisher ohne Ehemann geblieben.

Nachdem mich die Fürstin so gut mit Proviant versorgt hatte, nahm ich von ihr und dem Land Tawalisi Abschied. Mit meinen Gefährten bestieg ich unser Schiff. Der Wind war günstig, so daß wir nach 17 Tagen angenehmer Seereise China erreichten.

CHINA

Porzellan und »dritter Fuß«

China ist ein Land von großer Ausdehnung, reich an Gütern, Obst, Getreidesorten, Gold und Silber. Kein Land der Welt kann sich mit ihm vergleichen. Der Fluß Ab-i Hayat, »Lebenswasser« (Hoang-ho), durchströmt es. Er heißt auch Saru, namensgleich dem Fluß in Indien. Seinen Ursprung hat er in den Bergen, die in der Nähe der Stadt Chan-Balik liegen und Kuh-i Buzineh, »Affenberge«, heißen. Auf einer Entfernung von sechs Reisemonaten fließt er quer durch China, bis er schließlich Sin as-Sin (Kanton) erreicht. Wie den Nil in Ägypten umgeben ihn Dörfer, Felder, Baumgärten und Märkte auf beiden Seiten, jedoch ist das Land hier weit besser angebaut und gepflegt. Am Strom gibt es in großer Anzahl hydraulische Maschinen zur Bewässerung. In China wird sehr viel Zucker erzeugt, der den ägyptischen noch übertrifft. Außerdem finden sich Weintrauben und hervorragende Pflaumen. Früher war ich überzeugt, daß die Otmani-Pflaumen von Damaskus einzigartig seien. Als ich jedoch die chinesischen kennengelernt hatte, wurde ich eines Besseren belehrt. Die dort wachsenden Kürbisse sind denen von Isfahan ähnlich und von ausgezeichneter Qualität. Kurz, alles, was bei uns an Früchten und ähnlichen Produkten vorkommt, gedeiht auch in China – vielfach sogar in weit besserer Qualität. Das Land ist überreich an Weizen; ich sah keinen besseren als den chinesischen. Dies gilt auch für Linsen und Kichererbsen.

Die berühmte chinesische Porzellanware wird nur in den Städten Zaitun und Sin Kalan hergestellt. Das Porzellan wird aus einer Erde angefertigt, die sich in den Bergen der Umgebung befindet und im Feuer wie Kohle brennt. Man fügt eine Mineralart hinzu, die dort reichlich vorkommt, und zündet darüber drei Tage lang ein Feuer an. Dann gießt man Wasser darauf, wobei das Ganze eine erdige Masse wird, die man in Gärung übergehen läßt. Als bestes Porzellan erweist sich, was man einen ganzen Monat lang in Gärung gehalten hat, allerdings auch nicht länger. Was jedoch nur rund zehn Tage gegärt hat, ergibt eine minderwertigere Sorte, die in China mit unserer Töpfereiware zu vergleichen ist, bisweilen sogar noch billiger. Über Indien wird das Porzellan ausgeführt, das schließlich auch unsere Heimat, Marokko, erreicht. Es ist die beste Art der Töpferwaren.

Die chinesischen Hühner und Hähne sind ungewöhnlich groß, weit größer als die Gänse in unserer Heimat. Auch die Hühnereier sind größer als die Gänseeier bei uns. Die chinesische Gans ist jedoch nicht groß. Wir hatten uns ein Huhn gekocht und wollten es zubereiten, aber es ging nicht in einen Kochtopf hinein, so daß wir es auf zwei Töpfe verteilen mußten. Der Hahn in China ist so mächtig wie ein Strauß. Oft fallen seine Federn aus, so daß er nur noch eine rote Fleischmasse darstellt. Den ersten chinesischen Hahn erblickte ich in der Stadt Kaulem. Da ich ihn für einen Strauß hielt und sehr darüber erstaunt war, erklärte mir sein Besitzer: »In China gibt es noch weit größere.« Als ich nun in diesem Land angekommen war, fand ich diese unglaubliche Behauptung bestätigt.

Die Chinesen sind Heiden, die Götzenbilder verehren und ihre Toten verbrennen, wie es auch die Inder tun. Der Herrscher von China ist ein Tatar aus der Nachkommenschaft von Dschingis Khan. In jeder Stadt gibt es ein Viertel für die Muslime, wo sie allein für sich wohnen und ihre

Kaiser Ming-huang und Yang Kuei-fei beim Ausritt (Chien Hsuan)

Moscheen haben, um ihre Gebete und sonstigen Handlungen zu verrichten. Sie sind hochangesehene und verehrte Leute. Die chinesischen Heiden essen nicht nur Schweine-, sondern auch Hundefleisch, das auf ihren Märkten verkauft wird. Es ist ein Volk, das ein üppiges und bequemes Leben führt, allerdings wenig Sorgfalt auf Speisen und Kleidung legt. Man kann einen Großkaufmann sehen, dessen Reichtum unschätzbar ist, der aber einen Rock aus grober Baumwolle trägt. Die Einwohner von China streben nur nach dem Besitz von goldenen und silbernen Gefäßen. Jeder von ihnen hat einen eisenbeschlagenen Stock, auf den er sich beim Gehen stützt und den man den »dritten Fuß« nennt.

Seide gibt es in Massen; denn die Würmer, die sie hervorbringen, halten sich an bestimmten Früchten, ernähren sich von ihnen und brauchen keine besondere Pflege. Deshalb gibt es ungewöhnlich viel Seide, mit der sich sogar die Armen und Notleidenden des Landes bekleiden. Gäbe es keine Kaufleute, so hätte die Seide nicht den geringsten Wert. So wird in China ein einziges Baumwollkleid für viele Seidenstoffe verkauft. Es ist dort üblich, daß sich jeder Kaufmann seinen Besitz an Gold und Silber in Barren gießen läßt, von denen das Stück einen Zentner wiegt und die über der Tür des Hauses aufgeschichtet werden. Wer fünf solcher Barren sein eigen nennt, steckt einen Ring an seinen Finger, wer zehn hat, legt zwei Ringe an, wer fünfzehn hat, wird Sati genannt, was soviel wie »reicher Kaufmann« heißt. Ein solcher Barren wird als Barkala bezeichnet.

Bei ihren Handelsgeschäften bedienen sich die Chinesen untereinander nicht der Gold- oder Silbermünzen. Bei ihren Käufen und Verkäufen werden Papierstücke als Zahlungsmittel verwendet, die ungefähr die Größe der Handfläche haben und den Stempel des Herrschers tragen. 25 solcher Zettel heißen Balischt, was bei uns soviel wie Dinar bedeutet. Hat jemand zerrissene Papierstücke im Besitz, so bringt er sie in ein Haus, das unserem Münzhaus entspricht, liefert die zerrissenen Zettel ab und erhält dafür neue, ohne dafür eine Abgabe oder sonst etwas entrichten zu müssen, da die mit dieser Arbeit beauftragten Leute vom Herrscher ein festes Gehalt beziehen. Die Leitung dieses Hauses liegt in den Händen eines hohen Emirs. Geht ein Mensch mit einem Silber- oder Goldstück auf den Markt, um etwas zu kaufen, so wird das Geldstück nicht angenommen. Erst wenn er es gegen Papiergeld eingewechselt hat, kann er seinen Einkauf tätigen.

Steckbriefe und Übernachtungshinweis

Alle Bewohner Chinas und Cathays verwenden als Brennmaterial eine Erde, die wie bei uns der Ton in Klumpen vorkommt und auch die Tonfärbung hat. Sie wird von Elefanten transportiert. Diese Erde wird in Stücke geschnitten, wie bei uns die Kohle, und dann angezündet. Sie brennt ausgezeichnet und erzeugt sogar eine noch größere Hitze als das übliche Kohlenfeuer. Ist sie dann zu Asche verbrannt, so knetet man sie mit Wasser, läßt sie trocknen und kann sie ein zweites Mal zum Heizen oder Kochen verwenden. Das wiederholt man so oft, bis die Asche vollständig ausgebrannt ist. Aus eben dieser Erde fertigt man auch die chinesischen Porzellangefäße an, indem man noch ein anderes Mineral hinzufügt, wie wir bereits berichtet haben.

Von allen Völkern der Welt haben die Chinesen in der Kunst die größten und eindrucksvollsten Fortschritte gemacht und es dabei zu einer unerreichten Vollkommenheit gebracht. Dies ist eine Tatsache, die bereits überall bekannt ist und von vielen Schriftstellern ausgiebig behandelt wurde. In der Malerei kann kein Volk, nicht einmal die in dieser Kunstart berühmten Byzantiner, mit ihnen konkurrieren, da sie auf diesem Gebiet ein besonderes Talent besitzen und es auch für den praktischen Gebrauch zu nutzen wissen.

Ich machte bei ihnen immer wieder die merkwürdige und erstaunliche Feststellung, wie schnell und sicher sie in der Malerei tätig sind. Sooft ich eine ihrer Städte betreten hatte und dann nach längerer oder recht kurzer Zeit wieder in sie zurückkehrte, fand ich auf Mauern und auf Papier mein Bild und das meiner Gefährten vor. Gerade auf den Märkten waren diese Bilder besonders häufig zu finden. So kam ich beispielsweise in die Hauptstadt des

Kaisers, wandelte durch den Basar der Maler und betrat anschließend den Palast des Herrschers. Wir hatten dabei die im Irak übliche Kleidung angezogen. Als ich am Abend aus dem Schloß zurückkehrte, durchquerte ich erneut jenen Basar und erblickte mein Bild und die Abbildungen meiner Begleiter bereits auf Papier gemalt und an den Mauern angeheftet. Wir waren in der Bekleidung dargestellt, die wir am Morgen getragen hatten. Jeder von uns betrachtete eingehend die Bilder von allen Seiten, und wir kamen zu dem Schluß, daß sie naturgetreu und in allen Einzelheiten gemalt worden waren. Ich ließ mir berichten, daß die Maler vom Kaiser einen entsprechenden Auftrag erhalten hatten, uns zu porträtieren. Sie waren zu diesem Zweck in den Palast geholt worden, als wir uns selbst dort aufhielten, und mußten uns genau beobachten und malen, ohne daß wir etwas davon bemerkten.

Bei den Chinesen ist es üblich, jeden, der durch ihr Land zieht, im Bild festzuhalten. Dies hat eine sehr praktische und der Sicherheit des Staates dienende Auswirkung. Hat nämlich ein Fremder eine Tat begangen, die ihn zwingt, außer Landes zu fliehen, so stellen die Chinesen sein Bild sehr schnell den verschiedenen Provinzen zu, wo man sofort nach ihm fahnden kann. Wo immer jemand entdeckt wird, der einem solchen Fahndungsbild gleicht, kann man ihn leichter verfolgen und festnehmen.

In China besteht ein Registrierungszwang. Wenn eine Dschunke auf Fahrt gehen soll, kommen der Admiral und seine Sekretäre an Bord und schreiben die Namen aller auf dem Schiff befindlichen Personen, Bogenschützen, Sklaven und Matrosen auf. Dann erst darf die Dschunke in See stechen. Wenn das Schiff nun von seiner Reise nach China wieder zurückkehrt, gehen der Admiral und seine Schreiber erneut an Bord und vergleichen ihre Liste mit den einzelnen Mitgliedern der Besatzung. Wird nun eine Person

Ein Gelehrter spielt das Instrument Chi'in in seiner Studierstube
(Wang Meng, 14. Jahrhundert)

vermißt, so machen sie den Kapitän oder Schiffseigentümer dafür verantwortlich. Er hat den Nachweis zu liefern, daß der in der Liste Aufgeführte, aber nicht mehr an Bord Befindliche entweder tot oder entflohen oder sonstwie abhanden gekommen ist. Kann er dafür keinen Beweis bringen, so wird er festgenommen. Ist diese Registrierung durchgeführt, so muß der Schiffsbesitzer ein genaues Verzeichnis aller Güter vorlegen, die er auf der Dschunke geladen hat, gleichgültig ob sie großen oder kleinen Wert haben. Ist auch diese Tätigkeit abgeschlossen, so dürfen die Reisenden an Land. Verlassen sie nun das Schiff, so werden sie und ihr Gepäck von Zollwächtern überprüft. Finden sie dabei einen Gegenstand, der ihnen nicht angegeben worden war, so wird die Dschunke mit allem, was sie enthält und geladen hat, zugunsten des Staates beschlagnahmt. Dies ist eine Ungerechtigkeit, wie ich sie noch in keinem Land, weder bei den Heiden noch bei den Muslimen, sondern eben nur hier in China vorgefunden habe. Zwar gibt es in Indien eine ähnliche Einrichtung, wo nämlich derjenige, bei dem eine Ware gefunden wurde, die er nicht verzollt hatte, zahlen muß; doch wird er dort nur mit der elffachen Zollabgabe als Strafe belegt. Von Sultan Mohammed wurde auch diese Maßnahme aufgehoben, als er die ganzen Zollabgaben abschaffte.

Kommt ein muslimischer Kaufmann in einer chinesischen Provinz an, so überläßt man es seiner Wahl, bei einem dort ansässigen muslimischen Kaufmann, den er sich selbst aussuchen kann, abzusteigen oder sich für seinen Aufenthalt ein Gasthaus zu nehmen. Zieht er es vor, bei dem Kaufmann zu wohnen, so wird sein Vermögen in Verwahrung genommen, und der Kaufmann, den er sich als Gastgeber gewählt hat, muß dafür haften. Von diesem Geld besorgt er in ehrlicher Weise die Auslagen für seinen Gast. Will dieser dann abreisen, so wird sein Geld kontrolliert. Entdeckt man dabei irgendeine Nachlässigkeit oder ein Defizit, so wird der Kaufmann, bei dem er gelebt hat und der für ihn geradestehen mußte, zur Zahlung des Fehlbetrages und Abgleichung des Vermögens gezwungen. Will der Fremde aber in einem Gasthaus absteigen, so wird sein Geld dem Herbergsinhaber ausgehändigt, wofür dieser ebenfalls haftbar gemacht wird. Der Gastwirt kauft ein und besorgt alles, was sein Gast benötigt, und berechnet es ihm. Wünscht der Gast ein Konkubinat, so wird ihm eine Sklavin gekauft. Der Wirt gibt ihm einen Raum als Wohnung, der nur vom Inneren des Gasthauses betreten werden kann, und bestreitet die Ausgaben für beide.

Sklavinnen sind in China sehr billig zu bekommen. Außerdem verkaufen die Bewohner ihre Söhne und Töchter. Dies gilt bei ihnen nicht als Schande; nur werden die Verkauften nicht gezwungen, mit ihren Käufern und Herren zu verreisen. Allerdings können sie es jederzeit tun, wenn sie es wünschen. Das Verfahren des Geldverwahrens wird auch dann angewandt, wenn sich ein fremder Kaufmann verheiraten will. Er kann sich ruhig eine Frau nehmen; sein Geld aber für einen lockeren Lebenswandel auszugeben – dazu wird ihm keine Möglichkeit eingeräumt. Die Chinesen sagen: »Wir wollen nicht, daß man in den Ländern der Muslime sagen hört, daß die Leute in unserem Reich um ihr Geld gebracht würden, weil es vielleicht ein Land der Sittenverderbnis und des flüchtigen Lebensgenusses sei.«

Für den Reisenden ist China das sicherste und angenehmste Land, das man sich denken kann. Ganz allein kann man eine Wegstrecke von sieben Monaten zurücklegen und einen großen Geldbetrag mit sich führen, ohne um ihn fürchten zu müssen. Dem Gesetz, daß sich an jeder

Station des Reiches ein Gasthaus zu befinden habe, wurde entsprochen. Es wird von einem staatlichen Verwalter geleitet, dem eine Anzahl von Reitern und Fußgängern, die dort ihr Standquartier haben, zur Verfügung steht. Nach Sonnenuntergang oder bei Dunkelheit kommt der Verwalter mit seinem Schreiber in das Gasthaus, notiert die Namen aller Übernachtungsgäste, versiegelt seine Liste und verriegelt hinter den Reisenden die Türen. Nach Tagesanbruch erscheint er wieder mit seinem Schreiber, ruft alle Gäste bei ihrem Namen auf, vergleicht sie mit seiner Liste und verfaßt darüber ein Protokoll. Mit den Reisenden schickt er dann einen seiner Leute, der sie bis zur nächsten Station zu begleiten und vom dortigen Verwalter eine entsprechende Benachrichtigung seinem Herrn zu überbringen hat, aus der hervorgeht, daß alle wohlbehalten eingetroffen sind. In einem anderen Fall würde er nämlich zur Verantwortung gezogen. So sind die Verhältnisse auf allen Stationen des Reiches von Sin as-Sin bis Chan Balik (Peking). In diesen Gasthäusern ist alles vorhanden, was der Reisende an Verpflegung braucht, besonders Hühner und Gänse. Hammel sind jedoch in China selten zu haben.

Vier Wochen Flußfahrt

Nachdem wir über das Meer nach China gekommen waren, gelangten wir in die Stadt Zaitun. Obwohl ihr Name »Olivenbaum« heißt, gibt es dort keine Oliven, wie auch sonst nicht in China oder Indien. Zaitun ist eine große und bedeutende Stadt, in der Seidendamaste und Atlasstoffe hergestellt werden, die man nach der Stadt benennt.

Händler im winterlichen Gebirgsland unterwegs
(Ma Yuan, 14. Jahrhundert)

Der Hafen von Zaitun ist einer der größten der Welt oder – richtiger gesagt – der größte. Ich sah in ihm rund hundert große Dschunken, während die kleinen nicht zu zählen waren. Den Hafen begünstigt eine große Meeresbucht, die tief ins Land einschneidet, bis sie sich mit dem mächtigen Strom vereinigt. In dieser Stadt, wie übrigens in ganz China, besitzt jeder einen Garten, ein Feld und mitten darin sein Anwesen, ähnlich wie wir es von der Stadt Sidjilmassa in unserer Heimat kennen. Deshalb sind die chinesischen Städte von einer ungeheuren Ausdehnung.

Die Muslime von Zaitun bewohnen ein Stadtviertel für sich. Am Tag meiner Ankunft traf ich den Emir, der sich als Gesandter mit dem Geschenk nach Indien begeben hatte und in unserer Gesellschaft abgereist war, während seine Dschunke jedoch im Sturm Schiffbruch erlitten hatte und gesunken war. Er begrüßte mich und benachrichtigte den Leiter der Verwaltung von meinem Eintreffen, worauf ich eine schöne Wohnung zugewiesen bekam. Dort besuchten mich: der Richter der Muslime, Taj ed-Din aus Ardebil, ein trefflicher und hochgesinnter Mann, der Scheich al-Islam Kemal ed-Din Abdallah aus Isfahan, ein sehr frommer Mann, und die Kaufleute von Rang, unter denen sich Scherif ed-Din aus Tibriz befand, einer jener Kaufleute, bei denen ich zur Zeit meiner Ankunft in Indien Schulden gemacht und der mir unter allen die günstigsten Geschäftsbedingungen gestellt hatte. Er kannte den Koran auswendig und rezitierte ihn sehr oft. Nachdem diese Kaufleute in einem heidnischen Land leben, ist ihre Freude besonders groß, wenn ein Muslim zu ihnen zu Besuch kommt. Ihr Wort »Dieser kommt aus dem Land des Islam« ist für sie eine Verpflichtung, dem Ankömmling von ihrem Besitz das gesetzlich vorgeschriebene Almosen zu geben, so daß dieser schließlich so reich wird wie sie. Unter den hervorragenden Scheichs, die in Zaitun lebten, befand sich Burhan ed-Din aus Kazerun, der vor der Stadt eine Einsiedelei hatte, und an den die Kaufleute die Weihegeschenke abführten, die sie dem Scheich Abu Ishak aus Kazerun gelobt haben.

Als der Leiter der Verwaltung von meiner Geschichte unterrichtet worden war, schrieb er an den Khan, den Großkönig des Landes, und teilte ihm mit, daß ich im Auftrag des Königs von Indien gekommen sei. Um die Stadt Sin, die von ihren Einwohnern Sin Kalan genannt wird, und ihre Umgebung besuchen zu können, bis die Antwort des Khans einträfe, bat ich den Leiter der Verwaltung, mir dazu die Erlaubnis zu erteilen und mir einen seiner Leute als Begleiter zu stellen. Er gab mir seine Zustimmung und teilte mir einen Mann zu, der mich dorthin bringen sollte.

Auf dem Fluß reiste ich mit einem Schiff, das wie ein Kriegsschiff bei uns zu Hause aussieht, nur arbeiten hier die Ruderer im Stehen, und zwar alle in der Mitte des Schiffes, während sich die Passagiere am Bug und am Heck aufhalten. Zum Schutz vor den Sonnenstrahlen bedeckt man das Schiff mit Stoffen, die aus einer Pflanze des Landes hergestellt werden, die dem Flachs sehr ähnlich, aber feiner als der Hanf ist.

Auf diesem Fluß reisten wir 27 Tage lang. Jeden Tag gingen wir um die Mittagszeit bei einem Dorf vor Anker, wo wir die nötigsten Dinge unseres täglichen Bedarfs einkauften und das Mittagsgebet verrichteten. Gegen Abend legten wir bei einem anderen Ort an. Dies wiederholte sich, bis wir nach Sin Kalan, der Stadt Sin as-Sin (Kanton) kamen.

Wie in Zaitun werden hier auch Porzellanwaren hergestellt. Der Fluß Ab-i Hayat ergießt sich an dieser Stelle ins Meer, den man den Zusammenfluß der beiden Meere nennt. Sin Kalan ist eine der bedeutendsten und schönsten Städte, vor allem was ihre Basare anbelangt. Die wohl größte Ausdehnung hat der Basar der Töpfer. Von hier exportiert man das Porzellan in die übrigen Provinzen Chinas, nach Indien und Jemen. Im Zentrum der Stadt liegt ein prächtiger Tempel, in den neun Tore führen. An der Innenseite eines jeden Tores befinden sich eine Säulenhalle und Steinbänke, auf denen sich die Bewohner des Tempels ausruhen können. Zwischen der zweiten und dritten Pforte ist eine Anlage mit Gemächern, die von den Blinden und Gelähmten bewohnt wird. Jeder von ihnen bezieht aus den frommen Stiftungen des Tempels seinen Lebensunterhalt und seine Bekleidung. Gleiche Einrichtungen liegen zwischen den anderen Toren: ein Hospital für die Kranken, die Küche für die Zubereitung der Speisen und schließlich die Wohnungen der Ärzte und des

Dienstpersonals. Man erzählte mir, daß die alten Leute, die nicht mehr in der Lage sind, ihrem Gewerbe oder einer anderen Beschäftigung nachzugehen, aus diesem Tempel versorgt werden, ebenso die Witwen und Waisen, wenn ihnen keine Mittel zur Verfügung stehen. Diesen Tempel hat einer der Herrscher Chinas erbaut, und die Stadt, die Dörfer und Baumgärten, die zu ihr gehören, als Stiftung für das Gebäude und dessen Bewohner bestellt. Sein Bild hängt in diesem Tempel und wird von den Einwohnern besonders verehrt.

In einem Teil der Stadt liegt das Viertel der Muslime, die eine Hauptmoschee, ein Hospiz und einen Markt besitzen. Sie haben auch einen Richter und einen Religionsvorsteher. In jeder chinesischen Stadt gibt es unbedingt einen Scheich al-Islam, dem als letzte Instanz alle Angelegenheiten der Muslime vorgetragen werden, und einen Richter, der alle Streitigkeiten zwischen ihnen entscheidet. Mein Absteigequartier befand sich bei Auhad ed-Din aus der Stadt Sinjar. Er ist ein hervorragender und schwerreicher Mann. Während der Zeit, zwei Wochen, die ich als Gast bei ihm verbrachte, liefen ununterbrochen Geschenke des Kadi und der übrigen Muslime bei mir ein. Täglich veranstalteten sie ein neues Gelage, zu dem sie in geschmückten Booten und in Begleitung von Sängern gefahren kamen.

Über Sin Kalan hinaus gibt es weder eine Stadt der Heiden noch eine der Muslime. Zwischen ihr und der Mauer von Gog und Magog (Chinesische Mauer) liegt eine Entfernung von 60 Tagesreisen. Soweit mir berichtet wurde, hausen in dieser Gegend nomadische Heidenvölker, die Menschen fressen, wenn sie ihrer habhaft werden. Deshalb betritt niemand ihr Gebiet oder unternimmt eine Reise dorthin. Ich habe in Sin Kalan niemanden kennengelernt, der die große Mauer gesehen hätte, noch einen, der von einem Besuch etwas wußte.

Während meines Aufenthaltes in Sin Kalan erfuhr ich, daß sich dort ein hochbetagter Scheich aufhalte, der bereits über 200 Jahre alt sei. Er sollte weder essen noch trinken, noch irgendwelche Exkremente von sich geben oder Verkehr mit Frauen haben, obwohl seine Kräfte noch voll intakt seien, vielmehr hause er ganz allein in einer Höhle vor der Stadt, in der er sich ganz dem Dienst Gottes hingebe.

Ich begab mich also zu dieser Grotte und erblickte ihn am Eingang. Er war mager, von dunkelroter Hautfarbe und hatte keinen Bart. Doch waren die Spuren der Kasteiungen an ihm deutlich sichtbar. Ich begrüßte ihn, worauf er meine Hand ergriff, sie beroch und zum Dolmetscher sagte: »Dieser Mann kommt von dem einen Ende der Welt, gerade so wie wir am anderen Ende leben.« Darauf wandte er sich an mich und erklärte: »Du hast ein Wunder gesehen. Erinnerst du dich des Tages, an dem du auf eine Insel kamst, auf der sich ein Tempel befand und ein Mann zwischen zwei Götzenbildern saß? Dieser Mann hat dir zehn Golddinare geschenkt.« – »Sicher«, sagte ich, »daran erinnere ich mich noch sehr gut.« – »Dieser Mann bin ich«, meinte er. Ich küßte seine Hand.

Er dachte eine kurze Zeit nach, ging dann in die Grotte hinein und kam nicht mehr zu uns heraus. Es war, als ob ihn Reue erfaßt hätte, daß er mit uns diese Dinge besprochen habe. Wir waren so kühn und betraten seine Höhle, um noch einmal mit ihm beisammen zu sein, doch fanden wir ihn nicht. Dafür trafen wir einen seiner Schüler, der in seiner Hand eine ganze Anzahl von Papiernoten hielt und zu uns sagte: »Dies ist euer Gastgeschenk, geht jetzt!« Nachdem wir darauf bestanden hatten, auf den Mann warten zu wollen, meinte er: »Und wenn ihr selbst zehn Jahre hier ausharren würdet, könntet ihr ihn nicht sehen; denn es ist seine Gepflogenheit, sich demjenigen nicht mehr zu zeigen, der einmal eines seiner Geheimnisse kennengelernt hat. Glaube aber nicht, daß er sich von dir entfernt hat; er ist zugleich mit dir hier anwesend.«

Über das Geschehen und die Worte des Schülers wunderte ich mich sehr und verabschiedete mich. Dann teilte ich mein Erlebnis dem Richter, dem Scheich al-Islam und dem Auhad ed-Din aus Sinjar mit. Zu meinem großen Erstaunen erklärten sie mir: »Das ist so seine Gewohnheit den Fremden gegenüber, die ihn aufsuchen. Niemand weiß, zu welcher Religion er sich bekennt, und derjenige, den ihr für einen seiner Schüler gehalten habt, war er selbst.« Sie unterrichteten mich auch, daß er von dieser Gegend 50 Jahre abwesend gewesen war, dann aber vor einem Jahr wieder zurückgekehrt sei. Sultane, Emire und hohe Würdenträger würden ihm ihren Besuch abstatten und von ihm je nach ihrem Rang beschenkt werden. Täglich kämen Fakire zu ihm und erhielten, je nach ihrer Bedeutung, von ihm Geschenke, obwohl sich in der Grotte, die er bewohne, nichts befinde, was irgendwie nach Besitz und Vermögen aussehe. Sehr viel solle er von vergangenen Zeiten erzählen und besonders über den Propheten Mohammed berichten, wobei er auch behauptet habe: »Wäre ich mit ihm zusammengewesen, so hätte ich ihm geholfen.« Von den beiden ersten Kalifen, Omar und Ibn Talib, spreche er sehr ehrfurchtsvoll und spende ihnen viel Lob, während er Yezid Ibn Muawiya tadele und sogar beschimpfe, da er ein blutdürstiger und grausamer Tyrann gewesen sei.

Die drei Männer erzählten mir noch viele Dinge über den Scheich. Auhad ed-Din aus Sinjar fügte noch sein Erlebnis hinzu: »Eines Tages besuchte ich ihn in der Grotte. Als er mich bei der Hand faßte, kam es mir vor, als befände ich mich in einem Schloß von gewaltigen Ausma-

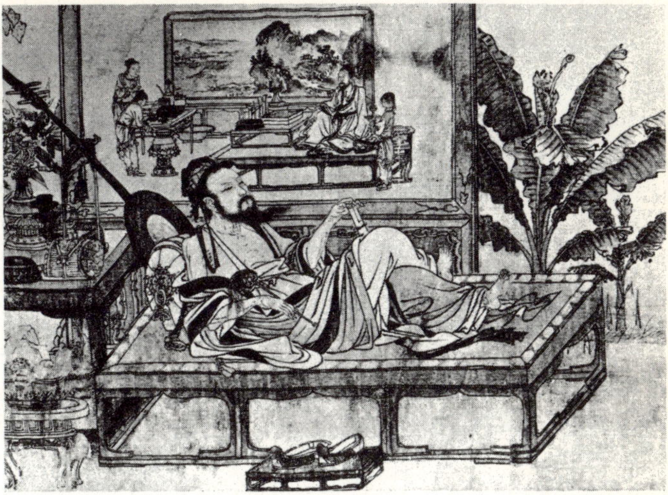

Ein Dichter genießt die Ruhe (Liu Kuan-tao, 14. Jahrhundert)

ßen, wo der Scheich auf einem Thron säße. Auf seinem Haupt – so glaubte ich zu sehen – trug er eine Krone. Zu seinen beiden Seiten standen schöne Dienerinnen, während dauernd Früchte von Bäumen in dort laufende Wasserkanäle fielen. In meinem Zustand der Entrückung wollte ich einen Apfel ergreifen, um ihn zu essen – siehe, da stand ich wieder in der Höhle vor dem Scheich, der mich fast etwas mitleidig belächelte. Gleich darauf befiel mich eine schwere Krankheit, die mich mehrere Monate quälte. Seit dieser Zeit machte ich keinen Besuch mehr bei ihm.«

Die Bewohner von Sin Kalan sind überzeugt, daß er ein Muslim ist, obwohl ihn noch niemand bei einem Gebet beobachtet hat. Was das für den Muslim vorgeschriebene Fasten anlangt, so erfüllt er es strikt; denn er fastet ununterbrochen. Der Richter erzählte mir von einem Gespräch mit ihm: »Eines Tages unterhielt ich mich mit ihm über das Gebet. Da fragte er mich, ob ich denn wisse, was er tue. Sein Gebet sei etwas anderes als mein Gebet.« Alle Geschichten, die über diesen Mann im Umlauf sind, hören sich recht merkwürdig an.

Am Tag nach dieser meiner Zusammenkunft mit dem Scheich reiste ich ab, um nach der Stadt Zaitun zurückzukehren.

Die größte Stadt der Welt

Einige Tage nach meiner Ankunft kam der Befehl des Khans, ich solle mich unter allen Ehrerweisungen in seine Residenz begeben, ganz nach meinem Belieben zu Wasser oder zu Land. Ich wählte die Reise auf dem Fluß, und man rüstete für mich ein sehr schönes Schiff aus, eines jener Fahrzeuge, die für die Reisen der Emire bestimmt sind. Der Statthalter sandte seine Leute mit uns ab und gab mir, ebenso wie der Richter und die muslimischen Kaufleute, viele Reisevorräte mit. So fuhren wir als Gäste des Kaisers, frühstückten in einem Dorf, nahmen das Abendessen in einem anderen Ort ein und erreichten nach einer Reise von zehn Tagen die Stadt Kanjanfu. Dies ist ein schöner und großer Platz inmitten einer ausgedehnten Ebene. Von Gärten umgeben, fühlt man sich in jenem Tal wie in die Gegend von Damaskus versetzt.

Bei unserem Eintreffen kamen uns der Richter, der Scheich al-Islam und die Kaufleute mit Fahnen, Pauken, Hörnern und Trompeten entgegen, die Musiker mit dabei. Sie brachten uns Pferde, die wir bestiegen, während sie selbst zu Fuß vor uns hergingen. Nur der Kadi und der Scheich ritten in unserem Gefolge. Auch der

Gouverneur der Stadt und seine Diener zogen uns entgegen. Dem Gast des Kaisers wird in diesen Ländern der höchste Respekt gezollt. Wir betraten die von vier Mauern umgebene Stadt. Den Raum zwischen der ersten und zweiten Mauer bewohnen die Sklaven des Kaisers, die bei Tag und bei Nacht die Wache der Stadt zu versehen haben. Die Nachtwachen heißen Pasbanan. Zwischen der zweiten und dritten Mauer wohnen die berittenen Truppen und der Emir, der die oberste Gewalt über die Stadt ausübt. Innerhalb der dritten Mauer wohnen die Muslime, bei deren Scheich Zahir ed-Din el-Kurlani wir abstiegen. Die Chinesen schließlich wohnen innerhalb der vierten Mauer, die das größte der vier Stadtviertel umschließt. Die Entfernung zwischen je zwei Toren dieser Stadt beträgt zwischen drei und vier Meilen. Jeder Bewohner hat, wie schon beschrieben, seinen Garten, seinen Hof und sein Ackerland.

Als ich mich im Haus des Zahir ed-Din el-Kurlani befand, kam eines Tages ein großes Schiff an, das einem dort hochgeschätzten Rechtsgelehrten gehörte. Man holte seine Erlaubnis ein, mich ihm vorstellen zu dürfen. Sein Name war Kiwam ed-Din es-Sebti, das heißt »der Mann aus Ceuta«. Über seinen Namen war ich sehr verwundert. Als ich nach der Begrüßung mich mit ihm etwas näher unterhalten hatte, fiel mir ein, daß ich ihn ja wohl gut kannte, und ließ daher meinen Blick recht lange auf ihm ruhen. Da fragte er mich: »Ich bemerke, daß du mich anblickst, wie jemand, der mich eigentlich kennen sollte.« – »Von wo bist du?« fragte ich. – »Aus Ceuta.« – »Und ich bin aus Tanger«, erwiderte ich. Da erneuerte er seinen Gruß und weinte, bis auch ich schließlich weinte wie er. Ich fragte ihn: »Bist du in Indien gewesen?« – »Gewiß«, erwiderte er, »ich war auch in der Residenz Delhi.« – Als er dies sagte, erinnerte ich mich seiner und fragte ihn: »Bist du nicht el-Buschri?« Dies bestätigte er. Da erinnerte ich mich genau. Er war mit seinem Onkel Abu-l-Kasim aus Murcia nach Delhi gekommen, damals noch ein unbärtiger, junger Mann, aber ein sehr talentierter Student, der das Muwatta (eine Art corpus iuris des islamischen Rechts) auswendig kannte. In jenen Tagen hatte ich dem Sultan von Indien Nachricht über ihn gegeben, so daß er ihn mit dreitausend Dinaren beschenkte und ihn aufforderte, bei ihm zu bleiben. Doch lehnte er es ab, denn er wollte sich nach China begeben. Hier kam er nun zu hohem Ansehen und erwarb viele Reichtümer. Er berichtete mir, daß er etwa fünfzig Sklaven und ebenso viele Sklavinnen besitze, schenkte mir je zwei von ihnen und noch viele andere wertvolle Dinge. Seinen Bruder traf ich später im Land der Neger. Welch eine Entfernung zwischen den Geschwistern!

Nachdem ich mich fünfzehn Tage in Kanjanfu aufgehalten hatte, reiste ich von dort ab. Das Land China, so viele Schönheiten es auch enthält, gefiel mir nicht; im Gegenteil. Ich war gar sehr bekümmert, da der Unglaube dort die Herrschaft hat. Wenn ich meine Wohnung verließ, sah ich zahllose abscheuliche Dinge. Das versetzte mich derart in Aufregung, daß ich oft zu Hause blieb und nur notgedrungen ausging. Sooft ich Muslime in China erblickte, war mir, als hätte ich meine Familie und meine Verwandten getroffen.

Ein Beispiel für die vollendete Gefälligkeit des Rechtsgelehrten el-Buschri ist, daß er, als ich Kanjanfu verließ, vier Tage lang mit mir reiste, bis ich in Beiwam Kutlu ankam, einer kleinen Stadt, die von Chinesen bewohnt ist, von Soldaten wie auch Händlern und Marktleuten. Die Muslime haben dort nur vier Häuser, deren Bewohner Mieter des genannten Rechtsgelehrten el-Buschri sind. Wir stiegen in einem dieser Häuser ab und verblieben dort drei Tage. Dann sagte ich el-Buschri Lebewohl und reiste weiter.

Ich fuhr, wie bisher, auf dem Fluß. Das Frühstück nahmen wir in einem Dorf, die Abendmahlzeit in einem anderen ein, bis wir nach siebzehn Tagen von Beiwam Kutlu aus zur Stadt Chansa kamen. Ihr Name klingt ebenso wie der jener Dichterin al-Chansa, und ich weiß nicht, ob er arabisch oder bloß mit dem Arabischen gleichlautend ist. Diese Stadt ist die größte, die ich je auf Erden gesehen habe. Ihre Länge umfaßt eine Entfernung von drei Tagesmärschen, so daß der Reisende in ihr aufbricht und in ihr wieder Quartier nehmen muß. Wie wir bereits über die chinesische Bauweise berichtet haben, hat auch jeder Bewohner von Chansa seinen Garten und seinen Hof. Die Stadt ist in sechs Einzelstädte aufgeteilt, von denen wir nun berichten werden. Bei unserer Ankunft begrüßten uns der Richter Afchar ed-Din, der Scheich al-Islam von Chansa und die Abkömmlinge des Ägypters Otman ibn-Affan, die dort die angesehensten Rechtgläubigen sind. Sie führten eine weiße Fahne mit sich, Pauken, Trompeten und Hörner. Auch der Gouverneur der Stadt zog mit seinem Gefolge uns entgegen.

Wir trafen also in Chansa ein, das aus sechs Städten besteht, von denen jede ihre eigene Mauer hat, während wiederum eine große Mauer alle umschließt. Die erste Stadt wird von den Stadtwächtern und ihrem Anführer bewohnt. Der Kadi und auch andere haben mir erzählt, daß es zwölftausend Stadtwächter gäbe, die in den Listen der Truppen eingetragen sind. Wir verbrachten die erste Nacht im Haus ihres Kommandanten.

Am nächsten Tag betraten wir die zweite Stadt durch das sogenannte Judentor. Dort wohnen die Juden, die Christen und die Türken, die Sonnenanbeter sind, von denen es hier sehr viele gibt. Der Gouverneur dieser Stadt ist ein Chinese, bei dem wir die zweite Nacht verbrachten. Am darauffolgenden Tag betraten wir die dritte Stadt, die von den Muslimen bewohnt wird. Sie ist schön, und ihre Basare sind eingerichtet wie in den Ländern des Islam. Sie besitzt Moscheen und Muezzins, also Gebetsausrufer, die gerade das erste Mittagsgebet verkündeten, als wir unseren Einzug hielten. Hier nahmen wir unser Quartier im Haus der Nachkommen des Ägypters Otman Ibn Affan. Er war ein großer Kaufmann gewesen, der an dieser Stadt Gefallen gefunden und sich dort dauernd niedergelassen hatte. Diese dritte Stadt selbst wird nach seinem Namen benannt. An seine Nachkommen in dieser Stadt vererbte er Rang und Ehren, deren er sich selbst erfreut hatte, und sie handeln wie ihre Vorfahren, indem sie die Fakire reichlich beschenken und die Notleidenden unterstützen. Sie unterhalten ein Hospiz, das el-Otmaniya heißt, einen schönen Bau mit vielen frommen Stiftungen. Otman hat in dieser Stadt auch eine Hauptmoschee erbaut, der er wie dem Hospiz große Stiftungen gemacht hat. Die Zahl der Muslime ist sehr beträchtlich. Unser Aufenthalt bei ihnen erstreckte sich über fünfzehn Tage, wobei wir Tag und Nacht an einem neuen Fest teilnehmen mußten. Sie legten stets besonderen Wert auf ihre Gastmähler und ritten täglich mit uns aus, damit wir uns in den verschiedenen Stadtvierteln umsehen könnten.

Eines Tages betrat ich mit ihnen die vierte Stadt, wo der Sitz der Regierung ist und in der sich die Residenz des großen Emirs Kortai befindet. Als wir am Tor angelangt waren, verließen mich meine Gefährten. Der Wesir empfing mich und brachte mich zum Palast des Emirs. Diese Stadt ist allein zur Wohnung für die Sklaven und Beamten des Sultans bestimmt. Sie ist die schönste der sechs Städte und wird von drei Wasserläufen durchschnitten, von denen der eine ein Kanal ist, der von einem großen Strom abgezweigt wird. Auf ihm werden die Lebensmittel und die Steine, die als Brennmaterial dienen, in die Stadt gebracht. Auch Schiffe zu Ausflugs- und Lustfahrten sind hier zu haben. Im Zentrum der Stadt liegt die Residenz. Sie ist außerordentlich groß. Inmitten ihres Häuserkomplexes befindet sich der Regierungspalast, der auf allen Seiten von Häusern umgeben wird. Zu ihm gehört auch eine Reihe von Hallen, in denen Handwerker kostbare Gewänder und Kriegsgeräte herstellen. Emir Kortai hat mir versichert, daß unter ihnen allein eintausendsechshundert Meister sind, von denen jedem drei bis vier Lehrlinge gehorchen. Sie sind alle Sklaven des Khans, tragen Ketten an den Füßen und wohnen außerhalb des Schlosses. Es wird ihnen zwar gestattet, die Märkte der Stadt zu besuchen, doch dürfen sie dabei das Tor nicht passieren. Tag für Tag werden sie in Hundertschaften dem Emir vorgeführt, und wenn einer von ihnen fehlt oder verschwunden ist, wird sein Aufseher für ihn verantwortlich gemacht. Es ist dort üblich, daß ein Sklave, wenn er zehn Jahre gedient hat, von seinen Ketten befreit wird und er sich dafür entscheiden kann, entweder im Dienst zu verbleiben, jedoch als freier Mann, oder sich irgendwo im Land des Khans niederzulassen, ohne es jedoch verlassen zu dürfen. Ist er fünfzig Jahre alt geworden, so wird er von allen Arbeiten entbunden und auf Staatskosten erhalten. Ebenso wird jeder versorgt, der auch sonst dieses Alter erreicht hat oder etwa so alt geworden ist. Wer das sechzigste Lebensjahr erreicht hat, wird von den Chinesen zu den Kindern gezählt, so daß ihm gegenüber die gesetzlichen Strafen nicht zur Anwendung kommen. Menschen im Greisenalter werden in China sehr hoch geschätzt. Jeder von ihnen wird Ata genannt, was soviel wie Vater bedeutet.

Emir Kortai ist der Ranghöchste in China. Er bewirtete uns in seinem Haus und gab ein Gastmahl, das man dort Towa nennt, und an dem die Würdenträger der Stadt teilnahmen. Er ließ uns muslimische Köche kommen, damit sie die Tiere schlachteten und die Speisen zubereiteten. Trotz seines hohen Ranges bot uns der Emir die Gerichte selbst an und schnitt das Fleisch eigenhändig für uns zu. Drei Tage lang blieben wir seine Gäste. In dieser Zeit sandte er uns seinen Sohn, damit wir bei unseren Spazierfahrten auf dem Kanal einen Begleiter hatten. Wir bestiegen ein Schiff, das einem Brander, einem Schiff, das Brandpfeile verschießt, ähnlich sah, während der Sohn des Emirs ein zweites nahm, worauf sich auch die Musiker und Sänger befanden, die chinesische, arabische und persische Lieder sangen. Der Sohn des Emirs war von dem persischen Gesang sehr beeindruckt. Als die Sänger ein besonders schönes Lied ausgesucht hatten, befahl er ihnen, es mehrere Male zu wiederholen, bis ich es selbst auswendig konnte. Es war wunderbar moduliert und hatte folgenden Text:

»Seitdem wir uns der Sorge überlassen,
sind wir in einem Ozean von Kummer versunken.
Nur wenn wir im Gebet verweilen,
dann sind wir stark – vor der Kanzel drinnen.«

Auf diesem Kanal fuhr eine große Anzahl von Schiffen. Sie führten bunte Segel, hatten seidene Sonnenschirme und waren mit den schönsten Malereien geschmückt. Ich wunderte mich sehr, als die Leute auf diesen Schiffen einander immer näher kamen und sich mit Orangen und Zitronen bewarfen. Am Abend kehrten wir in den Palast des Emirs zurück und übernachteten dort. Die Musiker erschienen und sangen verschiedene sehr schöne Lieder.

In dieser Nacht trat ein Zauberer auf, der ein Sklave des Khans war. Der Emir sprach zu ihm: »Laß uns eines deiner Zauberkunststücke sehen.« Darauf ergriff dieser eine Holzkugel, in der sich mehrere Löcher befanden, durch die lange Riemen liefen. Er schleuderte die Kugel in die Luft, und sie stieg empor, so weit, bis sie schließlich unseren Blicken entschwunden war. Dabei befanden wir uns inmitten der Residenz. Als sich in seiner Hand nur noch ein kurzes Ende des Riemens befand, gab er einem seiner Lehrlinge einen Befehl; dieser klammerte sich an den Riemen und stieg in die Luft hinauf, bis wir ihn nicht mehr sahen. Nun rief der Zauberer dreimal, aber sein Lehrling gab keine Antwort. Da täuschte er höchsten Zorn vor, erfaßte ein Messer und hing sich an den Riemen, kletterte an ihm empor, bis auch er unsichtbar wurde. Plötzlich fiel eine Kinderhand auf die Erde, dann ein Fuß, schließlich die zweite Hand und der zweite Fuß, endlich der Rumpf und der Kopf. Darauf stieg der Zauberer keuchend zur Erde herab, seine Kleider mit Blut besudelt. Er küßte vor dem Emir die Erde und sprach zu ihm in chinesischer Sprache. Der Emir gab ihm irgendeinen Befehl, daraufhin nahm er die Glieder des Knaben, befestigte sie aneinander, gab dem Ganzen einen Fußtritt, und siehe – der Knabe stand ganz unverletzt da. Ich war aufs höchste erstaunt, und ein Herzklopfen befiel mich, ebenso wie es mir beim König von Indien ergangen war, als ich etwas Ähnliches gesehen hatte. Man flößte mir eine Arznei ein, die mein Übel vertrieb. Der Richter Afchar ed-Din stand an meiner Seite und sagte zu mir: »Bei Gott, fürchte dich nicht, hier gab es kein Hinauf- noch ein Hinabsteigen noch ein Gliederabschneiden. Das alles ist nur Taschenspielerei.«

Am nächsten Morgen durchschritten wir das Tor der fünften Stadt, der größten von allen, die von der Masse des Volkes bewohnt wird. Sie hat schöne Märkte und beherbergt geschickte Handwerker. Hier werden die al-Chansawiya genannten Stoffe angefertigt. Zu den schönsten Dingen, die man dort herstellt, gehören die flachen Schüsseln, die man Dest nennt. Sie bestehen aus Bambusrohr, dessen einzelne Teile in feinster Weise miteinander verbunden und mit einer leuchtendroten Firnisfarbe angestrichen werden. Man hat meistens immer zehn solche Schüsseln, die aufeinandergeschichtet werden, wobei sie derart fein verarbeitet sind, daß sie dem Betrachter wie eine einzige Schüssel erscheinen. Dazu gibt es schließlich einen Deckel, mit dem sie alle zugedeckt werden. Aus dem gleichen Rohr werden auch große Wassergefäße angefertigt. Zu ihren besonderen Eigenschaften gehört, daß man sie von großer Höhe herunterfallen lassen kann, ohne sie zu zerbrechen. Man kann in sie heiße Speisen füllen, wobei sich die Farbe weder ändert noch vergeht. Von Chansa werden diese Gefäße nach Indien, Chorasan und in viele andere Länder ausgeführt.

Die Nacht verbrachten wir als Gäste des Gouverneurs. Am nächsten Morgen kamen wir durch das Matrosentor in die sechste Stadt. Sie wird von den Matrosen, den Fischern, Zimmerleuten, den Sipahis, Schützen und den Fußsoldaten bewohnt. Alle sind Sklaven des Kaisers; außer ihnen wohnt sonst niemand dort. Die Stadt liegt am großen Strom. Als Gäste ihres Gouverneurs verbrachten wir dort eine Nacht. Emir Kortai ließ uns ein Schiff mit allem nötigen Reiseproviant ausrüsten und sandte seine Gefährten mit uns, damit wir überall entsprechend aufgenommen würden.

In der Kaiserstadt Peking

Von dieser Stadt aus kamen wir in das Land Chita. Es ist das bestbebaute der Welt. Nirgendwo sieht man auch nur einen winzigen brachliegenden Fleck, da sonst sein Besitzer oder die Bewohner die Grundsteuer zahlen müßten. Die Gärten, Dörfer und Saatfelder folgen einander in prächtiger Reihenfolge auf beiden Seiten des Flusses von der Stadt Chansa bis Chan Balik auf einer Entfernung von vierundsechzig Tagesreisen. In diesen Gegenden trifft man keine Muslime, höchstens vorübergehende Besucher, die dort aber keinen dauernden Aufenthalt nehmen. Diese Landstriche sind nicht ständig besiedelt, so daß sich dort keine geschlossene Ortschaft findet, vielmehr nur einige Dörfer in den Ebenen, die mit Getreide, Obst und Zuckerrohr angebaut sind. Etwas Ähnliches habe ich auf der ganzen Welt nicht gesehen, vielleicht mit der Ausnahme des Euphrattals zwischen Ambar und Ana. Jeden Abend landeten wir in einem Dorf, wo wir als Gäste des Kaisers empfangen wurden.

So ging es Tag für Tag, bis wir zur Stadt Chan Balik (Peking) kamen, die auch Chaniku heißt. Sie ist die Residenz des Khans, des Großsultans, dessen Herrschaft sich über die Länder China und Chita erstreckt. Als wir in die Nähe der Stadt kamen, gingen wir nach Landesbrauch zehn Meilen entfernt vor ihr vor Anker. Über unsere Ankunft benachrichtigte man die Admirale, die uns gestatteten, in den Hafen der Stadt einzulaufen. Sie ist eine der größten Metropolen der Welt, aber nicht wie sonst die Städte in China angelegt, indem sich nämlich die Gärten in ihrem Inneren befinden. Hier liegen die Gärten, wie auch in anderen Ländern, außerhalb der Stadtmauer. Die Kaiserstadt selbst liegt gleich einer Zitadelle im Zentrum. Ich stieg bei dem Scheich Burhan ed-Din aus Sagarj ab, dem der Kaiser von Indien vierzigtausend Dinare geschenkt und ihn an seinen Hof hatte bitten lassen. Burhan ed-Din hatte zwar das Geld angenommen und damit seine Schulden bezahlt, weigerte sich aber, zum Kaiser zu gehen, und flüchtete nach China. Der Khan stellte ihn an die Spitze aller Muslime, die in seinen Ländern wohnen, und gab ihm den Titel Sadr el-Jihan.

Der Sultan von China und Chita führt den Ehrentitel Khan. Es ist dies hier eine Bezeichnung für jeden, der die Herrschaft verwaltet und König des Landes ist, ebenso wie jeder Herrscher des Landes Lur den Titel Atabeg führt. Sein eigentlicher Name aber ist Paschai. Die Ungläubigen haben auf der ganzen Welt kein Reich, das größer wäre als seines.

Das Schloß des Großkhans liegt im Zentrum der Stadt, die eigens als seine Residenz bestimmt ist. Es ist größtenteils aus geschnitztem Holz erbaut, eine prächtige Anlage, die sieben Tore besitzt. Am ersten Tor sitzt der Kotwal, der oberste Türhüter. Zu beiden Seiten der Pforte sind erhöhte Estraden errichtet, auf denen die Perdehdariya-Mamelucken sitzen, die Torhüter des Schlosses. Zur Zeit sind sie fünfhundert Mann stark, doch hat man mir erzählt, daß sie in vergangenen Zeiten tausend Mann waren. Das zweite Tor bewachen die Sipahiya, die Schützen, ebenfalls wieder fünfhundert; beim dritten stehen die Nizehdariya, die Lanzenträger, in der gleichen Stärke. Das vierte Tor wird von den Tigdariya, den Schwert- und Schildträgern, bewacht. Bei der fünften Pforte liegen die Amtsräume des Wesirats. Dort hat man eine große Anzahl von Galerien gebaut. Auf einem unglaublich erhabenen Teppichsitz hält in der größten Galerie der Wesir Sitzung ab. Man nennt diesen Ort el-Misnad, Thron- oder Ehrenplatz. Der Wesir hat vor sich stets ein großes, goldenes Tintenfaß. Gegenüber stehen die Galerien des Kabinettssekretärs und der Regierungssekretäre. An der rechten Seite der Galerie des Wesirs schließt sich die Galerie der Finanzbeamten an, denen wieder vier weitere Arkaden folgen. In der ersten, dem Diwan al-Asshraf, hält der Handelsmarschall Sitzung ab. Die zweite Arkadenanlage heißt Diwan al-Mustahraj, nämlich Büro zur Einbringung der Steuerrückstände. Sie wird von einem hohen Emir geleitet. Mustahraj sind die Rückstände an Abgaben, die die Beamten und Emire von ihren Lehen abzuliefern hatten. Die dritte Galerie ist der Diwan al-Gaut, das Appellationstribunal. Hier hält ein hoher Emir Sitzung, der von Rechtsgelehrten und Sekretären unterstützt wird. Wer glaubt, von einem Unrecht getroffen worden zu sein, wendet sich an dieses Gericht um Hilfe. In der vierten Galerie ist der Diwan al-Berid, das Staatsmeldeamt, untergebracht, das vom Chef der Meldebeamten geleitet wird. Das sechste Tor des Schlosses bewachen die Gendarmen und ihr oberster Kommandeur. Am siebten Tor befindet sich die aus drei Arkaden bestehende Unterkunft der Eunuchen, eine für die Äthiopier, eine zweite für die Inder und eine dritte für die Chinesen. Jede einzelne Truppe wird von einem chinesischen Kommandeur geführt. Als wir in der Residenzstadt Chan Balik ankamen, war der Khan gerade abwesend. Er befand sich auf einem Kriegszug, um seinen Vetter Firuz zu bekämpfen, der sich im Gebiet von Karakorum (Urumtschi) und Bisch-Balig in Chita gegen ihn erhoben hatte: Zwischen diesen Städten und der Hauptstadt liegt eine Wegstrecke von rund drei Monaten Marsch. Sadr el-Jihan Burhan ed-Din aus Sagarj teilte mir mit, daß sich bei der Truppeneinberufung einhundert Reiterregimenter um den Khan vereinigten, von denen jedes Regiment zehntausend Soldaten zählte, deren Kommandant Emir Tuman, nämlich »Befehlshaber über Zehntausend«, heißt. Die Hofleute des Sultans und die Männer aus seiner

Verwandtschaft stellten außerdem noch fünfzigtausend Mann zur Verfügung. Die Infanterie zählte fünfhunderttausend Mann. Als er nun abmarschierte, empörten sich die meisten der Emire gegen ihn und schlossen sich zusammen, um ihn abzusetzen; denn er hatte die Grundsätze des Yasak verletzt, nämlich die Hausgesetze, die Dschingis Khan, der Ahnherr dieser Fürsten, gegeben hatte, der gleiche, der die Länder des Islam verwüstete. Die Emire liefen zu dem rebellischen Vetter über und ließen den Khan wissen, daß er abdanken und die Stadt Chansa als Lehen behalten möge. Der Herrscher schlug dieses Ansinnen ab, kämpfte mit ihnen, wurde aber in die Flucht geschlagen und getötet.

Einige Tage nach unserer Ankunft in der Residenz traf die Nachricht von diesem Ereignis ein. Man schmückte die Stadt, schlug die Pauken, blies die Hörner und Trompeten und gab sich einen Monat lang dem Spiel und dem Jubel hin. Dann brachte man den toten Khan und etwa hundert seiner Vettern, Verwandten und Günstlinge, die ebenfalls getötet worden waren. Für den Khan grub man ein ungeheuer großes unterirdisches Mausoleum, das mit den schönsten Teppichen ausgelegt wurde. Man legte den Khan mit seinen Waffen hinein und gab ihm alles Gold- und Silbergeschirr mit, das sich in seinem Palast befand; ferner vier Sklavinnen und sechs seiner Lieblingsmamelucken, die Trinkgefäße trugen. Das Tor des Mausoleums wurde zugemauert und mit Erde aufgeschüttet, so daß es wie ein großer Hügel aussah. Schließlich brachte man vier Pferde herbei, die man an seinem Grab so lange laufen ließ, bis sie zusammenbrachen. Darauf errichtete man einen Balken am Grab und knüpfte die Pferde daran, nachdem man in den After eines jeden Tieres einen Pflock gesteckt hatte, der schließlich beim Maul wieder herauskam. Die Verwandten des Khans

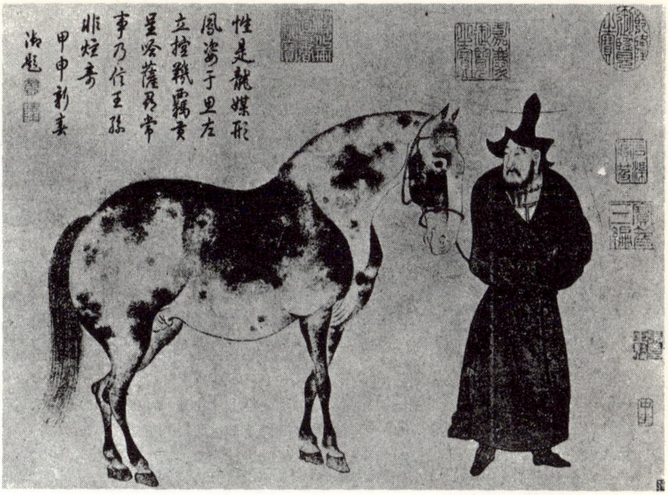

Mongole, ein schwarz-weißes Pferd führend
(Chao Yung, 14. Jahrhundert)

wurden in Mausoleen beigesetzt, mit ihnen ihre Waffen und die Gefäße ihrer Häuser. Bei den Gräbern der Vornehmsten unter ihnen – es waren zehn – kreuzigte man drei Pferde bei jedem Grab, bei den übrigen Gräbern je ein Pferd.

An diesem Tag war alles auf den Beinen, und niemand, ob Mann oder Frau, Muslim oder Heide, hielt sich irgendwo anders auf. Alle trugen Trauergewänder, nämlich weiße Überwürfe bei den Heiden und weiße Kleider bei den Muslimen. Die Frauen des Khans und seiner Höflinge blieben vierzig Tage in Zelten bei seinem Grab, einige sogar bis zu einem Jahr. Es wurde ein regelrechtes Volksfest daraus, denn man schlug einen Markt auf, wo man die nötigen Lebensmittel kaufen konnte. Ich kann mich nicht entsinnen, daß sonst ein Volk außer den Chinesen in unserem Jahrhundert solche Zeremonien vorgenommen hätte. Die Heiden Indiens und Chinas verbrennen ihre Toten, während die anderen Völker sie begraben, ohne ihnen aber jemanden ins Grab mitzugeben. Doch haben mir sehr vertrauenswürdige Leute im Sudan berichtet, daß die Heiden des dortigen Landes, wenn ihr König gestorben ist, ihm ein Mausoleum errichten und mit ihm eine Anzahl seiner Höflinge und Diener, außerdem dreißig Kinder – Söhne und Töchter ihrer Vornehmen – einschließen, dies aber, nachdem sie ihnen Hände und Füße zerschmettert haben. Ebenso geben sie ihnen Trinkgefäße mit. Ein Vornehmer aus dem Stamm der Messufa, der mit den Negern im Lande Kuber wohnte und den der Sultan besonders bevorzugt hatte, erzählte mir, daß er einen Sohn hatte und daß, als der Sultan starb, die Leute sein Kind in dem Grab des Herrschers zugleich mit ihren Kindern einschließen wollten, die man diesem Schicksal geweiht hatte. »Da sprach ich zu ihnen«, erzählte mir dieser Mann, »›wie dürft ihr das tun, da der Knabe doch weder eures Glaubens noch eures Landes ist?‹ Und ich kaufte ihn von jenen durch eine große Summe los.«

Als nun der Khan tot war und sich sein Vetter Firuz der Herrschaft bemächtigt hatte, wählte sich dieser die Stadt Karakorum zu seiner Residenz, da sie den Reichen seiner Vettern, der Könige von Turkestan und Transoxanien, am nächsten lag. Da empörten sich nun die Emire, die bei der Ermordung des Khans nicht beteiligt waren, gegen ihn und unterbrachen alle Verbindungen im Land. Die Unruhen griffen immer weiter um sich.

Boddhisattva Manjushri als Lautensängerin (China, um 1300)

RÜCKKEHR AUS CHINA

Ein Berg fliegt davon

Als die Unruhen immer weiter um sich griffen und der Bürgerkrieg ausbrach, rieten mir der Scheich Burhan ed-Din und andere Muslime, das Land zu verlassen, bevor die Gefahr für mich zu groß würde. Sie begaben sich mit mir zum Statthalter des Sultans Firuz, der drei seiner Leute mit mir schickte und ihnen den Befehl gab, daß ich überall unentgeltlich aufgenommen werden sollte. Wir reisten flußabwärts nach Chansa, dann nach Kanjanfu und schließlich nach Zaitun. Dort fand ich Dschunken vor, die zur Abfahrt nach Indien bereit waren, unter ihnen ein Schiff, das dem König az-Zahir, dem Herrscher von Java, gehörte und dessen Mannschaft Muslime waren. Der Kapitän erkannte mich und war über meine Ankunft erfreut. Zehn Tage lang hatten wir günstigen Wind. Als wir uns aber dem Land Tawalisi näherten, schlug er um, der Himmel wurde finster und starke Regenschauer fielen. Zehn Tage lang sahen wir keinen Sonnenstrahl. Dann liefen wir in ein unbekanntes Meer ein. Die Mannschaft der Dschunke wurde ängstlich und wollte nach China zurückkehren, vermochte es aber nicht mehr. So blieben wir zweiundvierzig Tage, ohne zu wissen, in welchem Teil des Ozeans wir uns befanden.

Nach dem ersten Morgenlicht des dreiundvierzigsten Tages erschien uns ein Berg im Meer, der von uns etwa zwanzig Meilen entfernt war und zu dem uns der Wind gerade hintrug. Die Matrosen waren erstaunt und sprachen: »Wir sind nicht in der Nähe des Festlandes, und man kennt hier keinen Berg im Meer. Wenn uns der Wind auf ihn zutreibt, sind wir verloren.« Alle Leute nahmen ihre Zuflucht zu demütigen Gebeten und zur Buße und wiederholten immer wieder ihr Sündenbekenntnis. Wir flehten zu Gott im Gebet und baten um Fürsprache bei seinen Propheten. Die Kaufleute gelobten zahlreiche Almosen, die ich für sie eigenhändig in eine Liste eintrug. Endlich beruhigte sich der Wind ein wenig, und nun sahen wir beim Sonnenaufgang, daß sich dieses Gebirge hoch in die Lüfte hob und daß das Tageslicht zwischen ihm und dem Meer leuchtete. Über dieses Ereignis waren wir geradezu erschüttert. Ich sah, wie die Matrosen weinten und sich einander Lebewohl sagten, und sprach zu ihnen: »Was habt ihr denn?« – Sie erwiderten: »Das, was wir für einen Berg gehalten haben, ist der Rock. Wenn er uns sieht, so wird er uns elend zugrunde richten.« – Zwischen uns und ihm war zu jenem Augenblick eine Entfernung von weniger als zehn Meilen. Dann aber begnadete uns Gott mit einem günstigen Wind, der uns von seiner Richtung abbrachte. Wir sahen ihn nicht mehr und lernten seine wahre Gestalt nicht kennen.

Zwei Monate nach diesem Ereignis gelangten wir nach Java und landeten bei der Stadt Sumutra. Der Sultan des Landes, al-Malik az-Zahir, war von einem Kriegszug gegen die Heiden zurückgekommen. Er hatte viele Gefangene mitgebracht, von denen er mir zwei Mädchen und zwei Knaben schenkte. Er brachte mich, wie damals, gut unter und ließ mich an der Hochzeit seines Sohnes mit der Tochter seiner Schwester teilnehmen.

Bei der Zeremonie der Entschleierung der Braut war ich anwesend und sah, daß man inmitten des Audienzraumes eine große Bühne errichtet und mit Seidenstoffen überzogen hatte. Die Braut kam zu Fuß und unverschleiert aus dem Inneren des Schlosses, von etwa vierzig Frauen begleitet, die ihre Schleppe trugen, nämlich die

Gattinnen des Sultans, seiner Emire und Wesire. Sie waren alle unverschleiert, so daß sie jeder Anwesende, ob hohen oder niedrigen Standes, sehen konnte. Diese Angewohnheit haben sie sonst nicht, nur bei Hochzeiten. Die Braut bestieg die Bühne. Vor ihr standen die Musiker, Männer wie Frauen, die spielten und sangen. Nun kam der Gatte auf einem geschmückten Elefanten, der auf seinem Rücken einen Thronsitz und darüber einen Pavillon trug, der einer Sänfte glich. Auf dem Haupt trug er die Krone. Zu seinen beiden Seiten ritten etwa hundert Söhne der Fürsten und Emire, die in Weiß gekleidet waren und auf ihren Häuptern gold- und juwelengezierte Mützen trugen. Ihre Pferde waren reich geschmückt. Sie waren Altersgefährten des jungen Ehegatten; denn keiner von ihnen trug schon einen Bart. Beim Einzug des Prinzen streute man Gold- und Silberstücke unter das Volk. Der Sultan nahm auf einem Balkon Platz, um dieses Schauspiel anzusehen. Sein Sohn stieg vom Elefanten herunter, küßte seinen Fuß und ging zur Bühne hinauf zu seiner Neuvermählten. Sie erhob sich, schritt ihm entgegen und küßte seine Hand, worauf er an ihrer Seite Platz nahm. Die Frauen ihres Gefolges fächelten ihr Luft zu. Nachdem Areka und Betel gebracht worden waren, nahm der Gatte davon mit der Hand und steckte ihr ein wenig in den Mund; dann griff sie zu und tat dasselbe mit ihm. Wiederum nahm der Gatte ein Betelblatt in den Mund, um es dann vor den Augen des ganzen Volkes an sie weiterzugeben und ihr in den Mund zu stecken. Diesen Vorgang wiederholte die junge Braut. Danach wurde sie verschleiert, man hob die Bühne auf, während beide noch darauf saßen, und trug sie in das Innere des Schlosses. Die Teilnehmer speisten und verabschiedeten sich. Am folgenden Morgen versammelte sich das Volk, der Vater ernannte seinen Sohn zum Thronfolger, und die Anwesenden huldigten ihm. Der Kronprinz zeigte sich recht freigebig mit Geschenken, die in Gewändern und Gold bestanden.

Auf dieser Insel blieb ich zwei Monate. Dann schiffte ich mich auf einer Dschunke ein, der Sultan gab mir viel Aloe, Kampfer, Gewürznelken und Sandelholz zum Geschenk und entließ mich huldvoll. Ich reiste also ab und kam vierzig Tage später nach Kaulem, wo ich unter dem Schutz des al-Kazwini, des Richters der Muslime, abstieg. Dies war im Monat Ramadan. In der Hauptmoschee dieser Stadt nahm ich am Gebet des Fastenbrechens teil. Nach der Sitte des Landes kommen die Leute schon nachts in die Moschee, preisen Gott ununterbrochen bis zum Morgen und verharren in dieser Tätigkeit bis zur Zeit des Gebetes. Dann verrichtet man die Andacht, der Prediger predigt, und die Leute gehen nach Hause.

Von Kaulem reisten wir nach Kalikut, wo wir uns einige Tage aufhielten. Ich wollte nach Delhi zurückkehren, hatte aber doch einige Sorgen um mein weiteres Verbleiben in Indien und vertraute mich erneut dem Meer an. Nach achtundzwanzig Tagen erreichten wir Arabien. Das war im Moharrem des Jahres 748 (April bis Mai 1347 n. Chr.).

Ein Wiedersehen in Bagdad

Nach meiner Rückkehr aus Indien und China saß ich eines Tages vor dem Tor der Akademie al-Mostansiriya, die der Vorfahre des Giyat ed-Din, der Herrscher der Gläubigen al-Mostansir, erbaut hatte. Da sah ich einen armseligen jungen Mann, der hinter einem aus der Moschee Kommenden hereilte. »Der junge Mann, den du siehst«, erklärte mir ein Schüler der Akademie, »ist der Sohn des Emirs Mohammed, des Enkels des Kalifen al-Mostansir, der sich in Indien befindet.«

Da rief ich ihn an und sagte zu ihm: »Ich bin aus Indien gekommen und will dir von deinem Vater Nachricht geben.« Er aber sprach: »Ich habe dieser Tage schon welche von ihm bekommen.« Ich erfuhr, daß er Vorbeter in der Moschee sei und pro Tag von den Gläubigen einen Dirham für seinen Lebensunterhalt bekomme. Bei Gott, dachte ich mir, wenn er nur eine einzige Perle von den Ehrengewändern erhalten hätte, die sein Vater vom Sultan geschenkt bekam, sie hätte ihn reich gemacht. Ich war selbst an einem Festtag bei Giyat ed-Din, als er dem Kalifennachkommen drei Ehrengewänder schenkte, die anstelle der Seidenknöpfe solche aus Perlen in der Größe einer Haselnuß hatten. Der Kalifenenkel ist wohl das geizigste Geschöpf auf Erden. Über seine Habsucht gehen merkwürdige Geschichten um.

Zwischen mir und ihm bestand Feindschaft, doch besuchte ich ihn oft in seinem Quartier und ließ, als ich dann abreiste, einen meiner Söhne namens Ahmed bei ihm zurück. Ich weiß nicht, was Gott aus ihm hat werden lassen. Als ich eines Tages bei dem Kalifennachkommen eintrat, war er beim Essen. »Warum speist du allein«, fragte ich, »und versammelst deine Gefährten nicht beim Mahl um dich?« – »Ich kann ihnen nicht zusehen«, meinte er widerwillig, »es sind so viele, und alle essen mein Brot.« Er ließ nur denen etwas zukommen, für die er eine besondere Vorliebe hatte.

Wenn ich abends zu ihm kam, lag das Vorhaus des Schlosses, das man ihm als Wohnung zugewiesen hatte, im Dunkeln, da er dort keine Lampe brennen ließ. Mehrfach sah ich, wie er kleine Holzstücke sammelte, obwohl seine Magazine voller Brennholz waren. »Man braucht das«,

Zuhörer lauschen dem Bericht des Reisenden
(Schule von Bagdad, 1222)

erklärte er, als ich ihn, verwundert über sein Tun, gefragt hatte. Seine Gefährten, Mamelucken und Pagen ließ er fortwährend im Garten und am Gebäude arbeiten und meinte: »Ich wäre nicht zufrieden, wenn sie mein Brot äßen, ohne es sich durch Arbeit zu verdienen.« Wieder einmal hatte ich Schulden gemacht und wurde deshalb belangt. Nachdem ich meine Lage in Ordnung gebracht hatte, traf ich ihn. Er meinte zu mir: »Bei Gott, ich dachte schon, dich von deiner Schuld auszulösen. Aber mein Herz war nicht dazu bereit und half meinem Wunsch nicht nach.«

Aber schon hier in Bagdad war sein Geiz bekannt. Als er eines Tages mit seinen Gefährten unterwegs war, wollte er an einer Quelle bei einem Dorf seinen Durst stillen. Da erblickte er im Wasser einen Dirham. Er nahm ihn auf und kaufte dafür Brot bei einem Bäcker. Seinen Gefährten gab er aber nur sehr wenig davon, während er alles aufaß. Als er mir davon berichtete, meinte ich: »Jetzt würde es sich gehören, daß du Gott für das preisen würdest, was er dir nun alles so reichlich hat zukommen lassen. Aus Dankbarkeit dafür solltest du den Armen und Notleidenden helfen und Almosen geben.« – Aber selbst auf diese Worte antwortete er: »Das vermag ich nicht.« Ich erlebte es niemals, daß er sich freigebig gezeigt oder jemandem einen Gefallen erwiesen hätte. Gott bewahre uns vor Geiz!

An all das mußte ich mich erinnern, als ich nach meiner Indien- und Chinareise vor der Akademie in Bagdad saß und dem jungen Mann begegnet war, der hier in ärmlichsten Verhältnissen lebte. Gott schütze uns, daß wir nicht in eine ähnliche Lage geraten!

ARABIEN

Der Besuch der heiligen Stätten des Islam war für Ibn Battuta zunächst die vornehme Pflicht des Gläubigen. Neben den vorgeschriebenen religiösen Übungen widmete er sich jedoch mit besonderer Aufmerksamkeit der Geschichte, den Überlieferungen und dem äußeren Bild der von ihm besuchten Orte. Wie zum Auftakt seiner Weltreise, weilte er auch nach der Rückkehr aus Asien in der Heimat seines Glaubens. Gerade die »Stadt des Propheten«, al-Madina (Medina), das vorislamische Yathrib, in der Mohammed erstmals seine Anhänger zu gemeinsamen religiösen Handlungen zusammengerufen hatte, barg eine Vielzahl von islamischen Traditionen, die ihn geradezu verpflichteten, sie für die Nachwelt festzuhalten. Seine Schilderung hat auch heute noch nichts an Wert eingebüßt.

Medina – die Stadt des Propheten

Am Abend desselben Tages, nach Sonnenuntergang, betraten wir das erhabene Heiligtum und erreichten schließlich die erlauchte Moschee. Wir kamen am Tor des Friedens an, um unsere Ehrfurcht zu erweisen, und beteten am edlen Garten zwischen dem Grab und der edlen Kanzel. Wir küßten den übriggebliebenen Rest des Palmstammes, der nach dem Abgesandten Allahs (Allah segne ihn und schenke ihm Frieden) seufzte; er ist jetzt an einem Pfeiler angebunden, der zwischen dem Grab und dem Minbar (Kanzel) steht, auf der rechten Seite, wenn man sich der Qibla (Gebetsnische) zuwendet. Wir entrichteten die gebührende Begrüßung dem Herrn der Menschen, dem Ersten und Letzten, dem Fürsprecher der Sünder und Übertreter, dem Abgesandten und Propheten vom Stamme Haschim, aus dem Tal von Mekka, Muhammad (Allah segne ihn und schenke ihm Frieden, erhöhe und adle ihn), und die gebührende Begrüßung seinen zwei Gefährten, die sein Grab teilen, Abu Bakr as-Siddiq und Abu Hafs Umar al-Faruq (Allah habe sein Wohlgefallen an ihnen).

Dann zogen wir uns in unser Lager zurück, voll Freude über diese bemerkenswerte Gnade, mit Herzen, ermutigt durch den Empfang dieses größten Geschenks, Allah, den Allerhöchsten preisend für unsere sichere Ankunft in der geheiligten Wohnung seines Abgesandten und dessen herrlichen und erhabenen Heiligtümern, und betend, Er möge gewähren, daß dies nicht unsere letzte Verbindung mit ihnen sei und daß wir zu jenen gehören, deren Besuch angenommen wird und deren Reise auf dem Pfad Allahs angeordnet worden ist.

Die verehrte Moschee ist rechteckig, hat rundherum an allen vier Seiten gedeckte Säulenhallen, mit einem offenen Hof in der Mitte, bedeckt mit Kiesel und Sand. Um die ganze heilige Moschee führt eine Straße, gepflastert mit behauenen Steinen. Der geheiligte Garten (die Segnungen und der Friede Gottes mögen auf seinen Insassen ruhen) liegt an der Südostecke der edlen Moschee. Sein Aussehen ist ungewöhnlich und schwer vorzustellen. Seine Wände sind mit Marmor verkleidet, vorzüglich geformt und von hervorragender Qualität, darüber befinden sich Füllungen, getränkt mit Wolken von Moschus und Wohlgeruch – sie sind schwarz geworden und vor Alter gesprungen. Gegenüber dem edlen Körper des Propheten ist ein Silbernagel, und an dieser Stelle steht das Volk zur Begrüßung, das Gesicht dem edlen Körper und den Rücken der Qibla zugewendet. Hat man den Gruß entboten, so geht man nach rechts zum Grabmal von Abu Bakr as-Siddiq (das Haupt von Abu Bakr – Allah habe sein Wohlgefallen an ihm – liegt in Richtung der Füße des Abgesandten Allahs – Allah segne ihn und schenke ihm Frieden) und dann zu Omar ibn al-Khattab (das Haupt Omars liegt nahe bei der Schulter von Abu Bakr – Allah habe sein Wohlgefallen an beiden). Gegen Norden des geheiligten Gartens – Allah vermehre ihn in süßer Schönheit – ist eine kleine Mulde, verkleidet mit Marmor, an deren südlicher Seite sich die Form eines Mihrab (Gebetsnische) befindet. Es wird berichtet, daß dies die Kammer von Fatima war, der Tochter des Propheten, und es wird auch berichtet, daß es ihr Grab ist, aber Allah ist allwissend. In der Mitte der edlen Moschee ist ein Türflügel flach auf die Oberfläche des Bodens gelegt, die den Eingang zu einem unterirdischen Gang mit Stufen verschließt, die zum Haus von Abu Bakr außerhalb der Moschee führen. Dieser Gang war der Weg, auf dem seine Tochter Aischa, die Mutter des Gläubigen (Gott habe sein Wohlgefallen an ihr), gewöhnlich zu seinem Haus ging, und es ist nicht zu bezweifeln, daß es der Gang ist, der in der Tradition erwähnt wird und den der Prophet (Gott segne ihn und schenke ihm Frieden) zu erhalten befahl, während er alle anderen zuschütten ließ. Gegenüber dem Haus von Abu Bakr befinden sich das Haus von Omar und seines Sohnes Abdallah ibn Omar. Im Osten der edlen Moschee ist das Haus des Imam von Medina, Abu Abdallah Malik ibn Anas (Allah habe sein Wohlgefallen an ihm), und nahe dem Tor des Friedens liegt eine Zisterne mit fließendem Wasser, zu der man auf Treppenstufen hinabsteigt; diese Zisterne ist als die Blaue Quelle bekannt.

Der Abgesandte Allahs (Allah segne ihn und schenke ihm Frieden) traf in der Heiligen Stadt Medina, dem Ort der Auswanderung, am Montag, dem Dreizehnten des

Monats Erster Rabi, ein, ließ sich beim Stamme Amr ibn Awf im Quartier nieder und blieb dort zweiundzwanzig Tage, nach anderen Überlieferungen vierzehn oder vier Tage. Dann ging er weiter und wohnte beim Stamm al-Najjar im Haus von Abu Ayyub al-Ansari (Allah habe sein Wohlgefallen an ihm), bei dem er sieben Monate lang blieb, bis er seine eigene Wohnung und Moschee gebaut hatte. Die Stelle der Moschee war ein eingezäunter Platz, den man zum Trocknen von Datteln benutzt hatte, und gehörte Sahl und Suhail, den zwei Söhnen von Rafi ibn Abu Omar Anid ibn Thalaba ibn Ghanm ibn Malik ibn al-Najjar, die Waisen waren unter der Vormundschaft von As 'ad ibn Zurara (Allah habe sein Wohlgefallen an jedem von ihnen). Es wird auch berichtet, daß sie unter der Vormundschaft von Abu Ayyub (Allah habe sein Wohlgefallen an ihm) standen. Der Abgesandte Allahs (Allah segne ihn und gebe ihm Frieden) kaufte diesen Trockenplatz; andere leugnen dies und versichern, daß Abu Ayyub sie dafür befriedigte, und andere wieder berichten, daß sie ihn dem Abgesandten Allahs (Allah segne ihn und schenke ihm Frieden) gaben. Der Abgesandte (Allah segne ihn und schenke ihm Frieden) baute dann die Moschee – er selbst arbeitete mit seinen Gefährten daran – und errichtete eine Mauer darum, gab ihr aber weder Dach noch Pfeiler. Er gab ihr die Form eines Quadrats, ihre Länge beträgt hundert Ellen und ihre Breite dasselbe, und setzte für die Höhe der Mauer den Wuchs eines Mannes fest.

Später, als die Hitze groß wurde, sprachen seine Gefährten davon, ihr ein Dach zu geben; so errichtete er zu diesem Zweck eine Anzahl von Säulen, geformt aus Palmstämmen, und machte aus deren Zweigen ihr Dach. Dann, als es regnete, triefte die Moschee; so sprachen die Gefährten des Abgesandten Allahs (Allah segne ihn und schenke ihm Frieden) davon, es aus Lehm zu machen; aber er sagte:

»Auf keinen Fall! ›Eine Hütte wie die Hütte Mose‹, oder ›ein Zelt wie das Zelt Mose‹, und des Menschen Stand ist sogar weniger dauerhaft als jene.« Auf die Frage »Was für ein Zelt von Moses war das?« antwortete er (Allah segne ihn und schenke ihm Frieden): »Wenn er aufstand, schlug er mit dem Kopf gegen das Dach.« Er machte drei Eingänge in die Moschee, aber der südliche Eingang wurde später versperrt, als die Qibla verändert wurde.

In diesem Zustand blieb die Moschee zu Lebzeiten des Abgesandten Allahs (Allah segne ihn und schenke ihm Frieden) und von Abu Bakr (Allah habe sein Wohlgefallen an ihm). Omar ibn al-Khattab (Allah habe sein Wohlgefallen an ihm) vergrößerte während seiner Regierungszeit die Moschee des Abgesandten Allahs (Allah segne ihn und schenke ihm Frieden); er sagte: »Hätte ich den Abgesandten Allahs (Allah segne ihn und schenke ihm Frieden) nicht sagen hören: ›Wir werden die Moschee vergrößern müssen‹, hätte ich sie nicht vergrößert.« Er riß die Holzsäulen ab und errichtete an deren Stelle Säulen aus Ziegel, machte ihre unteren Steinpartien mannshoch und vermehrte die Anzahl der Eingänge auf sechs, von denen auf jeder Seite zwei waren, ausgenommen die Südseite, denn sie lag in Richtung der Qibla. Im Hinblick auf einen dieser Eingänge sagte er: »Es ist erforderlich, diesen den Frauen zu überlassen.« Und er wurde dort nie gesehen, bis zu dem Zeitpunkt, da er in die Gegenwart Allahs (mächtig und herrlich ist Er) einging. Er sagte auch: »Wenn wir diese Moschee vergrößern sollten, bis sie sich zum Begräbnisplatz erstreckte, wäre sie noch die Moschee des Abgesandten Allahs (Allah segne ihn und schenke ihm Frieden).«

Omar war begierig, in die Moschee einen Platz einzubeziehen, der al-Abbas gehörte, dem Onkel väterlicherseits des Abgesandten Allahs (Allah segne ihn und schenke ihm Frieden und habe sein Wohlgefallen an beiden Gefährten);

aber al-Abbas wollte ihm den Platz nicht überlassen. Auf dem Platz gab es einen Abfluß, der sich gewöhnlich in die Moschee entleerte, und Omar entfernte ihn; er sagte, daß er für das Volk ein Ärgernis sei. Al-Abbas stritt mit ihm wegen seines Vorgehens, und sie kamen überein, Ubayy ibn Kab (Allah habe sein Wohlgefallen an beiden) aufzufordern, er möge zwischen ihnen entscheiden. Als sie zu seinem Haus gingen, ließ er sie einige Zeit warten, ehe er ihnen einzutreten erlaubte; und als sie schließlich in seinen Raum kamen, sagte er: »Meine Sklavin wusch mir den Kopf.« Omar machte Anstalten zu sprechen, aber Ubbay sagte zu ihm: »Laß Abu'l-Fadl sprechen, in Anbetracht seiner Verwandtschaft mit dem Abgesandten Allahs (Allah segne ihn und schenke ihm Frieden).« Al-Abbas sagte dann: »Es geht um einen Bauplatz, den mir der Abgesandte Allahs (Allah segne ihn und schenke ihm Frieden) übertrug; ich baute darauf mit seiner Hilfe, und ich brachte den Abfluß an, während meine Füße auf niemandem anderen als auf den Schultern des Abgesandten Allahs (Allah segne ihn und schenke ihm Frieden) standen. Nun kommt Omar und reißt den Abfluß ab und wünscht den ganzen Platz in die Moschee einzubeziehen.« Ubayy sagte: »Ich weiß etwas, was sich auf diesen Gegenstand bezieht. Ich hörte den Abgesandten Allahs (Allah segne ihn und schenke ihm Frieden) sagen: ›David (Friede sei über ihm) begehrte, den heiligen Tempel Allahs in Jerusalem zu bauen.‹ Da gab es an jener Stelle ein Haus, das zwei Waisen gehörte. Er versuchte sie zum Verkauf zu zwingen, aber sie weigerten sich; nach einiger Zeit unternahm er es, sie zu überreden, und sie verkauften es. Dann nahmen sie Zuflucht zu Betrug; der Verkauf wurde widerrufen, und er kaufte es wieder von ihnen; aber sie widerriefen auf dieselbe Weise, und David fand den Preis zu hoch. An diesem Punkt sprach Allah zu ihm; in einer Offenbarung sagte er: ›Wenn du von etwas gibst, das dein ist, weißt du es am besten; aber wenn du ihnen von unserer Fürsorge gibst, gib ihnen, bis sie zufriedengestellt sind. Wahrlich, das Haus, das unter allen Häusern am wenigsten von Unrecht berührt ist, ist ein Haus, das mir gehört; und ich habe dir den Bau deshalb ungesetzlich gemacht.‹ Er sagte: ›O, mein Herr, gewähre ihn Sulaiman!‹ Und Allah gewährte ihn Sulaiman (Friede sei über ihm).« Omar sagte: »Wer wird mir garantieren, daß der Abgesandte Allahs (Allah segne ihn und schenke ihm Frieden) dies sagte?« Ubayy ging aus, bestimmte Männer von den Ansar zu suchen, die seinen Bericht bestätigten. Darauf sagte Omar (Allah habe sein Wohlgefallen an ihm): »Was mich betrifft, hätte ich niemanden außer dir gefunden, ich hätte dein Wort angenommen, aber ich hielt es für besser, eine Bestätigung zu haben.« Dann sagte er zu al-Abbas (Allah habe sein Wohlgefallen an ihm): »Bei Allah, du sollst den Abfluß wieder anbringen, mit deinen Füßen auf niemandem anderen als auf meinen Schultern.« Al-Abbas tat dies und sagte dann: »Nun, da es als Mein erwiesen ist, ist es ein freiwilliges Opfer an Allah.« So riß Omar das Gebäude ab und bezog dessen Platz in die Moschee ein.

Der nächste, von dem sie vergrößert wurde, war Othman (Allah habe sein Wohlgefallen an ihm), der mit Energie baute und selber daran arbeitete und der den ganzen Tag in ihr zu verbringen pflegte. Er weißte sie, gab ihrer Lage durch behauene Steine Festigkeit und erweiterte sie auf allen Seiten, außer der Ostseite. Er hatte in ihr Pfeiler errichtet, aus Stein gemacht, fest verankert mit Pflöcken aus Eisen und Blei, und mit Teakholz gedeckt. Er errichtete auch einen Mihrab in ihr, obgleich andere berichten, daß Marwan der erste war, der den Mihrab baute, und andere wieder, daß es Omar ibn Abd al-Aziz war, während des Kalifats von al-Walid. Die Moschee wurde später vergrößert von al-Walid ibn Abd al-Malik, wobei die Arbeit von Omar ibn Abd al-Aziz geleitet wurde. Er erweiterte und verschönte sie, machte sie außerordentlich haltbar und verarbeitete an ihr Marmor und vergoldetes Teakholz. Al-Walid hatte zum König der Griechen geschickt und sagen lassen: »Ich begehre die Moschee unseres Propheten (Allah segne ihn und schenke ihm Frieden) zu bauen; hilf du mir nun dabei!« Worauf er ihm Handwerker und achtzigtausend Mithqal Gold schickte. Al-Walid befahl auch, die Räume der Frauen des Propheten (Allah segne ihn und schenke ihm Frieden) in die Moschee einzubeziehen. Omar kaufte entsprechend eine Anzahl Häuser, um die drei Seiten der Moschee vergrößern zu können; aber als er an die Südseite kam, weigerte sich Ubaidallah ibn Abdallah ibn Omar, das Haus von Hafsa zu verkaufen. Da entspann sich ein langer Streit zwischen ihnen, bis am Ende Omar das Haus unter der Bedingung kaufte, daß die Eigentümer, was immer von dem Grund übrigbliebe, haben sollten und daß sie vom Rest dieses Grundes aus einen Weg in die Moschee graben durften, und das ist der Gang, der sich jetzt in der Moschee befindet. Omar hatte der Moschee an deren vier Ecken auch vier Minarette hinzugefügt. Eines davon überragte das Haus des Marwan; und als Sulaiman ibn Abd al-Malik zur Pilgerreise kam, wohnte er in diesem Haus, und als der Muezzin zur Zeit des Gebetsrufes auf ihn herabsah, gab er Befehl, es zu zerstören. Omar hatte auch einen Mihrab für die Moschee erbaut, und es wird berichtet, daß er der erste war, der den Mihrab einführte.

Sie wurde auch wieder vergrößert von al-Mahdi, Sohn des Abu Ja'far al-Mansur. Sein Vater hatte beabsichtigt, dies zu tun, aber es war ihm nicht beschieden. Al-Hasan ibn Zaid schrieb an Abu Ja'far und regte ihn an, sie auf der Ostseite zu vergrößern, und er sagte, wenn sie ostwärts vergrößert werde, nehme der heilige Garten den Mittelpunkt der heiligen Moschee ein. Abu Ja'far argwöhnte, er werde einzig von dem Wunsch inspiriert, das Haus des Othman (Allah habe sein Wohlgefallen an ihm) zu zerstören, und schrieb ihm wie folgt: »Ich habe erkannt, was für ein Ziel du hast; lege keinen Finger an das Haus des Scheichs Othman!« Abu Ja'far gab Befehl, der Hof solle in der heißen Jahreszeit Schatten erhalten; er ließ Sonnensegel ausbreiten über Seile, gezogen zwischen Holzbalken, die in dem Hof errichtet wurden, so daß sie die Beter vor der Hitze schützen konnten. Die Länge der Moschee betrug bei dem von al-Walid errichteten Bau zweihundert Ellen; al-Mahdi brachte sie auf dreihundert Ellen. Er machte die Maqsura mit dem Boden gleich – früher war sie in einer Höhe von zwei Ellen über dem Boden gewesen – und schrieb seinen Namen auf verschiedene Teile der Moschee.

Später befahl al-Malik al Mansur Qala'un die Errichtung eines Gebäudes für Waschungen neben dem Tor des Friedens. Sein Bau wurde beaufsichtigt von dem frommen Emir Ala al-Din, bekannt als al-Aqmar; und er erbaute es mit einem Hof von geräumigen Ausmaßen und privaten Räumen, die rundum den Mauern entlanglaufen, und hatte Wasser dorthin geführt. Er nahm sich vor, ein ähnliches Gebäude in Mekka (Allah der Allerhöchste adle es) zu errichten, aber seine Absicht wurde nicht erfüllt, und es wurde statt dessen von einem Sohn al-Malik al-Nasirs zwischen al-Safa und al-Marwa erbaut. Wir werden davon später reden, so Allah will.

Die Qibla der Moschee des Abgesandten Allahs (Allah segne ihn und schenke ihm Frieden) ist eine vollkommen ausgerichtete Qibla, weil er selbst (Allah segne ihn und schenke ihm Frieden) sie errichtet hat oder, wie andere berichten, Gabriel (Friede sei über ihm) sie errichtet hat oder anders, Gabriel ihn auf deren Richtung hinwies, als er sie errichtete. Es wird erzählt, daß Gabriel (Friede sei über ihm) den Hügeln ein Zeichen gab und sie sich selbst erniedrigten und hinabbeugten, bis die Ka'ba sichtbar wurde; deshalb konnte der Prophet (Allah segne ihn und schenke ihm Frieden), solange er baute, sie mit eigenen Augen sehen. Auf jeden Fall ist sie daher eine vollkommen ausgerichtete Qibla. Bei der ersten Ankunft des Propheten (Allah segne ihn und schenke ihm Frieden) in al-Madina war die Qibla nach Jerusalem gerichtet, und sie wurde sechzehn oder siebzehn Monate später zur Ka'ba gedreht.

Es wird in der Tradition überliefert, daß der Abgesandte Allahs (Allah segne ihn und schenke ihm Frieden) sich, wenn er seine Ansprachen vortrug, gewöhnlich an den Stamm einer Palme in der Moschee lehnte und daß, als die Kanzel für ihn gemacht wurde und er zu ihr hinging, der Palmstamm nach ihm wimmerte, wie eine Kamelstute nach ihrem Kalb wimmert. Es wird ferner überliefert, daß er (Allah segne ihn und schenke ihm Frieden) zu ihm herunterkam und seine Arme um ihn legte, worauf er aufhörte zu klagen; und er sagte: »Hätte ich ihn nicht umarmt, er hätte gewimmert bis zum Jüngsten Tag.« In der Frage, wer die heilige Kanzel wirklich erbaut hat, weichen die Überlieferungen der Tradition voneinander ab. Es wird überliefert, daß Tamim al-Dari (Allah habe sein Wohlgefallen an ihm) der eine war, der sie machte; andere berichten, daß sie ein Sklave machte, der al-Abbas (Allah habe sein Wohlgefallen an ihm) gehörte, andere wieder, ein Sklave, der einer Frau der Ansar gehörte, und diese Version findet man in der authentischen Tradition. Sie wurde aus gewöhnlichem Tamariskenholz vom al-Ghaba gemacht, einige berichten, aus dem Holz der orientalischen Tamariske; sie hatte drei Stufen, und der Abgesandte Allahs (Allah segne ihn und schenke ihm Frieden) pflegte auf der obersten Stufe zu sitzen und seine heiligen Füße auf die mittlere zu stellen. Als Abu Bakr al-Siddiq (Allah habe sein Wohlgefallen an ihm) mit der höchsten Autorität ausgestattet wurde, saß er auf der mittleren Stufe und setzte seine Füße auf die unterste Stufe; und als Omar (Allah habe sein Wohlgefallen an ihm) nachfolgte, saß er auf der ersten und stellte seine Füße auf den Boden. Othman (Allah habe sein Wohlgefallen an ihm) tat während seines Kalifats anfänglich das gleiche, aber später stieg er auf die dritte Stufe. Als die Herrschaft auf Mu'awiya (Allah habe sein Wohlgefallen an ihm) überging, beabsichtigte er, die Kanzel nach Damaskus wegzubringen, worüber die Muslime ein lautes Geschrei erhoben; ein heftiger Wind erhob sich, die Sonne verfinsterte sich, und die Sterne erschienen am Tag, die Erde wurde verdunkelt, so daß die Leute gegeneinanderstießen und man keinen Weg ausmachen konnte. Als Mu'awiya dies sah, ließ er sie stehen, wo sie war, und fügte an ihrem Fuß sechs Stufen hinzu, so daß sie insgesamt zu neun Stufen emporstieg.

Der Prediger und der Imam waren in der Moschee des Abgesandten Allahs (Allah segne ihn und schenke ihm Frieden). Der Imam der erlauchten Moschee war zu der Zeit, da ich al-Madina betrat, Baha al-Din ibn Salama, einer der Vornehmen Kairos. Der gelehrte, fromme und asketische Izz al-Din al-Wasiti, der Sprecher der Scheichs (Allah nütze uns durch ihn), wirkte als sein Stellvertreter. Vor ihm wurden die Pflichten des Predigers und auch des Qadi in al-Madina, der Erlauchten, von Siraj al-Din Omar al-Misri wahrgenommen.

Anekdote: Es wird erzählt, daß dieser Siraj al-Din die Ämter des Qadi und Predigers rund vierzig Jahre lang ununterbrochen innehatte. Danach wünschte er, nach Kairo umzuziehen, als er den Abgesandten Allahs (Allah segne ihn und schenke ihm Frieden) im Traume dreimal hintereinander sah; er verbot ihm jedesmal, al-Madina zu verlassen, und kündigte ihm sein bevorstehendes Ende an. Aber er wollte sich von seinem Plan nicht abbringen lassen, ging weg und starb an einem Ort namens Suwais (Suez) drei Tagesreisen von Kairo entfernt, bevor er es erreicht hatte – Allah bewahre uns vor einem bösen Ende. Sein Stellvertreter war der Gesetzeslehrer Abu Abdallah Muhammad ibn Farhun (Allahs Gnade über ihn); dessen Söhne sind jetzt in al-Madina, der Erlauchten, Abu Muhammad Abdallah, der Lehrer der Malikiten und Stellvertreter des Aufsehers über die Gerichtsverwaltung, und Abu Abdallah Muhammad. Die Familie gehört ursprünglich in die Stadt Tunis und erfreut sich dort einer ehrenvollen und angesehenen Stellung. Die Ämter des Predigers und Qadi in al-Madina, der Erlauchten, hatte danach Jamal al-Din aus Asyut inne, ein Ägypter, der früher der Qadi im Schloß Karak war.

Die Diener und Torhüter dieser erlauchten Moschee sind äthiopische und andere Eunuchen, Männer von feiner Erscheinung, angenehmem Aussehen und vornehmer Kleidung. Ihr Vorsteher heißt Scheich der Diener und besitzt denselben Rang wie die hohen Emire. Sie stehen im Genuß von Einkünften, die aus Ägypten und Syrien stammen und die ihnen jährlich ausbezahlt werden. Der Vorsteher der Muezzins in dem erlauchten Heiligtum ist der ehrenwerte Imam und Lehrer der Tradition Jamal al-Din al-Matari aus Matariya, einem Dorf nahe Kairo. Sein Sohn ist der ehrenwerte Afif al-Din Abdallah. Der fromme Scheich Abu Abdallah ibn Muhammad al-Gharnati, bekannt als al-Tarras, der in dem Heiligtum wohnt, ist Ältester der »Gäste« – er war der Mann, der sich aus Furcht vor Versuchung selbst kastrierte.

Anekdote: Es wird berichtet, daß Abu Abdallah al-Gharnati Diener eines Scheich namens Abd al-Hamid al-

Ajami war. Der Scheich hatte eine gute Meinung von ihm und pflegte ihm seine Familie und seinen Besitz anzuvertrauen und ihn in seinem Hause zu lassen, wenn er draußen reiste. Gelegentlich, als er ausging und Abu Abdallah wie gewöhnlich in seiner Wohnung ließ, faßte die Frau des Scheichs Abd al-Hamid eine Leidenschaft für ihn und versuchte ihn zu verführen; aber er wies ihre Annäherungen zurück und sagte: »Ich fürchte Allah und werde jemanden, der mir seine Familie und Güter anvertraut, nicht täuschen.« Sie hörte nicht auf, ihn zu versuchen und sich ihm in den Weg zu stellen, bis er aus Furcht, er könne der Versuchung nachgeben, sich selbst kastrierte und in Ohnmacht fiel. Die Leute fanden ihn in diesem Zustand und pflegten ihn, bis er geheilt war. Er wurde einer der Diener der heiligen Moschee und ebenso Muezzin in ihr und stieg zum Vorsteher dieser beiden Korporationen auf. Er verweilt bis auf unsere Zeit in den Banden des Lebens.

AFRIKA

Durch die Wüste zum Niger

Im Namen Gottes, des gnädigen Erbarmers! Gott segne unseren Herrn Mohammed, seine Familie und seine Gefährten und gebe ihnen Heil! Es spricht der Scheich Abu Abdallah Mohammed, Sohn des Abdallah, Sohn des Mohammed, Sohn des Ibrahim vom Stamme Lawate aus Tanger, bekannt unter dem Namen Ibn Battuta.

Zehn Tage nach unserem Aufbruch aus meiner Vaterstadt (18. Januar 1352) erreichten wir die Stadt Marrakesch. Sie ist einer der schönsten Plätze der Erde und wird wohl nur noch von Bagdad übertroffen. Großartige Moscheen, prächtige Paläste und viele Gärten zeichnen sie aus. In der Kutubiya, der Hauptmoschee, verrichtete ich das Freitagsgebet. Starke Mauern in roter Farbe umgeben die Stadt und ihre Basare, in denen die Waren des ganzen Landes gehandelt werden. In der Mitte der Stadt liegt der große »Platz der Getöteten«. Ich ließ mir sagen, daß hier die Verbrecher und gefangenen Feinde hingerichtet werden. Man köpft, hängt oder ledert sie, um dann ihre Köpfe auf hohe Stangen zu stecken, gleichsam als Abschreckung für andere Missetäter. Die Geier und Totenvögel reißen Haut und Fleisch von den Köpfen der Hingerichteten, bis nur noch der kahle Schädel übrigbleibt.

Die Frauen von Marrakesch sind schön und keusch, doch gibt es schon viele unter ihnen, die aus dem Negerland stammen. Auch die Sklavinnen sind meistens schwarz, die man von den Völkern des Landes nach hier bringt und an die Muslime verkauft. Denn die Heiden in Afrika haben das Recht, ihre Kinder und Frauen den

Rechtgläubigen zum Kauf anzubieten. Die Muslime wiederum haben das Recht, heidnische Sklaven zu erwerben. So habe auch ich mir später in Mali eine Sklavin gekauft. Sie war von schöner Gestalt und bereits in all den Dingen, die eine Sklavin kennen muß, gut angelernt, so daß ihr Preis sehr hoch war und ich mehrere Kamele für sie geben mußte.

Auch Meknes ist eine schöne Stadt, die viele Gärten besitzt, in denen die Leute spazierengehen und sich ausruhen können. Über Fez kamen wir nach Sidjilmassa, der letzten größeren Station vor der Wüste, die zwischen uns und den Negerreichen in Afrika lag. Ich hatte mich einer Karawane muslimischer Händler angeschlossen, die jene alten Wege benutzte, die schon seit frühen Zeiten bekannt sind und auf denen sich immer wieder in entsprechenden Abständen Oasen befinden, die man zur Rast und Erholung für Mensch und Tier benötigt.

Zwei Monate lang zogen wir mit unseren Kamelen durch die endlose Wüste, nur gelegentlich einen Aufenthalt einlegend. Es waren Tage darunter, an denen ich Gott stündlich um seinen Beistand bat, mich diese Reise glücklich überstehen zu lassen. Wir litten großen Durst und mußten auch mit unseren mitgeführten Vorräten sehr sparsam umgehen.

Im Lande Mali

In den Wüstenplätzen Taghara und Qualata hielten wir uns nicht lange auf, da die Händler immer wieder schnell zum Aufbruch drängten, um möglichst bald ihre Geschäfte tätigen zu können. Schließlich erreichten wir die Stadt und das Land von Mari (Mali).

Es ist eines der größten Reiche der Erde. Sultan Kankan Musa, der Sohn von Abu Bakari, ein tapferer und kluger Herrscher, hat sein Land durch Feldzüge und Weisheit ausgedehnt und seinen Untertanen zu Reichtum verholfen. Er unterhielt ständige Beziehungen zu Ägypten und schickte jährlich 12 000 Kamele von Mali nach Kairo. Mit dem edlen und berühmten Sultan von Marokko, Abu al-Hassan, pflegte er freundschaftliche Verbindungen und sandte ihm wertvolle Geschenke. Er selbst erhielt dafür von den Gesandten Abu al-Hassans die besten Erzeugnisse Marokkos überbracht.

Der Sultan der Neger, Kankan Musa, ein frommer Muslim, führte auch Wallfahrten zur heiligen Stadt Mekka durch. Auf seiner ersten Wallfahrt entfaltete er einen Prunk, daß man noch Jahre hindurch von ihm in allen Ländern des Islam erzählte. Mit einer großen Schar von Bediensteten, vielen Kamelen, Pferden und anderen Tragtieren reiste er durch die Wüste und das Land Tuat (Südalgerien) nach Kairo. Dort kaufte er viele Bücher berühmter muslimischer Rechtsgelehrter ein. In Mekka ließ er, nachdem er die vorgeschriebenen Gebete und Waschungen verrichtet hatte, 20 000 Goldstücke als Almosen verteilen, nachdem schon zuvor jeder in seinem Dienst Stehende eine große Menge Gold erhalten hatte. Am Ende seiner Wallfahrt besaß er schließlich kein Gold mehr, so daß er sich welches ausleihen mußte, um die Kosten seiner Rückreise damit bestreiten zu können. Sein Ruhm war so groß geworden, daß ihm gern zahlreiche arabische Gelehrte, darunter der berühmte Dichter und Baumeister as-Saheli, an seinen Hof folgten und das Land Mali mit muslimischer Weisheit unterrichteten.

Als ich in die Hauptstadt kam, herrschte dort der zweite Sohn Kankan Musas, Suleyman. Er ist ein weiser und großer Herrscher und erlaubte mir, bei ihm zur

Timbuktu, die »Königin der Wüste«

Audienz zu erscheinen. Als er mich empfing, saß Sultan Suleyman auf einem Thron, mit einem roten Gewand aus den Ländern der Christen bekleidet, und ließ sich mit einem großen Schirm, auf dessen Spitze ein Vogel aus reinem Gold befestigt war, vor der Sonne schützen. Er ist ein strenger, aber gerechter Herrscher. Die Neger von Mali haben mehr als alle anderen Abscheu vor Ungerechtigkeit. So ist der Sultan unerbittlich, wenn sich jemand eines Vergehens der Ungerechtigkeit schuldig macht.

In der Hauptstadt Mali kommen Sudanesen, Ägypter und Marokkaner zusammen. Sie haben die schwarzen, mit großen Ohrringen geschmückten Menschenfresser unterrichtet und ihnen einige gute Sitten beigebracht. Vor allem lieben die Bewohner von Mali die Ordnung und Einhaltung der Gebete. Ihre Frauen sind schön und genießen hohes Ansehen. Sie können sich frei bewegen, tun dies aber recht schamlos; denn sie tragen keine Schleier. Ihre Oberkörper sind nackt, so daß jeder ihre Brüste sehen kann. So gehen sie durch die Stadt, und niemand findet etwas dabei.

Auch der Götzendienst ist noch weit verbreitet. Als ich zum Empfang beim Sultan war, traten Djulatänzer auf, die vor dem Gesicht abscheuliche Masken trugen, die mit bunten Federn geschmückt waren und vorne in einem häßlichen roten Schnabel endeten. Sie tanzten vor Sultan Suleyman und sprachen eigenartige Verse.

In diesem Land gibt es eine seltsame Sitte. Wenn ein Herrscher stirbt, so folgt ihm nicht sein Sohn in der Regierung, sondern der Sohn der Schwester des toten Sultans. Das Land hat viele und fruchtbare Felder. Die Menschen treiben Handel; denn von überall kommen Karawanen hierher. Die Bewohner leben einfach; ihre Hauptmahlzeit ist ein mit saurer Milch verdünnter und mit Honig gesüßter Hirsebrei.

Eine gewisse Frucht ließ mich sehr erstaunen. Die Eingeborenen ziehen Körner aus der Erde, die wie Bohnen aussehen, sie braten sie, worauf sie wie geröstete Kichererbsen schmecken. Man mahlt diese Mandeln und gewinnt daraus Öl, das man für das Kochen, die Beleuchtung, die Körperpflege und zum Streichen der Häuser benutzt (es handelt sich um die Erdnuß). Überhaupt fand ich an den einfachen Speisen des Landes keinen Gefallen, so daß ich es oft vorzog, nur Bananen und andere Früchte zu essen.

In diesem Land fühlt man sich vollkommen sicher. Weder die Eingeborenen noch die Reisenden haben Überfälle oder Gewalttaten zu befürchten. Der Reisende kann immer gewiß sein, Nahrung kaufen zu können und eine gute Unterkunft für die Nacht zu finden.

Trotz des Reichtums, den der Herrscher und das ganze Land aufweisen, ist Sultan Suleyman bei seinen Untertanen nicht sehr beliebt. Er ist sehr geizig und entließ auch mich, ohne mir Ehrerbietung entgegenzubringen und mir Geschenke zu machen.

Ungeziefer und Kamelfresser

Die Stadt Timbuktu, die wir von Mali aus erreichten, zählt zu den größten in diesem Land. Ein buntes Leben erfüllt sie, und alle verschiedenen Menschen Afrikas scheinen sich hier zu treffen. Auch in dieser Stadt kümmerte man sich wenig um mich. Die Leute gingen lärmend ihren Geschäften nach, und die Gouverneure des Sultans lassen einen Fremden nur selten zu sich kommen. Ich besuchte dort das Grab eines berühmten Dichters aus dem Sultanat Granada, der hier den Tod gefunden hatte.

Nach einigen Tagen mietete ich ein Boot, um auf dem Fluß (Niger) weiterzufahren. Die Reise war, im Gegensatz zu den Beschwernissen auf dem Landweg, recht angenehm. Am Abend legten wir immer bei einem Dorf an. Doch übernachtete ich nur ungern in den Häusern der Eingeborenen; denn sie sind nicht sauber und haben viel Ungeziefer. Am Ufer des Flusses sind die Yoruba ansässig. Nicht weit von ihnen entfernt in Richtung Wüste liegt das Königreich Nupe. Sein Sultan und dessen Untertanen sind Heiden, die immer wieder von den Yoruba und anderen Völkern angegriffen werden.

In vielen Teilen des Landes herrscht die grausige Sitte der Menschenfresserei. Wenn ich auch selbst niemals gewünscht habe, an einem solchen Mahl teilzunehmen, so ließ ich es mir doch von glaubwürdigen Leuten berichten.

Die Neger machen direkt Jagd auf andere Völker und verspeisen die Gefangenen. Was ich aber mit eigenen Augen gesehen habe und was mich mit solchem Ekel erfaßte, daß es mir übel wurde und ich tagelang keine Nahrung zu mir nehmen konnte, war die Art der Eingeborenen, verendete Kamele, die schon lange Zeit in der prallen Sonne gelegen hatten, zu zerteilen und zu essen.

Mit dem kleinen Schiff kamen wir schließlich nach Gao, einer schönen und großen Stadt mit vielen Gebäuden. Sie wird von einer großen Zahl Menschen bewohnt. Auch hier zeigen sich die Frauen in recht schamloser Weise auf den Straßen, indem sie nur um die Hüften ein Tuch tragen oder ganz unbekleidet gehen, so daß sie jedermann völlig nackt sehen kann. Am Fluß und auch in anderen Teilen der Stadt sind prächtige Gärten angelegt, wo man in der Hitze angenehmen Schatten findet. Weil es mir in Gao besonders gut gefiel, hielt ich mich in ihren Mauern länger auf und beschloß erst nach einem Monat, die Weiterreise anzutreten.

Dazu bot sich mir eine günstige Gelegenheit, indem eine Karawane zusammengestellt wurde, die 600 junge, schwarze Sklavinnen in die muslimischen Länder, besonders nach Ägypten, bringen sollte. Die Kaufleute waren bereit, mich mitzunehmen. Auf dieser Reise traf ich Sultan Idris, den Enkel des berühmten Fürsten Dunama Dibalami, der ein frommer und tüchtiger Herrscher war. Jener, Sohn des Abu el-Djelil, war der erste Negerfürst in diesem Land gewesen. Dibalami hatte ein Reiterheer von 30 000 Mann aufgestellt und viele Völker zwischen dem Fluß und der Wüste unterworfen. Seine Handelskarawanen mit jungen Sklaven und Sklavinnen zogen regelmäßig nach Ägypten, von wo sie wiederum viele Erzeugnisse in ihre Heimat brachten. Dibalami war es, der in Kairo eine Schule mit Unterkunft für die jungen Leute seines Landes errichten ließ, damit sie dort im Koran und in der Rechtslehre ausgebildet würden.

Nach einer sehr anstrengenden Reise erreichten wir die Stadt Taccada (Agades). Hier fand ich ein Schreiben meines großmütigen Herrschers, des Sultans Abu al-Hassan, vor, worin mir nahegelegt wurde, doch wieder in die Heimat zurückzukehren, um über meine Eindrücke Bericht zu erstatten.

So entschloß ich mich nicht ungern, die Rückreise anzutreten. Dies war insofern wichtig, als mir der Führer einer Karawane mitteilte, daß man genau im Monat Ramadan auf dem bekannten Weg durch die Wüste die Berggegenden durchqueren würde, in denen die dort hausenden Räuberscharen keine Überfälle auf die Reisenden unternehmen, da sie als Muslime den heiligen Monat achten.

Gott, der Allerbarmer, war mir gnädig, so daß ich die Unbilden und Anstrengungen dieser Heimreise glücklich überstand und unversehrt in meine Heimatstadt gelangte.

und Ergänzungen von historischen Personen, Städten und anderen Begriffen, soweit sie nicht bereits im Text und dort teilweise in Klammern durchgeführt sind. Auch heute noch gültige Bezeichnungen wurden, als bekannt vorausgesetzt, nicht näher erläutert.

Abubar	Stadt im indischen Distrikt Firuzpur
Abu Sarur oder *Sirur*	indische Stadt; das im 16. bis 17. Jahrhundert blühende Barcelore, 30 Kilometer nördlich von Kundapur
Ajudehen – Ajudhan	heute Pakpattan, indische Stadt
Ala ed-Din Tamarshirin (1326–1335)	Nachfahre des Tschagatai, des Sohnes Dschingis Khans, in der fünften Generation
Amjhera	Stadt im indischen Staat Gwalior
Andar – Andarab – Indar-ab	Stadt an den heißen Quellen des Doshi; hier wurden aus dem Silber der Minen von Panjhir die Dirhams geprägt; am heutigen Chawak-Paß (4000 m)
Balkh – Balch	Stadt in Afghanistan, westl. der heutigen Stadt Masar-i-Sharif
Banj Hir – Panjhir – Panshir	Stadt in Afghanistan, war berühmt durch ihre Silberminen (siehe auch unter Andar)
Bud-Fattan – Pudupattana	Hafenstadt in Indien – heute nicht mehr existierend
Cathay	Name für das nördliche China, der vom 13. bis 15. Jahrhundert verwendet wurde und auf den europäischen Karten Eingang fand
Chansa	chinesische Stadt Hangtschou-fu, Name stammt aus dem chinesischen Kingsze, Residenzstadt, seit 1127 Hauptstadt der Sung-Dynastie
al-Chansa	arabische Dichterin vor Mohammed
al-Charkh – Tscharikar	Stadt rund 50 km nördlich von Kabul

Chita	anderer Name für Cathay
Chwarizm – Urgentsch	Stadt südlich des Aralsees, am Beginn des Amu-Darja-Deltas
Deh-Fattan	die heutige indische Stadt Dhamapatam
Dinar	ursprünglich Goldeinheit der verschiedenen arabischen Münzsysteme, zuerst 4,25 g, dann zwischen 2,20 und 18,50 g wechselndes Gewicht; später auch in Silber und Kupfer geprägt
Dirham	von den ersten Kalifen eingeführte Silbermünze im Gewicht von 3,98 g, später 2,97 g, nach dem Vorbild der sassanidischen Drachme geprägt
Dschingis Khan – Tschingis Khan (1155/56–1227)	ursprünglicher Name Temüdschin, bedeutendster Herrscher der bis Europa vorgedrungenen Mongolen, von den Arabern Tataren genannt
Fakanaur	das heutige indische Barkur, zur Zeit der Portugiesenherrschaft als Handelsplatz Bakanor sehr bekannt
Fandaraina – Pandarani	einst berühmte indische Hafenstadt – nicht mehr existierend
Galior – Gwalior	Hauptstadt der gleichnamigen indischen Provinz
Ghazna – Ghazni	rund 100 km südlich von Kabul, einst Residenz des Geschlechts der Ghaznaviden (962 bis 1186); bedeutendster Herrscher war Mahmud von Ghazna, erster Eroberer Indiens für den Islam
Herat	Stadt im Nordwesten Afghanistans, an der alten Verbindung zwischen Nordpersien, Chorasan und Indien
Hili	bei Marco Polo das indische Königreich Dely mit dem Mount Delly, dem Kap, wo Vasco da Gama erstmals indisches Land erblickte

Jenani – eine nicht mehr existierende indische Siedlung, historisch sonst nicht erwähnt

Jur-Fattan – Stadt in der indischen Provinz Baliapatam, später eine der ältesten portugiesischen Handelsniederlassungen

Kais – Kisch – Insel im Persischen Golf

Kalindi – Kali-Nadi – Nebenfluß des Ganges

Kamaruberge – Gebirgsland des alten indischen Königreichs Kamarupa, die Khasi- und Garo-Berge, die heute die Nordgrenze von Bangladesch bilden

Lahari – Stadt rund 40 km südöstlich von Karachi

Manjarur – die indische Stadt Mangalore

Meshed – Mashad – bedeutendste Stadt und Kulturzentrum im Nordosten Persiens (Iran)

Mohammed ibn-Tuqluq – Sultan und Herrscher von Indien (1325 bis 1351), der seit Asoka das größte Reich auf dem Subkontinent geschaffen hatte; sein bekanntestes politisches Unternehmen war die Verlegung der Hauptstadt von Delhi nach Daulatabad mit der Zwangsumsiedlung der Bevölkerung

Multan – Stadt im heutigen Pakistan, südlich des Zusammenflusses von Ravi und Tschinab, jetzt Eisenbahnknotenpunkt der Strecken von Karachi nach Lahore und Peschawar bzw. Rawalpindi

Nakhshab – Nasaf – Stadt 150 km südöstlich von Buchara, Hauptstation an der alten Route durch das »Eiserne Tor« in Richtung Afghanistan

Nishapur – Stadt westlich von Meshed in Richtung Teheran

Parwan	Stadt am Südabfall des Hindukusch, auf der halben Strecke zwischen dem Chawak-Paß und Kabul
Perwan	vermutlich die indische Stadt Narwar
Quhistan	»Bergland«, Gebirgskette und Landschaft im Nordwesten Afghanistans, parallel zur Grenze zur Sowjetunion verlaufend
Qundus	heutige Stadt Kundus im Norden Afghanistans, am Fuß des Hindukusch
Sarsati	indische Stadt, 1726 verlassen, ab 1837 als Sirsa wieder bewohnt
Shashnagar – Hashtnagar	Provinz nordöstlich von Peshawar, sicher eine Verwechslung Ibn Battutas mit einem anderen Ort
Sinjar	Stadt 100 km westlich von Mosul
Sumutra	Hauptstadt des damaligen Sumatra, heute nicht mehr genau lokalisierbar
Tawalisi	vielfach als Borneo angenommen, doch kann es auch die Gegend östlich der Khmer oder die chinesische Provinz Tonkin gewesen sein
Tirmidh	Stadt am Amu-Darja, südöstlich von Samarkand
Ujah – Uch	in der Neuzeit nur noch Siedlung aus drei Dörfern in der indischen Provinz Bahawalpur
Uzbek	der Herrscher der »Goldenen Horde« (1313–1340), die sich unter ihm und seinem Sohn Dschani Bek (1342–57) zu einem völlig islamischen Staat entwickelte
Wabkana – Wafkand	Stadt nordwestlich von Buchara
Zaitun	chinesische Stadt – entweder Tsüantschou-fu oder Tschang-tschou-fu

LITERATUR

Das Originalmanuskript Ibn Battutas befindet sich in der Bibliothèque Nationale de Paris, Cabinet des Manuscrits. Es wurde unter folgendem Titel herausgegeben:

Ibn Battuta, Tuhfat al-Nussar fi Chara'ib al-Amsar wa Adra-ib al-Asfar, ed. C. Defrémery et B. R. Sanguinetti, 4 vols. Paris 1853–58.

Im Englischen liegt eine Gesamtausgabe vor:

Hamilton A. R. Gibb, The Travels of Ibn Battuta. A. D. 1325 bis 1354, 3 vols. Cambridge 1958–71.

Eine erste Veröffentlichung, nur Indien und China beinhaltend, in deutscher Übersetzung:

Hans von Mzik, Die Reisen des Arabers Ibn Battuta durch Indien und China, Hamburg 1911.

Aus der Fülle von Sekundärliteratur seien hier nur vier Arbeiten genannt:

G. Ferrand, Relations de voyage et textes géographiques arabes, persans et turcs relatifs à l'Extrême-Orient du VIIIe au XVIIe siècles, 2 vols. Paris 1913/14.

ders., Voyage du marchand arabe Sulaymân en Inde et Chine rédigé en 851 suivi de remarques par Abu Zayd Hasan (vers 916), Paris 1922.

Al-Nasawi, Histoire du Sultan Djelal ed-Din. Tr. O. Houdas. Paris 1895.

M. A. Ahmad, The Early Turkish Empire of Delhi, Lahore 1949.

Die beiden Arbeiten, von H. v. Mzik und H. A. R. Gibb, die vornehmlich als Grundlage dieses Buches Verwendung fanden, zeichnen sich durch umfangreiche wissenschaftliche Anmerkungsapparate aus. Dem an Zeitgeschichte, Geographie, Völkerkunde, ja selbst an botanischen Details Interessierten ist darin die Möglichkeit gegeben, sich weitere Informationen einzuholen. Bei Gibb findet sich ferner eine recht brauchbare Bibliographie, die die Schilderungen Ibn Battutas aus anderer Sicht beseitigt, ergänzt oder erweitert.

BILDQUELLEN

Bibliothèque nationale Paris (Seite 2, 31, 33, 36, 61, 129, 261), Courtesy Art Institute Chicago (232), Courtesy Freer Gallery Washington (228, 254), Courtesy Nelson Gallery Kansas City (241), Kaiserliche Bibliothek Teheran (34, 35, 40, 291), Museu de Marinha Lissabon (127), Museum Guimet Paris (64), Museum für Orientalische Kunst Köln (256), National Museum Kopenhagen (73), National Palast Museum Peking (235), Rothkegel (20), Herausgeber (13-16, 21), Verlagsarchiv (144, 287).

Zum vorderen Vorsatz: Der jüdische Kartograph und Instrumentenmacher Abraham Cresques aus Palma schuf im 14. Jahrhundert Karten der damals bekannten Welt, die mit Figuren und Windstrahlen geschmückt waren und den späteren Entdeckern dienten. Hier eine Darstellung Nordafrikas (Bibliothèque nationale Paris).

Treibjagd in Gegenwart des Mirzas (Persische Miniatur)

Manji ist die prächtigste und reichste aller Provinzen in der östlichen Welt. Um das Jahr 1269 wurde sie von dem Fürsten Fanfur regiert, der an Macht und Reichtum alle seine Vorgänger übertraf. Er war von Natur friedliebend und ein wohlwollender Herr, der von seinem Volk geliebt wurde. Sein Reich war auf allen Seiten durch große Flüsse so gesichert, daß ein Angriff, wer auch immer ihn unternehmen mochte, allen unmöglich schien. Dieser Wahn verleitete Fanfur, sich nicht um die Verteidigung seines Reiches zu kümmern. Die Städte seines Reiches waren zwar stark befestigt und von tiefen Gräben umgeben, die einen Bogenschuß breit und mit Wasser gefüllt waren. Aber er hatte keine Reiterei, weil er mit keinem Angriff rechnete. Seine einzige Sorge galt allen möglichen Vergnügungen. An seinem Hof umgaben tausend schöne Frauen seine Person; in ihrer Gesellschaft suchte er seine Freuden. Fanfur war ein Freund des Friedens und der Gerechtigkeit und bestrafte die kleinste Ungerechtigkeit, die er feststellte, ohne Ansehen der Person auf das strengste. Ja, die Wirkung seiner Rechtspflege war so groß, daß niemand es wagte, in versehentlich offen gebliebene Kaufläden einzutreten und dort auch nur das geringste zu rauben. Reisende konnten unbewacht und ohne Furcht durch alle Gebiete seines Reiches ziehen. Fanfur war auch gottesfürchtig und mildtätig gegen Arme und Bedürftige. An die zwanzigtausend Kinder, die von ihren Müttern ausgesetzt worden waren, ließ er aufheben und versorgen. Die Knaben unter ihnen ließ er später ein Handwerk lernen und verheiratete sie dann an junge Mädchen, die auf dieselbe Weise erzogen worden waren.

Ganz anders waren die Gemütsart und die Gewohnheiten Kublai-Khans. Dessen höchstes Vergnügen waren der Krieg, die Eroberung von Ländern und die Ausbreitung seines Ruhmes. Nachdem er sein Reich schon durch mehrere Königreiche und Provinzen vergrößert hatte, richtete er seinen Sinn auf die Unterwerfung Manjis. Zu diesem Zweck zog er eine mächtige Armee zu Pferde und zu Fuß zusammen und unterstellte sie dem Befehl des Generals Chinsan Bayan, ein Name, der in unserer Sprache »Der Hundertäugige« bedeutet. Dieser machte sich mit einer ansehnlichen Flotte auf zur Eroberung Manjis, landete dort und forderte die Bewohner der Stadt Koi-gan-zu zur Übergabe auf. Als diese sich weigerten, rückte er, statt sich auf eine Belagerung einzulassen, vor die nächste Stadt, wo er ebenso abgewiesen wurde. Als sich auch die dritte und die vierte Stadt nicht ergaben, entschloß er sich doch, eine von ihnen zu erobern, und da er ein erfahrener Feldherr war, brachte er sie auch in seine Gewalt und ließ alle ihre Bewohner durch das Schwert umbringen. Sobald die Kunde davon zu den anderen Städten gelangt war, erschraken deren Einwohner so heftig, daß sie sich beeilten, von sich aus ihre Unterwerfung zu erklären. Anschließend rückte Chinsan Bayan mit seiner gesamten Armee gegen die Residenzstadt des Kaisers Fanfur, Quinsai. Dieser empfand alles Entsetzen eines Mannes, der noch nie mit der Waffe in der Hand gegen seine Feinde gekämpft hat. Um wenigstens seine eigene Person zu retten, flüchtete er sich auf seine Flotte, schiffte alle seine Schätze und Kostbarkeiten ein und überließ die Sorge um die Stadt seiner Gemahlin, die er anwies, sich bis zum letzten Blutstropfen zu verteidigen. Denn er war der festen Meinung, ihr Geschlecht würde sie vor dem Schlimmsten bewahren, wenn sie in die Hand des Feindes fiele.

In dieser Lage ließ er die Kaiserin zurück. Man erzählt aber, es sei dem Kaiser geweissagt worden, er werde niemals seiner Herrschaft beraubt werden außer durch einen Feldherrn, der hundert Augen hätte. Auf diese Erklärung gestützt, war auch die Kaiserin sehr zuversichtlich, obgleich Quinsai immer mehr bedrängt wurde; denn es schien ihr unmöglich, daß ein Sterblicher so viele Augen haben könnte. Als sie sich jedoch einmal nach dem Namen des feindlichen Feldherrn erkundigte und erfuhr, daß dieser Chinsan Bayan hieß, wurde sie von Entsetzen ergriffen, da sie nun überzeugt war, daß dies der Mann sei, der nach Weissagung der Astrologen ihren Gemahl um seinen Thron bringen würde. So entsagte sie allem Widerstand und ergab sich eilends. Die Tataren aber, nachdem sie einmal im Besitz der Hauptstadt waren, unterwarfen bald auch den übrigen Teil des Landes. Die Kaiserin wurde unterdessen vor Kublai gebracht, der sie ehrenvoll empfing und ihr die Aufrechterhaltung ihrer Würden und ihres Ranges verbürgte.

Fanfur, der als letzter Kaiser der Sung-Dynastie noch bis 1274 im südlichen China regierte, hieß Tu-tsong. Fanfur – genauer Faghfur – ist die arabische Übersetzung von Tien-tse, »Sohn des Himmels«. Es ist also der Titel des chinesischen Kaisers. Die chinesischen Geschichtsschreiber stellen diesen Kaiser nicht so günstig dar wie Marco Polo, sondern zeichnen ihn als ausschweifenden Herrscher, der sich mit seinen Weibern vergnügte und die Regierungsgeschäfte völlig seinem unwürdigen Minister überließ.

Marco Polo: Von Venedig nach China.
Die größte Reise des 13. Jahrhunderts.
Hrsg. von Theodor A. Kunst
340 Seiten mit 31 zeitgenössischen Abbildungen
und 1 Karte.
Leinenband mit Büttenumschlag
ISBN 3-522-60410-5

Ibn-Baṭṭūta, Abū-'Abdallāh Muḥammad Ibn-'Abdallaḥ:
Reisen ans Ende der Welt: 1325–1353;
Das größte Abenteuer des Mittelalters / Ibn Battuta.
Neu herausgegeben von Hans D. Leicht. –
Stuttgart; Wien; Bern: Edition Erdmann, 1985
(Alte abenteuerliche Reiseberichte)
ISBN 3 522 60050 9

Umschlaggestaltung: Rainer Simon, Böblingen
Umschlagtypografie: Michael Kimmerle, Stuttgart
Kartenskizze: Karlheinz Groß
Reproduktion: Die Repro, Tamm
Satz: KCS GmbH, Buchholz/Hamburg
Druck und Bindung: Franz Spiegel Buch GmbH, Ulm

8 7 6 5 99 00 01

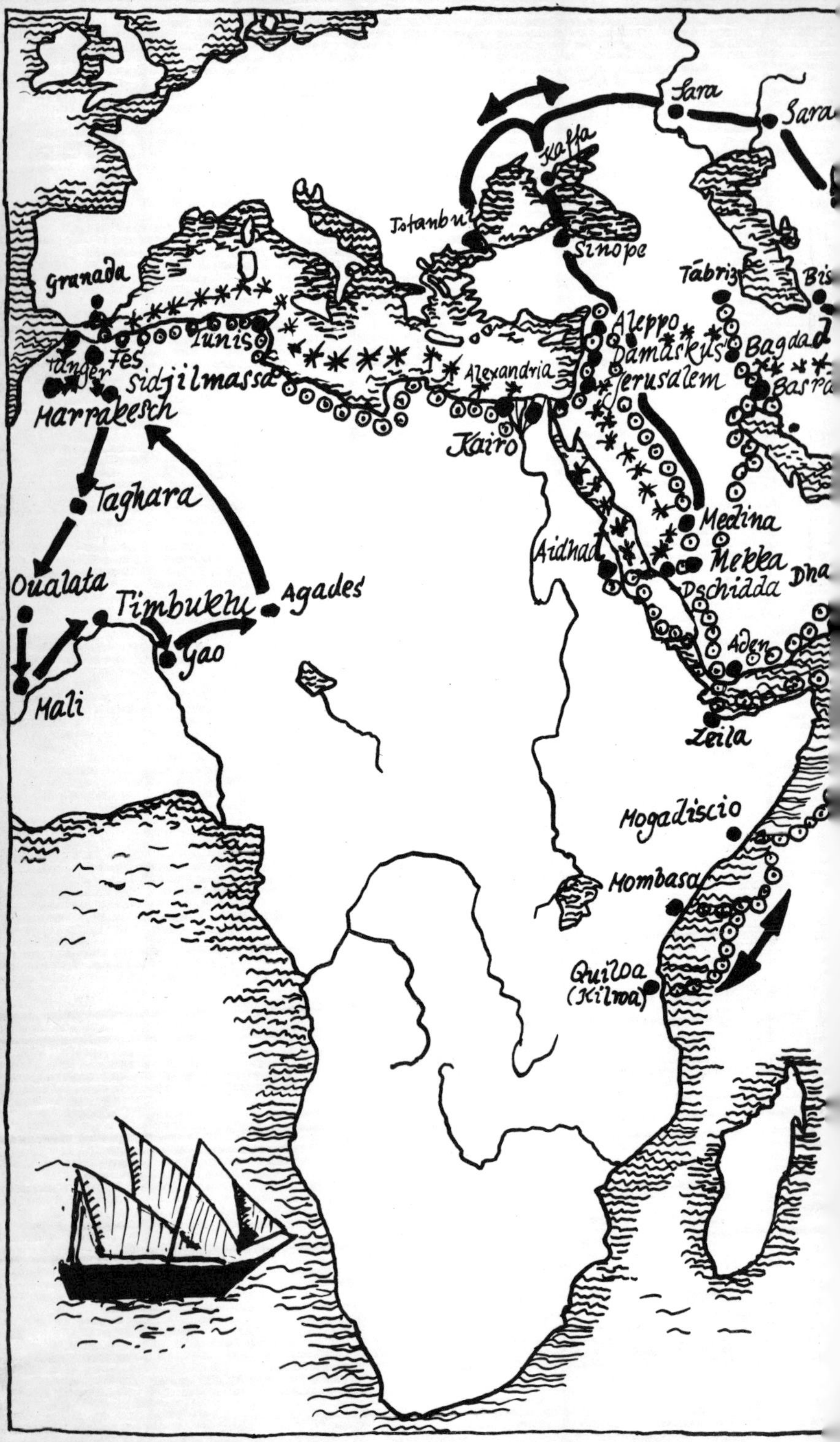
Sara
Sara
Kaffa
Jstanbul
Sinope
Täbriz
Granada
Tunis
Tanger
Fes
Sidjilmassa
Marrakesch
Aleppo
Damaskus
Bagdad
Jerusalem
Alexandria
Kairo
Taghara
Medina
Aidhad
Mekka
Dschidda
Oualata
Timbuktu
Agades
Gao
Mali
Aden
Zeila
Mogadiscio
Mombasa
Quiloa
(Kilwa)